Editora Gente 20 anos

DOR NAS COSTAS:

Deixe de reclamar e resolva de uma vez

Mike Hage

Tradução:

Maria Alayde Carvalho

Editora Gente 20 anos

Editora
Rosely M. Boschini

Coordenação editorial
Elvira Gago

Produção
Marcelo S. Almeida

Capa
Julio Moreira

Ilustrações
Karen Dirr

Diagramação e fotolitos
Join Bureau

Revisão
Márcio Araújo

Impressão e acabamento
Margraf

Título original: *The back pain book*

Publicado originalmente nos Estados Unidos em 1992
por Peachtree Publishers

Rua Pedro Soares de Almeida, 114
São Paulo, SP, CEP 05029-030
Telefax: (11) 3670-2500
Site: http://www.editoragente.com.br
E-mail: gente@editoragente.com.br

Dados Internacionais de Catalogação na Publicação (CIP)
(Câmara Brasileira do Livro, SP, Brasil)

Hage, Mike

Dor nas costas : Deixe de reclamar e resolva de uma vez / Mike Hage ; tradução Maria Alayde Carvalho. – São Paulo : Editora Gente, 2004.

Título original : The back pain book.

ISBN: 85-7312-425-3

1. Dores cervicais – Obras de divulgação 2. Dores lombares – Obras de divulgação I. Título.

04-3903 CDD-617.564
NLM-WE 720

Índices para catálogo sistemático:

1. Dores nas costas : Obras de divulgação : Medicina 617.564

Dedicatória

A meus pais, George e Nellie,
ao doutor J.D. Meacham, a De-de e George:
vocês me ensinaram que a dor não é uma inimiga,
e sim um sinal que nos avisa de que é hora de mudar,
melhorar, curar e aceitar a vida.

Este livro foi desenvolvido pelo **Instituto de Reabilitação de Chicago (IRC)**, dos Estados Unidos, e é atualmente aplicado na educação de pacientes do Programa de Combate à Dor, dessa entidade. Largamente conhecido por suas atividades abrangentes no campo da reabilitação, o IRC é um hospital privado, sem fins lucrativos e altamente credenciado que trata crianças e adultos portadores de seqüelas de doenças ou acidentes que os tornaram parcial ou totalmente incapacitados. É filiado ao Centro Médico McGraw, da Universidade Northwestern, e patrocina o maior programa do país de residência em fisiatria (medicina e reabilitação física). Pioneiro nos Estados Unidos como instituição especializada em reabilitação, pesquisa e treinamento, o IRC foi eleito o melhor hospital de reabilitação do país pela publicação *U.S. News & World Report* à época da edição deste livro.

Sumário

Agradecimentos

A meus colegas da Physical Therapy Ltd., dos programas de fisioterapia da Universidade Northwestern, do Instituto de Reabilitação de Chicago, do Centro de Reabilitação Rusk (Missouri) e da Faculdade de Fisioterapia da Universidade de Missouri: obrigado por minha vida profissional, por meu trabalho e por todo o conhecimento que compartilhamos. Um agradecimento especial aos fisioterapeutas do passado e do presente, cujas contribuições à área estão obviamente integradas a este texto.

A meus pacientes, que me desafiaram com seus problemas, motivando-me com seu potencial de recuperação, e me ensinaram o valor dos movimentos corretos, livres de dor.

Finalmente – e muito importante – a Annette e Maury Light, que tornaram tudo isso possível.

Prefácio

Este é um livro muito bem-vindo, pois se sabe que 80% da população sofre ou virá a sofrer de dores cervicais e lombares, passageiras ou permanentes, ao longo da vida. Muitas dessas pessoas suportam dores durante longos períodos apesar do tratamento médico.

Se a dor se tornar crônica, isso poderá configurar uma "síndrome biológica, psíquica e socioeconômica". A população norte-americana gasta de 20 a 30 milhões de dólares por ano em busca de alívio para as dores da coluna vertebral, o que também resulta na perda de 25 a 30 milhões de dias de trabalho todo ano.

O paciente que sofre de dores crônicas ganhará muito mais em eficiência e economia se interagir com uma equipe de profissionais de saúde que apresentam uma abordagem integrada e multidisciplinar do tratamento dessas dores – uma abordagem que enfatiza a educação do paciente. Se os pacientes aprenderem a compreender os aspectos anatômicos e fisiológicos da dor que sentem, a identificação de seus problemas e os resultados do tratamento se mostrarão bem mais eficazes.

Essa necessidade foi reconhecida desde 1974, no Instituto de Reabilitação de Chicago, com a formação da Clínica de Dores Lombares, destinada ao tratamento de pacientes internados (a primeira da região), que, ao longo dos anos, evoluiu e tornou-se o Centro de Estudos da Dor. O programa demonstrou a eficácia que uma dedicada equipe de médicos, fisioterapeutas, psicólogos, terapeutas ocupacionais, conselheiros vocacionais e outros profissionais da área pode ter no tratamento desse problema físico e econômico tão importante nos Estados Unidos.

Michael Hage, médico e fisioterapeuta, foi durante vários anos supervisor do programa de combate à dor do Instituto de Reabilitação de Chicago. No desenvolvimento deste texto, ele reconhece a necessidade da existência de instrumentos de assistência aos pacientes, tenham eles recebido ou não tratamento de uma equipe especializada, pois precisam entender mais plenamente os próprios problemas para envolver-se ativamente no processo de cura, aprofundar a compreensão de suas atividades e analisar o ambiente em que vivem, fazendo nele adaptações que evitem ou reduzam as crises e a duração da dor – o que, em última instância, elevará a qualidade de vida dessas pessoas.

Este livro trará grande contribuição a todos os que sofrem de dores lombares e cervicais, ajudando-os a aprender e assimilar posturas e comportamentos corretos e a praticá-los também em casa e no trabalho.

O texto foi escrito em linguagem clara, e sua compreensão fica ainda mais fácil graças às ilustrações muito bem-feitas. Congratulo-me com Michael Hage e desejo a seu livro todo o sucesso que merece.

Robert G. Addison, doutor em medicina
Fundador e consultor sênior do
Centro de Estudos da Dor, do IRC

Ex-presidente da Associação Americana contra a Dor

Professor de Cirurgia Clínica Ortopédica e
de Medicina e Reabilitação Física da
Faculdade de Medicina da Universidade Northwestern

Introdução

Ganhe controle sobre a dor

Este livro é um guia de auto-ajuda para pessoas que sofrem de dores lombares ou cervicais. Ele oferece uma estratégia prática e equilibrada de autocuidado e pretende ajudar você a redirecionar movimentos, posturas, repouso e exercícios. O livro dá maior ênfase à correção da postura e dos movimentos corporais durante as atividades diárias com a finalidade de reduzir a dor e melhorar a eficiência e a aparência.

Talvez você sinta dores difusas pelo corpo todo, na cabeça, no pescoço, nos ombros, na região lombar e pélvica, bem como nos braços e nas pernas – no entanto, elas se originam no pescoço ou nas costas. Talvez a dor seja recente ou quem sabe já perturbe você há vários anos. As causas do aparecimento dessa dor podem ser a combinação de alguns fatores: acidente, mudanças degenerativas devido à idade, vícios antigos de postura ou alguma doença. Talvez tenham dito a você que é melhor aprender a conviver com a dor ou simplesmente permanecer inativo. Sejam quais forem as causas, a localização e a "idade" do problema, você poderá amenizar a dor e continuar em atividade, de forma muito positiva, adotando os movimentos corretos aqui descritos.

Este livro não indica diagnósticos médicos específicos nem o uso de medicamentos, cirurgias e adequação nutricional para tratar os vários problemas lombares e cervicais. Em vez de fornecer informações sobre diagnóstico e tratamento médico de seu problema, prefiro mostrar-lhe como controlá-lo com a adoção de algumas formas de autotratamento. A premissa do livro demonstra que você mesmo pode reduzir eventuais problemas ósseos e musculares da coluna vertebral – desde que aprenda a adotar posturas e movimentos corretos com menos esforço, bons hábitos de respiração e cuidados adequados.

Esses bons movimentos serão descritos ao longo de todo o livro. Sua meta deve ser a aplicação deles em todas as suas atividades diárias, de dirigir a trabalhar, caminhar ou praticar exercícios. Isso exigirá alguma concentração de sua parte, assim como o esforço de tomar consciência das reações de seu corpo a vários movimentos e posturas. Para obter alívio verdadeiro e duradouro da dor, é preciso estar alerta e reconhecer os movimentos errados que você executa (mau alinhamento do corpo, tensão, respiração inadequada e também pensamentos e sentimentos negativos), bem como ter disciplina suficiente para substituir esses maus hábitos por posturas e atitudes corretas. Dessa forma, você deixará de ser uma vítima da dor e retomará o controle de sua vida.

Como este livro foi organizado

O capítulo 1 descreve brevemente os sistemas "elétricos" e estruturais do corpo humano e explica por que estão na raiz do aumento ou da redução da dor. O sistema "elétrico" nada mais é que o sistema nervoso, mas pensar nele em termos de eletricidade torna mais fácil a compreensão de seu papel no envio, no armazenamento e na interpretação das mensagens de dor e de conforto. Isso ensinará você a utilizar os "circuitos de conforto" para reduzir a dor. O sistema estrutural abrange todo o conjunto muscular e ósseo. Seja qual for seu diagnóstico, se a dor que sente derivar de problemas estruturais da coluna vertebral, você conseguirá reduzi-la com a correção da postura, dos movimentos e com o fortalecimento do sistema estrutural.

O capítulo 2 focaliza as ocasiões em que a prioridade é o alívio imediato da dor. Durante os períodos de dor, curtos ou longos, você poderá usar os métodos descritos nesse capítulo para obter rápido alívio. Esses métodos abrangem posturas e movimentos de relaxamento, respiração profunda e mentalização positiva e também a aplicação de compressas (quentes, frias, vibratórias) e de coletes.

O capítulo 3 descreve os bons e os maus movimentos relativos ao ato de sentar-se, permanecer de pé, caminhar, curvar-se e erguer-se. Se você adotar alguns dos métodos simples para melhorar a postura e a mecânica corporal descritos nesse capítulo, com certeza evitará muitas dores. O efeito final do uso desses métodos será a redução da dor, a melhora das funções físicas e uma aparência mais sadia e atraente.

O capítulo 4 prossegue na descrição de bons e maus movimentos relativos às atividades diárias. Tendo por base o ciclo diário médio de atividades pessoais, esse capítulo enfoca situações específicas, tais como tomar banho, vestir-se, percorrer o trajeto de ida e volta do trabalho e executar tarefas domésticas, braçais e profissionais.

O capítulo 5 apresenta uma abordagem estratégica de exercícios destinados a pessoas que têm dores nas costas. Esclarece o motivo pelo qual essas pessoas se beneficiarão do desenvolvimento da flexibilidade, da força e da resistência, assim como descreve métodos seguros para conseguir tudo isso. Esse capítulo também alerta sobre os maus movimentos que devem ser evitados durante a prática de exercícios para afastar o risco de conseqüências indesejáveis, que podem agravar a dor tanto quanto a inatividade total a provoca. É muito importante compreender a qualidade dos exercícios corretos e saudáveis para distingui-los dos que causam dor e estresse.

Como usar este livro

Ler todo o livro em seqüência pode ser cansativo e talvez não traga resultados eficientes. As recomendações a seguir servirão para remetê-lo diretamente às informações mais importantes e benéficas para seu caso.

- O capítulo 1 é curto e fornece as diretrizes para consultar o restante do livro. É aconselhável que todos o leiam em primeiro lugar.
- Caso você esteja atualmente atravessando uma crise de dor que limita suas atividades diárias, será melhor ler em seguida o capítulo 2. Analise as posturas de alívio recomendadas e experimente aquelas que se aplicam ao seu caso. Seja qual for a natureza de seu problema, os tópicos sobre respiração, mentalização e compressas irão beneficiá-lo.
- Se a manifestação ou o aumento da dor são causados por posturas ou movimentos específicos que você precisa manter por qualquer razão, consulte as informações contidas nos capítulos 3 e 4. Se, por exemplo, sua dor parece aumentar quando tem de permanecer muito tempo sentado, procure o tópico "Aprenda a sentar-se", no capítulo 3, bem como as boas práticas do ato de sentar-se descritas no capítulo 4.
- É indispensável que você se sinta bem à vontade com as estratégias e os métodos apresentados nos capítulos 2, 3 e 4 antes de se envolver plenamente nos exercícios do capítulo 5. Os primeiros capítulos fazem muitas referências a esses exercícios. Se você tiver dúvidas ou problemas relacionados com algum exercício do capítulo 5, retorne às referências iniciais e reexamine os bons e os maus movimentos ali apresentados.
- No final do livro há algumas páginas em branco nas quais você pode anotar seu programa personalizado de autotratamento usando algumas das seguintes sugestões:
  - relacione as práticas e posturas que, segundo suas suspeitas, mais lhe agravam as dores (procure idéias nos capítulos 3, 4 e 5);

- faça uma lista das páginas que contêm posturas de alívio (capítulo 2) e posturas recomendáveis (capítulos 3 e 4) que lhe parecem mais próximas de seus problemas de postura, movimentos ou práticas;
- faça também uma lista dos exercícios que, segundo as descrições do capítulo 5 e as recomendações iniciais, lhe parecem mais adequados e benéficos ao seu caso.

Procure ajuda e ajude a si mesmo

Qualquer pessoa que sofre de dores nas costas pode obter benefícios com a consulta a um fisioterapeuta ou médico especialista em problemas de coluna, pois sua avaliação e suas recomendações sempre se mostrarão úteis. Se você está atualmente sob cuidados médicos, este livro significa uma fonte adicional de informações relativas a tudo o que é possível fazer para ajudar a si mesmo, e seu fisioterapeuta terá maior abertura para lhe passar recomendações de maneira mais eficaz e específica para seu caso. Mas, se ainda não consultou um fisioterapeuta nem um médico especialista, procure pelo menos uma avaliação que determine o problema e identifique outras eventuais questões médicas. Procure também informações sobre vários tipos de terapia, como a aplicação de massagens, que poderão ajudá-lo a reduzir a dor.

Não é necessário recorrer a um exame médico antes de aplicar as informações contidas neste livro – entretanto é importante aprender a prestar atenção cuidadosa aos sinais de seu corpo. Se os sintomas persistirem apesar das tentativas de obter alívio, se forem recorrentes ou se agravarem, meu conselho é que procure tratamento médico.

Não é possível assegurar o grau de alívio que você poderá alcançar seguindo as recomendações deste livro. Talvez consiga alívio rápido ou gradual da dor ou apenas um pequeno alívio. Em qualquer caso, tornar-se mais ativo na busca de conforto e adotar práticas mais saudáveis significa adquirir maior controle sobre a dor e o efeito dela em sua vida.

> Como afirmei acima, meu conselho é para que você procure a orientação do profissional de saúde mais indicado para seu problema de dor nas costas. Se optar por seguir os conselhos apresentados neste livro, você deverá assumir total responsabilidade por sua escolha.

CAPÍTULO 1

SISTEMA "ELÉTRICO" e SISTEMA ESTRUTURAL

A dor, persistente ou recorrente, é com freqüência resultante de algum desequilíbrio estrutural ou "elétrico" do organismo. Para aliviar a dor, é essencial reduzir tais desequilíbrios tanto quanto possível. O primeiro passo é tomar consciência do modo como esses dois sistemas afetam a dor que você sente.

O SISTEMA "ELÉTRICO"

Como já disse, esse é o sistema nervoso. Fazem parte dele todos os nervos do corpo, inclusive os nervos que irrigam o cérebro e a medula espinhal. Esse sistema forma um circuito complexo que lhe permite o poder de mover-se, pensar e sentir automaticamente. Ele o torna capaz também de conscientemente controlar seus movimentos, seus pensamentos e suas emoções. Qualquer desequilíbrio do sistema "elétrico" pode resultar em dor, tensão muscular, emoções negativas e fadiga. Aprendendo a reduzir alguns desses desequilíbrios, você poderá ampliar a sensação de conforto, relaxamento e energia. Você conseguirá isso por intermédio do controle consciente das seguintes funções do sistema "elétrico":

Respiração

Seus padrões de respiração refletem a atividade elétrica de seu sistema nervoso. Quando você respira de forma rápida, superficial ou nervosa (devido a tensão, preocupação, raiva, medo ou fadiga), a atividade elétrica tende a aumentar, atuando como um "gatilho" dos circuitos de dor (Figura 1.1). Se você tomar consciência de sua respiração, será capaz de controlá-la, tornando-a mais plena e relaxante (Figura 1.2). Isso baixará a sensibilidade elétrica do sistema nervoso e reduzirá a dor.

É particularmente importante prestar atenção na respiração quando estiver sentindo dor ou estresse. Nessas ocasiões, você terá a tendência de concentrar-se na dor ou no estresse, o que automaticamente provocará padrões negativos de respiração. Não esqueça: controlar a respiração pode reduzir o desconforto!

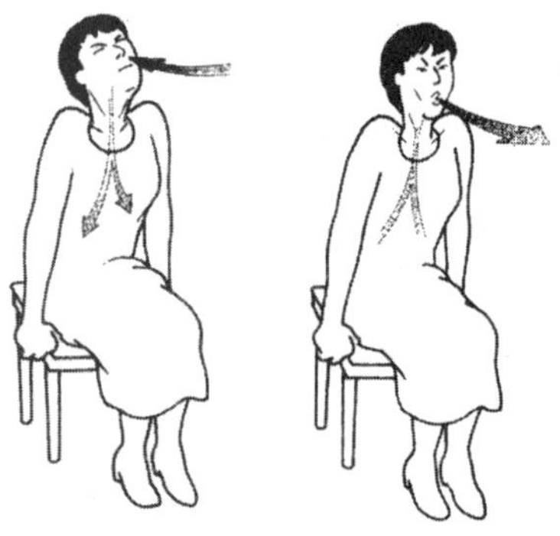

Figura 1.1

Figura 1.2

Pensamento e sentimento

Quando você fica zangado, ansioso, cansado, doente ou deprimido, seu cérebro automaticamente amplia a sensibilidade à dor. O que normalmente é ruim torna-se ainda pior. É uma sensação similar à que sentimos na infância por saber que seremos castigados por alguma coisa – o medo pode, na verdade, aumentar a tensão e a dor e bloquear a respiração mesmo que nada aconteça. O medo e a ansiedade produzem pensamentos negativos, o que só amplia a intensidade, a freqüência e a duração da dor! Se você se concentrar em imagens e pensamentos positivos enquanto tenta relaxar, a respiração correta poderá reduzir a dor, aumentar a sensação de conforto e sanar seu problema.

Os pensamentos negativos não só potencializam a sensibilidade à dor como também *causam* dor, porque aumentam a tensão. Emoções como medo, raiva e ansiedade sempre provocam tensão muscular em redor do rosto, da cabeça e da coluna vertebral. Tudo isso congestiona e sobrecarrega os músculos, agravando a dor (Figura 1.3).

Figura 1.3

Figura 1.4

A depressão quase sempre leva a uma postura "caída". Quer sua depressão resulte da dor, quer derive de outro problema qualquer, é importante notar que depressão emocional significa também postura deprimida – e isso apenas aumenta a tensão dolorosa e estressante sobre todo o organismo (Figura 1.4).

Se você cultivar pensamentos e sentimentos positivos ao longo do dia (principalmente quando busca alívio para a dor, a ansiedade, o estresse ou a depressão), conseguirá neutralizar a ativação dos circuitos da dor. Idéias positivas podem ajudá-lo a encontrar posturas menos cansativas e mais confortáveis para seu corpo. Os pensamentos aos quais você recorre para gerar emoções positivas podem ser reais ou imaginários, bem como envolver quaisquer pessoas, lugares e situações que o ajudem a sentir-se bem – interna e externamente (Figura 1.5).

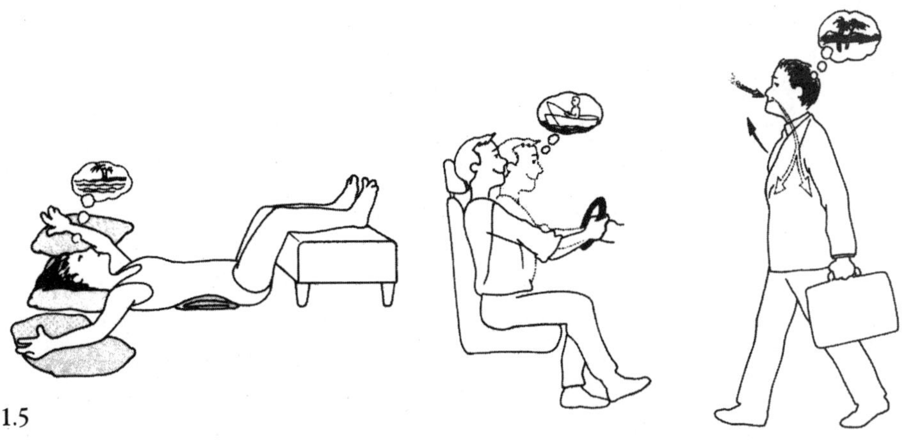

Figura 1.5

Tensão muscular

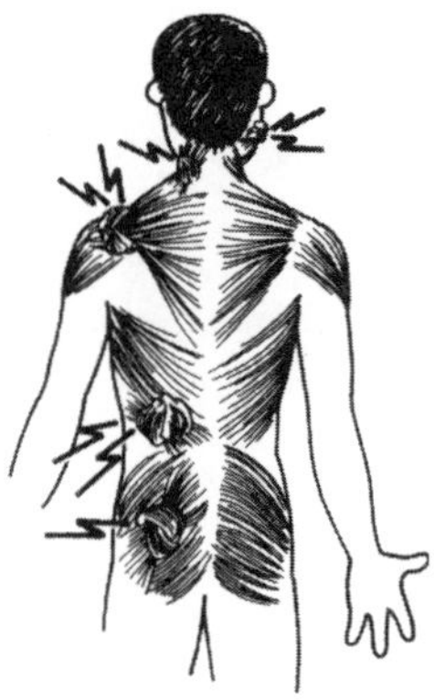

Figura 1.6

Tensão muscular excessiva significa que determinados músculos estão trabalhando demais durante muito tempo. Essa sobrecarga gera o aparecimento de reações químicas nos músculos, o que por sua vez causa a formação de "pontos de gatilho" ou "nós". Trata-se de áreas musculares extremamente sensíveis, comprimidas e contraídas. Nós, pontos de gatilho e espasmos musculares são variações do mesmo problema – contração longa e freqüente demais. Isso ocorre mais comumente na mandíbula, na nuca, na área dos ombros, na região lombar e nas nádegas (Figura 1.6).

O excesso de tensão muscular comprime as articulações. Essa compressão crescente pode detonar circuitos de dor ao longo da coluna vertebral (Figura 1.7), e isso geralmente causa dor não apenas na nuca e na região lombar como também nos braços e nas pernas. É, portanto, essencial que você tenha consciência dos pensamentos, das posturas e das situações que fazem crescer a tensão muscular. Só assim será possível controlar sua respiração, seus pensamentos e sentimentos de modo a reduzir a tensão muscular. Isso vai diminuir a atividade elétrica da região, liberar a tensão e em conseqüência reduzir a dor (Figura 1.8).

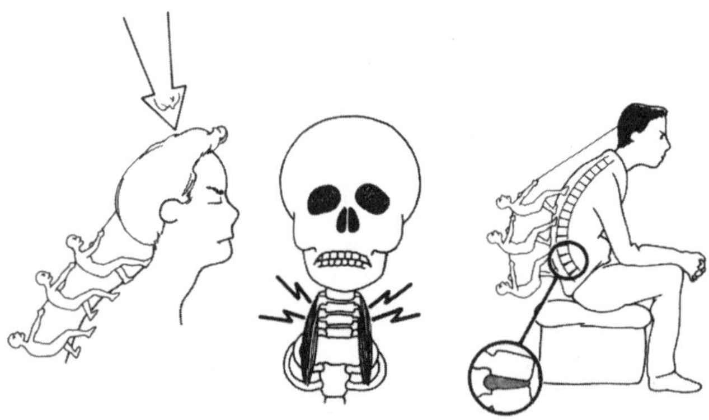

Figura 1.7

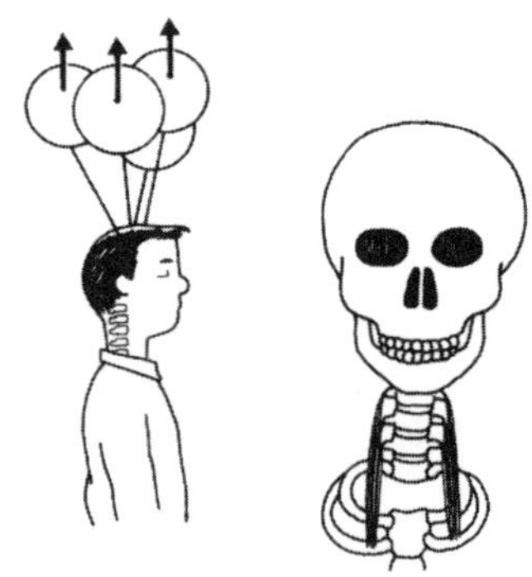

Figura 1.8

Como vimos anteriormente, uma postura muito curvada também causa compressão nas vértebras. Assim, manter por muito tempo essa postura provoca excessiva tensão, pois comprime demais os músculos e outros tecidos mais delicados. Quando isso acontece, os circuitos elétricos da região afetada lançam um "aviso" ativando a dor (Figura 1.9).

Experimente curvar lentamente seu dedo indicador para a frente e sentirá efeito similar. Logo você passará a receber mensagens de dor – o sistema "elétrico" estará tentando avisá-lo de que, se o dedo não voltar à posição natural, haverá algum tipo de dano.

Preste atenção em sua postura durante determinados períodos, situações, estados de ânimo e atividades e observe as influências que essas posturas têm sobre a dor. Com esses cuidados, você poderá corrigir as posturas erradas e manter as corretas para favorecer o equilíbrio do sistema "elétrico" e do sistema estrutural, reduzindo assim a dor (Figura 1.10).

Figura 1.9

Figura 1.10

Sensibilidade dos tecidos

Uma reação comum às dores prolongadas é evitar movimentos, contato físico e atividades antes apreciadas (Figura 1.11), pois a atividade em geral parece intensificar a dor. Entretanto, se você permanecer inativo por muito tempo, seu sistema "elétrico" se tornará mais e mais sensível, e isso facilitará a manifestação da dor.

Figura 1.11

O sistema "elétrico" apresenta circuitos de conforto e circuitos de dor. Se você evitar muitas das atividades que antes apreciava, seu sistema "elétrico" não terá oportunidade de ativar os circuitos normais de conforto. Dessa forma, com o passar do tempo, o sistema acionará os circuitos de conforto com menos freqüência e eventualmente poderá acionar muito mais os circuitos de dor que os de conforto. Evitar as atividades de que você mais gosta só aumentará suas dores!

Se gradualmente passar a cultivar sensações e atividades que lhe tragam conforto, satisfação e prazer, você permitirá que seu sistema "elétrico" acione mais os circuitos de conforto. Atividades como movimentos lentos, relaxados e rítmicos e sensações como massagens, vibração, calor, frio e estimulação elétrica (de intensidade leve) podem ser usadas para desenvolver as funções de seus circuitos de conforto. Com o tempo, você aprenderá a reprogramar seu sistema "elétrico", aumentando assim a tolerância a maior número de sensações. Melhorando o nível de conforto, você poderá ampliar suas atividades.

O SISTEMA ESTRUTURAL

Esse é o sistema muscular e ósseo, que configura o aspecto "mecânico" do organismo. Ele abrange os ossos e as articulações que formam o esqueleto, os múltiplos tecidos musculares que ligam, contornam e locomovem esse esqueleto e vários tipos de tecido que delimitam, amortecem e ligam as estruturas ósseas e musculares.

A maioria das pessoas apresenta problemas em alguma região da espinha dorsal. Esses problemas são os maiores responsáveis pelas dores que afetam o sistema estrutural. Eles podem ser causados por acidentes, envelhecimento, uso inadequado dos músculos ou doenças.

Os desequilíbrios estruturais podem provocar ou agravar a dor. Tais desequilíbrios geralmente provêm de padrões errados de alinhamento e postura durante as atividades diárias, inclusive repouso, trabalho e exercícios (Figura 1.12).

Alinhamento e movimento: padrões corretos

A postura ideal da coluna deve ser ereta e igualmente equilibrada entre o lado direito e o esquerdo. Deve também apresentar curvaturas suaves do lado

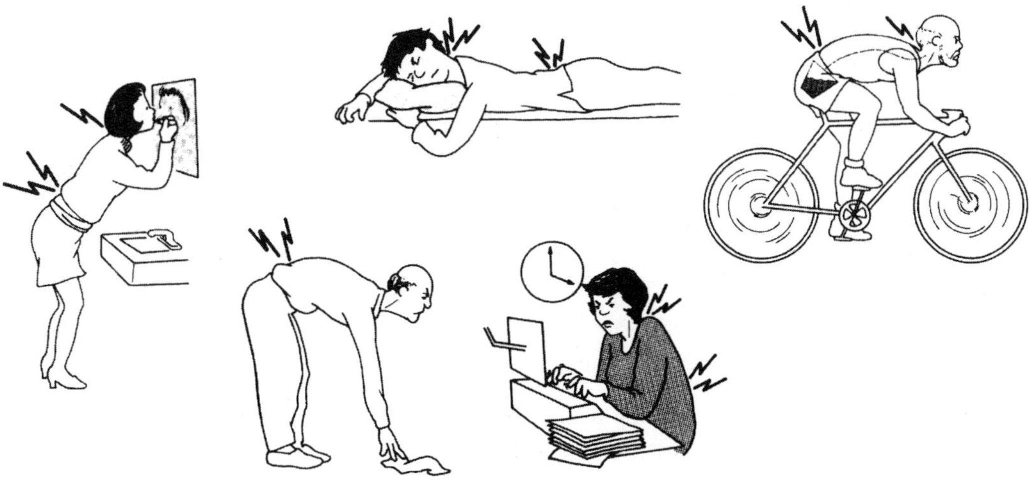

Figura 1.12

anterior para o posterior, produzindo curvas na região cervical, na torácica e na lombar (Figura 1.13).

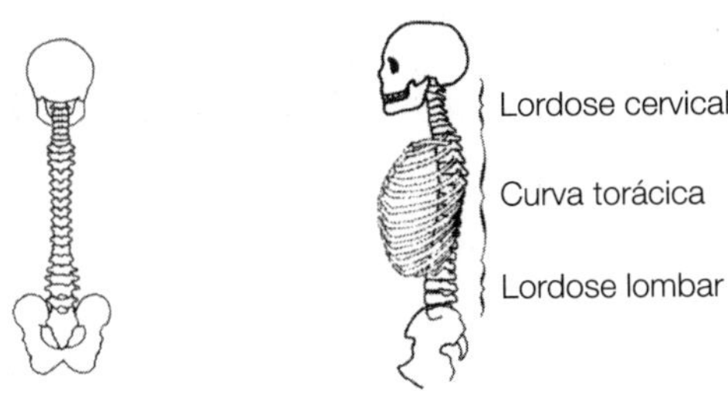

Figura 1.13

Se a coluna não estiver bem equilibrada ou caso as curvaturas naturais apresentem anomalias, o resultado será desgaste e dano crescentes dos tecidos que a compõem. Isso aumentará a atividade elétrica dos circuitos de dor (Figura 1.14).

Se você cultivar hábitos equilibrados de alinhamento e movimento, isso não só fará melhorar seu desempenho e sua aparência como também reduzirá a dor. Para conseguir esse equilíbrio, procure fazer o seguinte:

- Adotar posturas melhores durante as atividades diárias, especialmente aquelas que agravam os sintomas da dor (veja capítulos 4 e 5).

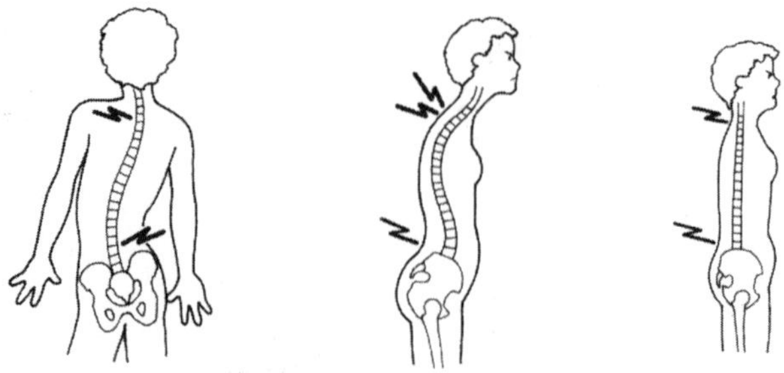

Figura 1.14

- Evitar exercícios ou atividades exagerados que aumentem o estresse do sistema estrutural. Um alinhamento incorreto, que comprime as vértebras e reduz ou interrompe a respiração, acarretará dores e não trará benefício algum (veja capítulos 4 e 5).
- Praticar exercícios que favoreçam o relaxamento e o equilíbrio. Eles abrangem métodos de descompressão, alongamento, fortalecimento e relaxamento (veja capítulo 5).

CONCEITOS-CHAVE DO SISTEMA "ELÉTRICO" E ESTRUTURAL

Diversos conceitos importantes foram apresentados neste capítulo. Uma vez que eles serão citados ao longo de todo o livro, você talvez deseje revê-los antes de prosseguir.

Sistema "elétrico": é uma forma bastante simples de explicar o sistema nervoso. Ele abrange o cérebro, a medula espinhal e todos os nervos do corpo, inclusive os circuitos de dor e de conforto. Algumas de suas funções: respiração, pensamento e emoções.

Circuitos de dor: são circuitos elétricos que enviam mensagens de dor ao corpo todo. Eles podem ser ativados por pensamentos negativos, respiração insuficiente, postura e movimentos incorretos e excesso ou ausência de atividades.

Circuitos de conforto: são circuitos elétricos que enviam mensagens de conforto ao corpo todo. Podem ser ativados por pensamentos positivos, respiração plena, postura e movimentos corretos, uso de compressas e equilíbrio entre períodos de atividade e repouso.

Sistema estrutural: é também uma forma simples de explicar o sistema ósseo e muscular. Ele abrange o esqueleto e os músculos, tendões, ligamentos e assim por diante. Algumas de suas funções: controle de postura e movimentos durante atividades diárias, repouso e exercícios.

Equilíbrio estrutural: decorre da postura correta e simétrica que apresenta equilíbrio de alinhamento, força, flexibilidade e resistência. Se houver equilíbrio entre os lados do corpo, a estrutura óssea exigirá esforço muscular mínimo para manter-se de forma correta.

Desequilíbrio estrutural: decorre de postura incorreta e assimétrica que apresenta desequilíbrio de alinhamento, força, flexibilidade e resistência. Uma estrutura nessas condições exige tensão muscular crescente, o que causa freqüentes danos e lesões.

Compressão: é a pressão que a força da gravidade exerce sobre o sistema estrutural do corpo. Essa força é potencializada devido à má postura ou à tensão muscular, e estas, por sua vez, podem ser agravadas por condições como frio, dor, raiva, medo ou depressão. Com o tempo, altos níveis de compressão acabam por causar danos crescentes ao sistema estrutural, tornando-o mais vulnerável a lesões e à dor.

Descompressão: é a redução da pressão exercida sobre o sistema estrutural do corpo. A compressão é reduzida por boa postura e músculos relaxados. Quando a dor aumentar devido ao excesso de atividades ou à necessidade de manter-se muito tempo de pé, recorra às posições de alívio em decúbito (veja capítulo 3) para descompressão da coluna e alívio da dor.

Contração: a atividade muscular gera um tipo de tensão conhecido como contração. Durante o repouso e nas posições sedentárias, deve haver apenas contrações leves que ocorrem para equilibrar e sustentar o corpo.

Tensão muscular: relaciona-se à atividade muscular que resulta em dor devido à compressão ou a inflamações. Má postura, fadiga e emoções ou pensamentos negativos podem agravar os efeitos da tensão muscular.

Tônus muscular: relaciona-se à atividade normal dos músculos quando o sistema estrutural e o sistema "elétrico" estão em equilíbrio – quer em repouso, quer em atividade.

CAPÍTULO 2

RÁPIDO ALÍVIO DA DOR

Procure posições e movimentos que tragam alívio

Respire e imagine o alívio

Uso de "compressas" de alívio

Este capítulo descreve métodos de autotratamento para os momentos em que você precisa de alívio imediato. Esteja onde estiver, em casa, no trabalho ou em trânsito, você pode lançar mão de métodos seguros e fáceis de tratamento para obter rápido alívio da dor. Se conseguir algum controle efetivo da dor, você estará dando um passo importante na direção certa. Tornando-se capaz de reduzir a dor, você também será capaz de melhorar seu desempenho geral.

Ao reduzir a dor em momentos de "emergência", você não apenas conseguirá alívio quando mais precisar dele como também aprenderá a diminuir os desequilíbrios elétricos e estruturais de seu organismo, o que lhe trará períodos mais prolongados de conforto. Os seguintes métodos de busca de alívio rápido serão apresentados em detalhes:

- Procure posições e movimentos que tragam alívio.
- Respire e imagine-se aliviado.
- Use compressas.

PROCURE POSIÇÕES E MOVIMENTOS QUE TRAGAM ALÍVIO

Você provavelmente descobrirá que certas posturas e movimentos tendem a favorecer a pressão, o desgaste e a tensão, aumentando portanto a dor. Por outro lado, determinadas posições e movimentos podem "descarregar" seu sistema estrutural e "acalmar" a atividade elétrica da região dolorida, resultando em alívio e conforto. É muito importante prestar atenção e reconhecer as posturas e os movimentos que agravam a dor, bem como os que reduzem o estresse e a irritação.

Esta seção apresentará exemplos de posições e movimentos comuns prescritos para pessoas que sofrem de dores na coluna. As posições que mais se aplicarem a seu caso talvez sejam diferentes das que ilustramos aqui ou das mais indicadas para outras pessoas. Você poderá determinar quais delas lhe proporcionam maior alívio experimentando-as e analisando seus resultados. Uma posição de alívio eficaz deve fazer efeito em até vinte minutos.

Se você sente dores nas pernas ou nos braços provenientes de problemas de coluna, lembre-se do seguinte:

Bons sinais

- ▲ Redução de dores lombares e cervicais.
- ▲ Redução de dores nos braços e nas pernas.
- ▲ Redução de dores nos braços e nas pernas acompanhada por pequeno aumento da dor lombar e cervical.

Maus sinais

- ▼ Aumento de dores lombares e cervicais.
- ▼ Aumento de dores nos braços e nas pernas.
- ▼ Redução de dores nos braços e nas pernas acompanhada por dormência crescente.

Qualquer desses maus sinais indica que você escolheu uma posição errada, que manteve essa posição por muito tempo ou que ela é muito radical para seu caso. Ajuste ou abandone a posição e procure outra postura ou movimento que possa aliviar seus sintomas.

Se alguma das posições aqui apresentadas agravar sua dor, principalmente nos braços e nas pernas, interrompa-a e procure ajuda profissional de um fisioterapeuta.

Dores agravadas por posições ou atividades que causam tensão ou comprimem a região lombar

Isso ocorre durante ou após atividades que obrigam a pessoa a permanecer muito tempo sentada ou curvada e também quando carrega objetos cujo peso força o corpo para a frente (Figura 2.1).

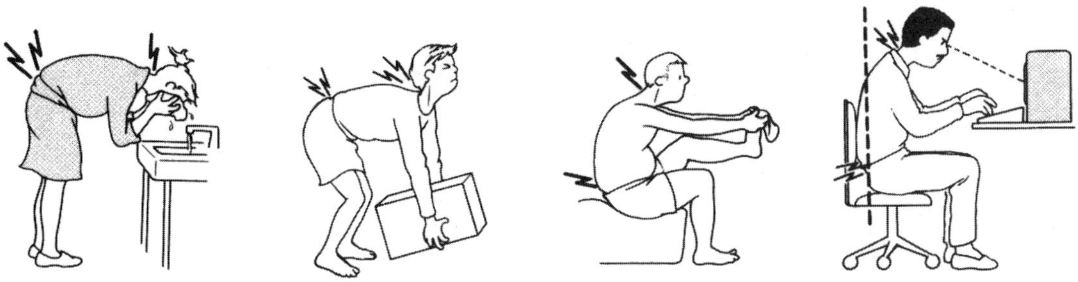

Figura 2.1

Posições e movimentos de alívio

São posições e movimentos que estruturalmente alongam e aliviam a compressão sobre a coluna. Ajudam o corpo a neutralizar alguns dos efeitos da gravidade que comprimem e curvam a postura.

POSIÇÃO DE REPOUSO DEITADO DE COSTAS (Figura 2.2): deite-se de costas e estenda as pernas ou repouse-as sobre alguns travesseiros ou no assento de uma cadeira ou sofá; coloque um lençol dobrado sob as costas, na região lombar, dorsal ou cervical, para sustentar a curvatura natural e favorecer o alongamento da coluna; movimentando os braços para cima e para baixo, você fará bom alongamento e descompressão da coluna e do tórax. Para evitar atritos dos braços contra o chão, movimente-os apoiados em almofadas.

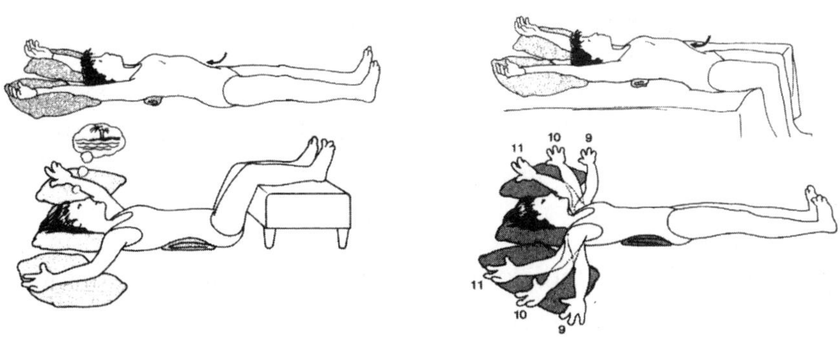

Figura 2.2

POSIÇÃO DE REPOUSO DEITADO DE BRUÇOS (Figura 2.3): coloque uma almofada sob o peito para permitir que a cabeça e o pescoço relaxem sobre as mãos e possam mover-se para os lados sem esforço. Se permanecer deitado de bruços causar pressão desconfortável sobre sua região lombar, coloque uma almofada também sob o baixo-ventre – isso lhe dará mais conforto de início, principalmente se você não estiver habituado a essa posição.

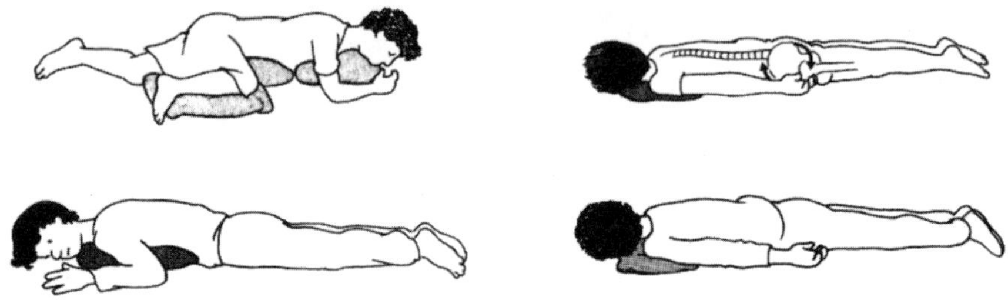

Figura 2.3

POSIÇÃO DE REPOUSO DEITADO DE BRUÇOS SOBRE OS COTOVELOS (Figura 2.4): levante suavemente os braços e os ombros até apoiar-se nos cotovelos, fazendo a região lombar relaxar-se. Se essa posição forçar muito seus ombros, coloque uma almofada firme sob o peito para aliviar a pressão. Tente relaxar nessa posição enquanto for confortável para você. Se preferir, adote o hábito de usá-la à noite como alternativa do costume de ficar sentado.

FLEXÕES (Figura 2.5): veja capítulo 5.

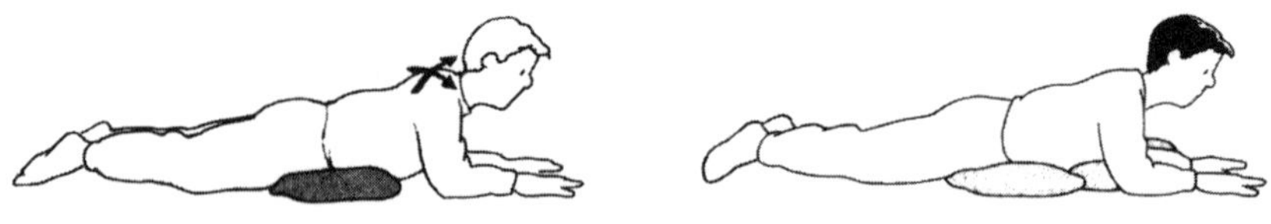

Figura 2.4

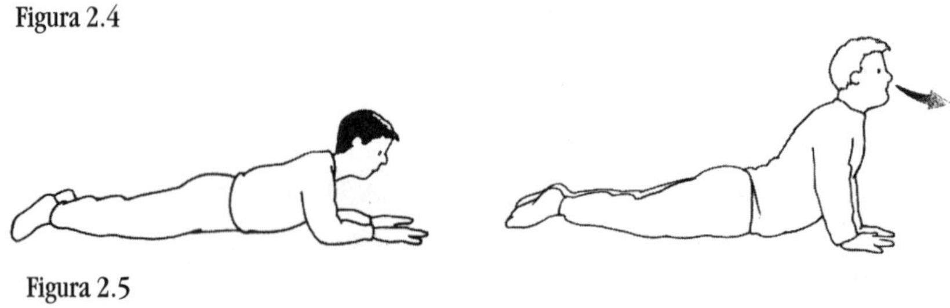

Figura 2.5

POSIÇÃO DE REPOUSO DE PÉ CURVANDO-SE PARA TRÁS (Figura 2.6): esse deveria ser seu primeiro movimento ao erguer-se depois de permanecer sentado durante muito tempo! E ele é particularmente importante caso você sinta dor e dificuldade de levantar-se após ficar algum tempo sentado. Coloque as mãos sobre a região lombar e as nádegas; devagar e suavemente, curve-se para trás mantendo as pernas esticadas; não curve a cabeça. Pare quando sentir uma pressão agradável no meio das costas ou na região lombar. Mantenha a posição durante alguns segundos e respire calma e profundamente. Repita por duas ou três vezes.

Figura 2.6

POSIÇÃO DE REPOUSO SENTADO RECLINANDO AS COSTAS E ERGUENDO OS BRAÇOS (Figura 2.7): quando você não pode ou não quer levantar-se, recline-se na cadeira e erga os braços (veja capítulo 3).

ALONGAMENTO COM BARRA E CURVATURA PARA TRÁS (Figura 2.8): veja capítulo 5.

CAMINHADA (Figura 2.9): caminhar é quase sempre a melhor maneira de aliviar a dor nas costas ou nas pernas que se manifesta depois que você fica muito tempo sentado ou curvado. Veja o tópico "Aprenda a caminhar", no capítulo 3, que traz sugestões para melhorar sua forma.

Figura 2.7

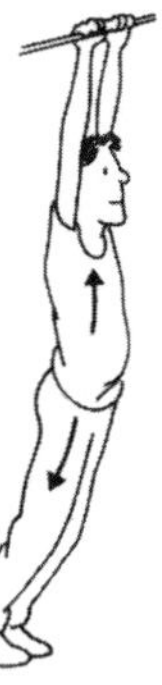

Figura 2.8

Figura 2.9

POSIÇÃO DE REPOUSO COM APOIO NA MESA (Figura 2.10): esse é um método particularmente bom quando você sente dor porque fica sentado durante muito tempo, mas não pode ou não quer levantar-se. Comece afastando a cadeira da mesa, depois curve suavemente as costas e estique os cotovelos, apoiando-os na mesa. Se puder, separe bem as pernas e dobre os joelhos. Repouse os braços e a cabeça sobre a mesa para alongar e aliviar a coluna e relaxe por cerca de um minuto.

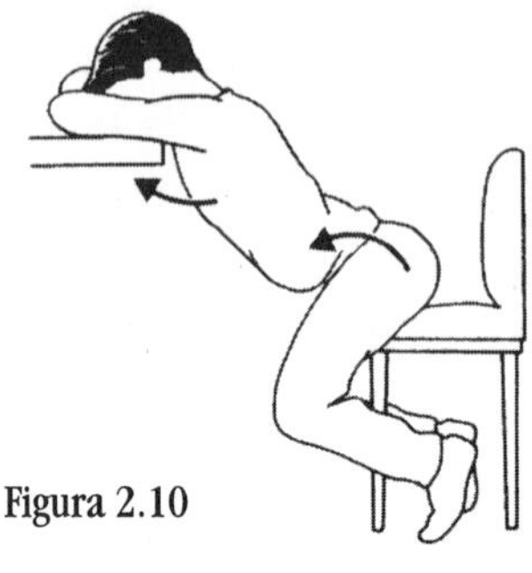

Figura 2.10

Veja o tópico "Faça bons movimentos mesmo sentado", no capítulo 3, que apresenta outras posições para alívio rápido da dor nas costas causada pelo excesso de sedentarismo.

Dor unilateral nas costas ou numa das pernas agravada por atividades que tendem a comprimir a coluna

Qualquer dos métodos já apresentados pode trazer alívio para esse caso. O alívio será maior se você acrescentar a essas posições alguns movimentos laterais ou flexões. Normalmente, mover o corpo na direção oposta à área dolorida traz benefício rápido. No entanto, alongar o lado afetado do corpo às vezes tem melhor resultado.

Posições e movimentos de alívio

DEITAR-SE DE LADO SOBRE UMA TOALHA ENROLADA (Figura 2.11): deite-se sobre o lado oposto ao lado dolorido. Coloque uma pequena toalha enrolada sob a curva existente entre a pélvis e as costelas. Erga o braço livre sobre a cabeça. Com esse movimento, você sentirá o alongamento do lado livre entre o tórax e a região pélvica.

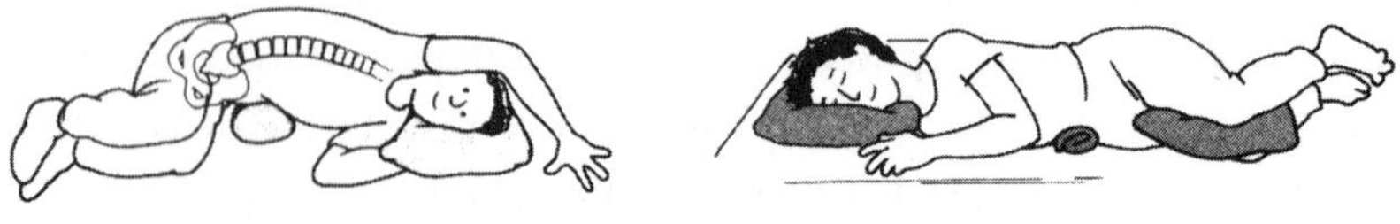

Figura 2.11

ROTAÇÃO SOBRE A COLUNA (Figura 2.12): deite-se de costas e mova os joelhos, unidos, para os lados usando travesseiros para apoiá-los melhor. Se você sentir mais alívio quando se volta sobre um dos lados do corpo, relaxe nessa posição por alguns minutos enquanto os sintomas diminuem (veja capítulo 5).

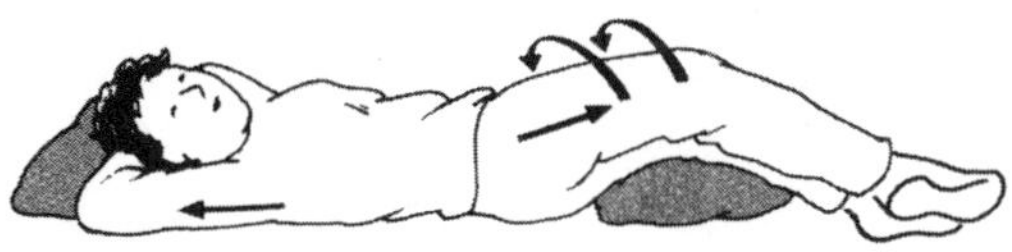

Figura 2.12

FLEXÃO DO LADO DOLORIDO (de pé, Figura 2.13): esse movimento, que alivia o peso e alonga o lado dolorido, é dos mais eficazes. A compressão se reduz quando você ergue o braço sobre a cabeça e se curva para o lado oposto (não se curve para a frente). Para obter resultado ainda melhor, use uma barra fixa.

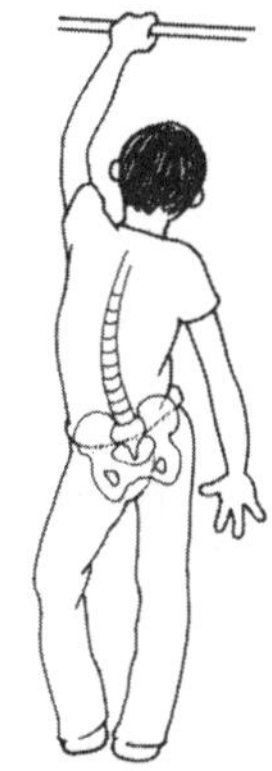

Figura 2.13

FLEXÃO DO LADO DOLORIDO (deitado de bruços, Figura 2.14): essa posição é igual à apresentada na Figura 2.4, com a diferença de que a postura atual alonga levemente um dos lados (direito ou esquerdo), enquanto o outro é encurtado.

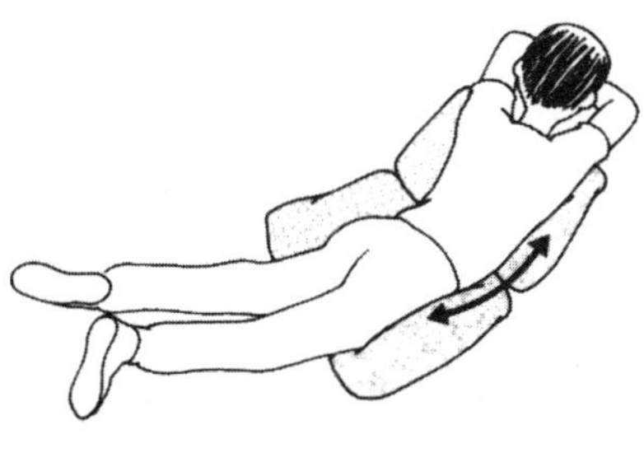

Figura 2.14

Dores nas costas agravadas por posturas ou atividades que sobrecarregam a região lombar

Esse problema é típico de atividades que envolvem a necessidade de ficar muito tempo de pé, caminhar (principalmente usando-se botas ou saltos altos), esticar ou curvar demais o corpo durante muito tempo e com freqüência. A postura forçada desses movimentos normalmente sobrecarrega a região lombar (Figura 2.15).

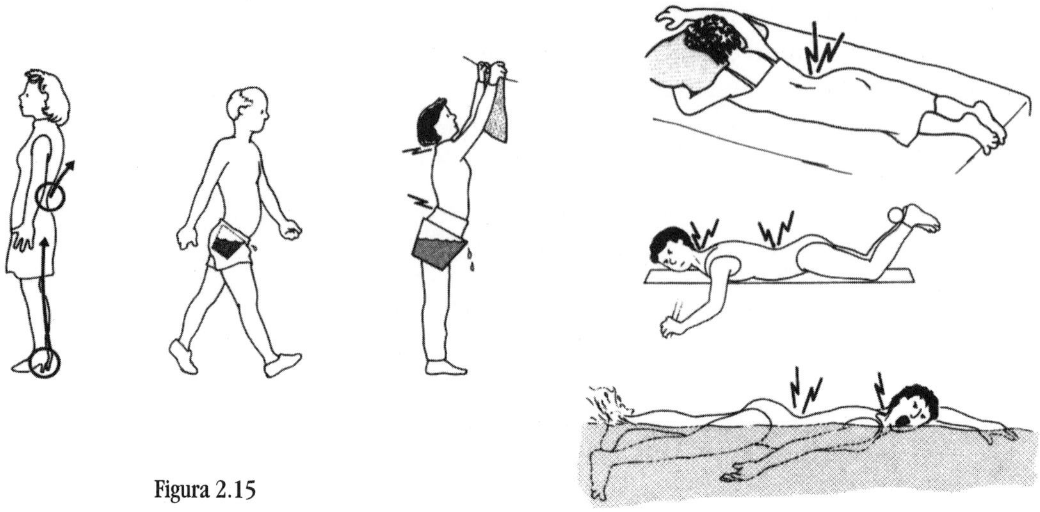

Figura 2.15

Posições e movimentos de alívio

São posturas e movimentos que servem para relaxar a região lombar permitindo que volte à posição normal após permanecer arcada demais durante muito tempo.

JOELHOS SOBRE O PEITO (Figura 2.16): veja capítulo 5.

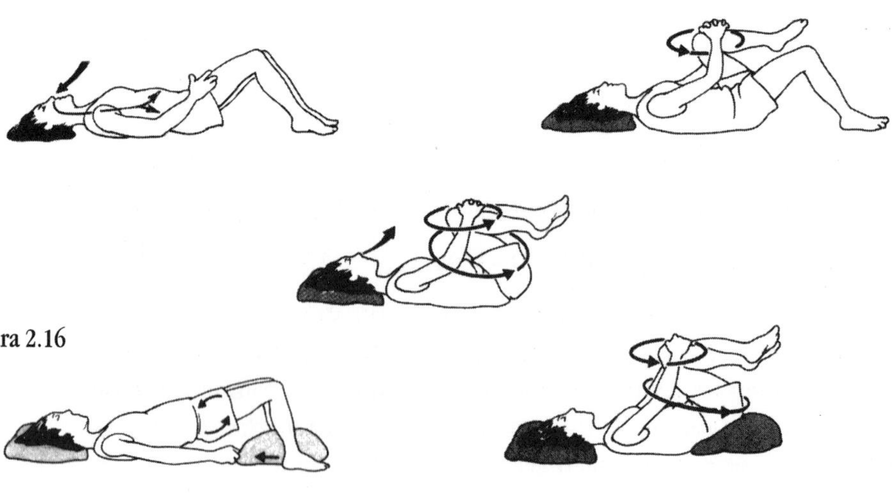

Figura 2.16

FLEXÃO DEITADO DE BRUÇOS (Figura 2.17): essa posição é especialmente recomendada para alívio rápido da pressão sobre as costas. Coloque uma almofada sob o abdômen de modo a sentir um relaxamento suave e confortável na região lombar. Se você puser uma almofada menor sob a parte alta do tórax, isso evitará forçar o pescoço e também relaxará a região cervical. Outra almofada sob os pés e as canelas lhe dará mais conforto. Você obterá o mesmo efeito relaxante se ficar de joelhos e descansar a parte superior do corpo na cama.

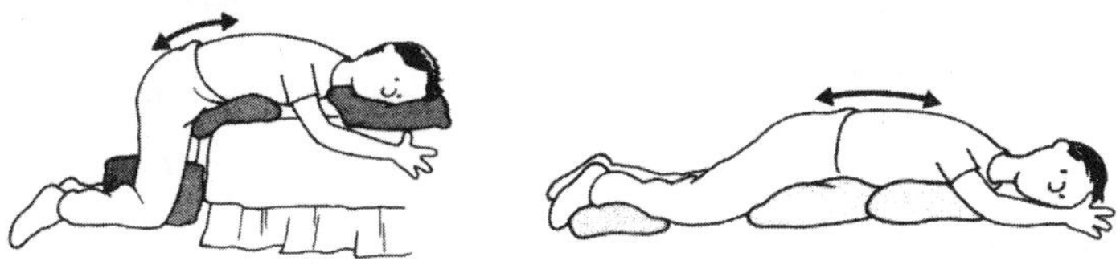

Figura 2.17

SENTAR-SE NOS CALCANHARES, JOELHOS DOBRADOS E MÃOS ESTENDIDAS (Figura 2.18): veja capítulo 5.

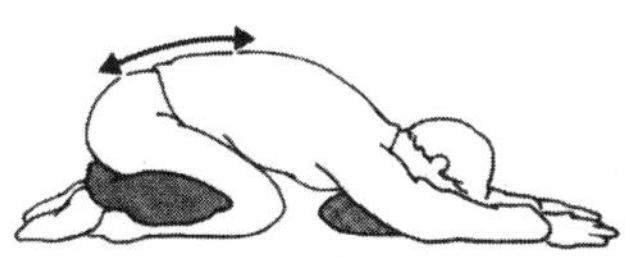

Figura 2.18

DESCOMPRESSÃO POR AGACHAMENTO (Figura 2.19): essa posição é boa quando você deseja descansar os pés e tirar os sapatos, mas não pode fazer isso. Apóie-se numa parede e afaste bem os pés um do outro, colocando-os a uma distância de cerca de trinta centímetros da parede. Agache-se flexionando os quadris e os joelhos até sentir que a parte inferior das costas se estica (as nádegas devem apoiar-se na parede). Ponha as mãos e os antebraços nas coxas e faça pressão sobre elas. Com esse movimento dos braços, você poderá relaxar os músculos das costas e reduzir a compressão. Alinhe a coluna na posição que for melhor para você – mais ou menos arqueada. Certifique-se, porém, de fazer pressão com os braços, e não com a coluna.

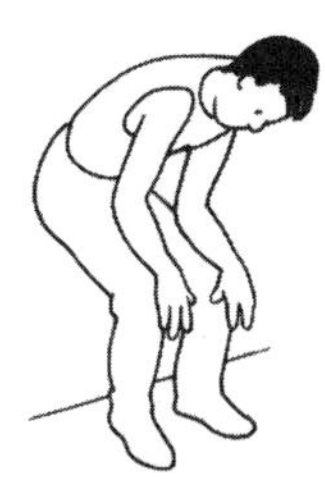

Figura 2.19

RELAXAMENTO SOBRE UMA SUPERFÍCIE (Figura 2.20): pode-se fazer isso sobre uma mesa ou um aparador, um parapeito de janela ou uma pia.

ALONGAMENTO COM BARRA E CURVATURA PARA A FRENTE (Figura 2.21): veja capítulo 5.

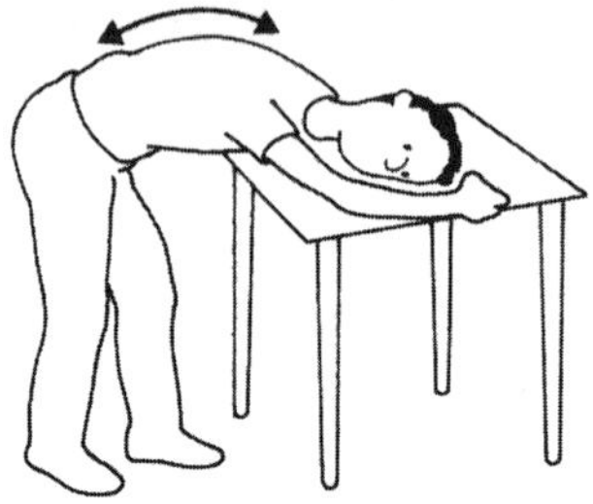

Figura 2.20

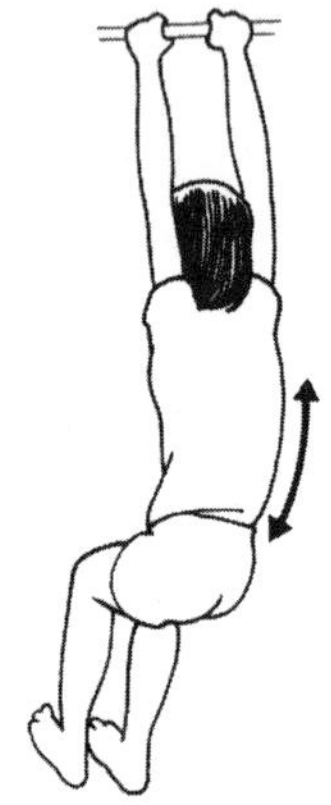

Figura 2.21

Dores unilaterais nas costas ou numa das pernas agravadas por atividades que curvam demais a região lombar

Você pode recorrer a qualquer dos métodos aqui apresentados e obter alívio mais eficaz com o acréscimo de alguns movimentos laterais e rotativos. Lembre-se: movimentar as partes do corpo afastadas da região dolorida sempre tem bom efeito, mas o alongamento da parte mais afetada do corpo traz benefícios maiores (Figura 2.22).

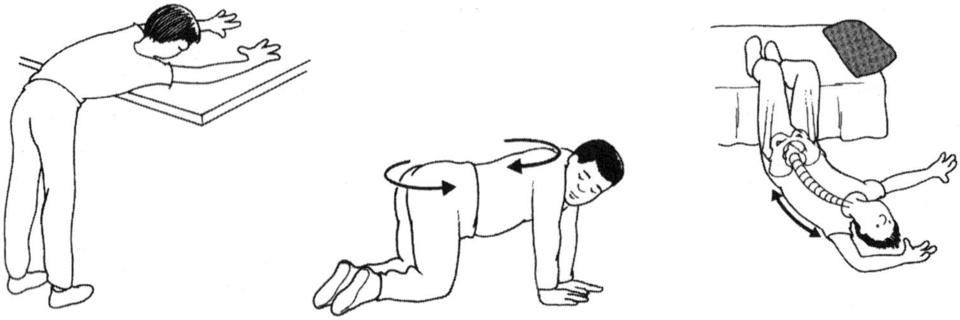

Figura 2.22

Dores no pescoço e nos braços originadas de problemas cervicais

As posturas, os movimentos e as situações seguintes tendem a agravar esse tipo de dor.

1. Manter o pescoço em alinhamento forçado durante muito tempo

- *Para a frente e para baixo* (Figura 2.23):
  Tirar cópias
  Digitar, escrever, ler
  Comer

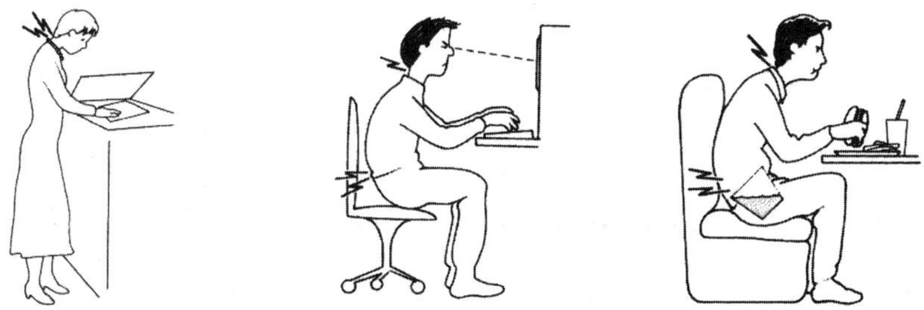

Figura 2.23

- *Para a frente e curvado para trás* (Figura 2.24):
  Maquiar-se, fazer a barba
  Dirigir com pouca visibilidade
  Usar lentes bifocais
  Trabalhar com computador colocado muito acima da linha de visão
  Andar de bicicleta

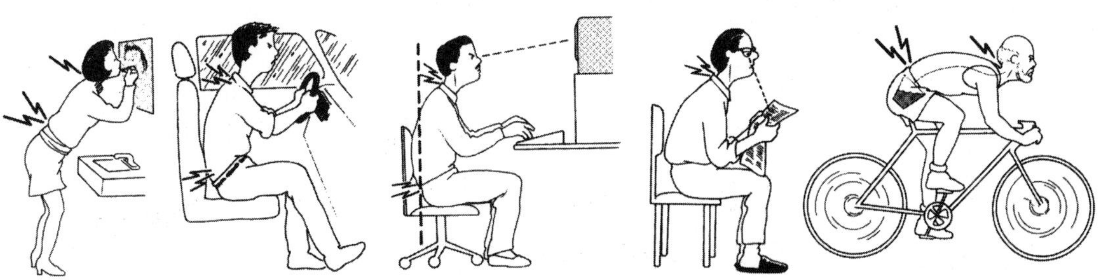

Figura 2.24

- *Para a frente e voltado para um lado* (Figura 2.25):
  Olhar pela janela do carro ou do ônibus durante uma viagem
  Trabalhar com computador colocado à esquerda ou à direita
  Falar com alguém sentado ao lado
  Varrer

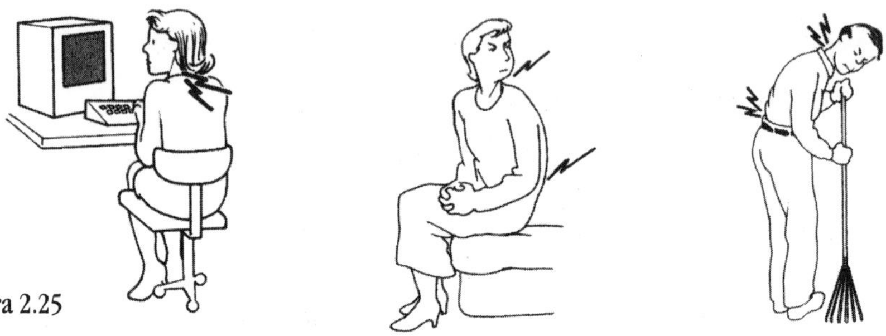

Figura 2.25

- *Curvado para trás e voltado para o lado* (Figura 2.26):
  Dormir de bruços sem apoio adequado
  Falar pelo telefone com o fone preso entre a orelha e o ombro

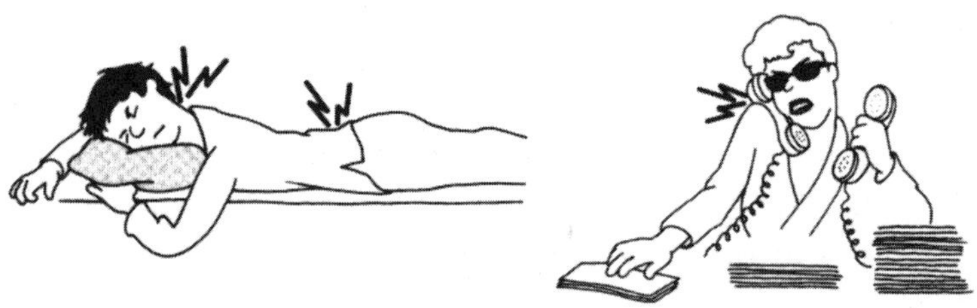

Figura 2.26

2. Movimentos estressantes

- *Voltar muito a cabeça para trás* (Figura 2.27):
  Dar marcha à ré no carro
  Nadar e virar a cabeça para respirar
  Jogar tênis

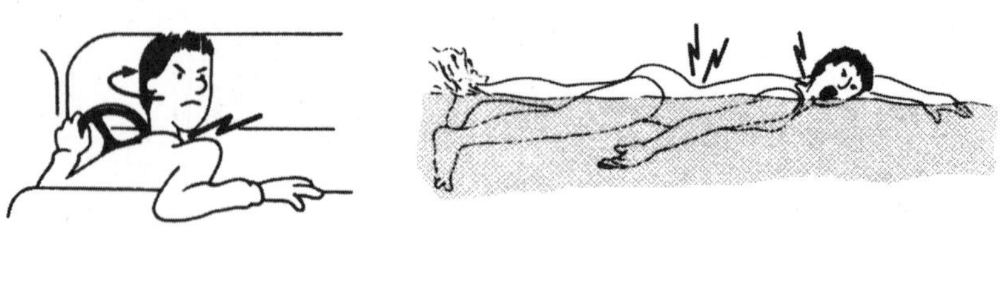

Figura 2.27

- *Espirrar* (Figura 2.28)
- *Inclinar muito a cabeça para trás* (Figura 2.29):
  Beber diretamente de uma garrafa
  Olhar para cima enquanto limpa, lava ou pinta (uma parede, por exemplo)
  Erguer objetos pesados

Figura 2.28

Figura 2.29

3. Situações estressantes

- *Frio e golpes de ar* (Figura 2.30):
  Nevralgia durante o sono
  Frio e umidade
  Natação e água muito fria
- *Pressão devido à urgência de prazos* (Figura 2.31):
  Trabalho burocrático
  Tempo perdido no trânsito

Figura 2.30

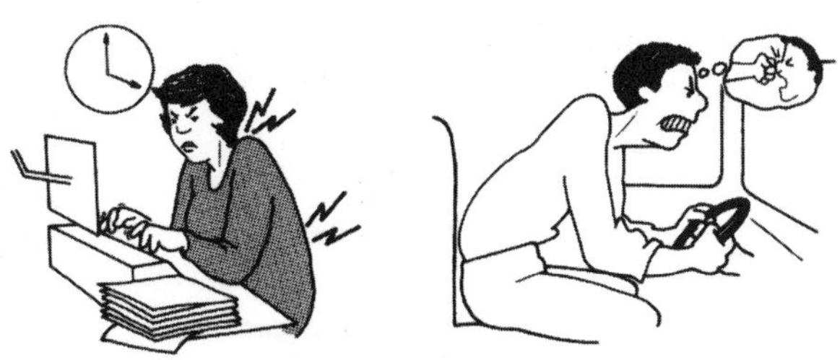

Figura 2.31

- *Raiva, ansiedade e depressão* (Figura 2.32)

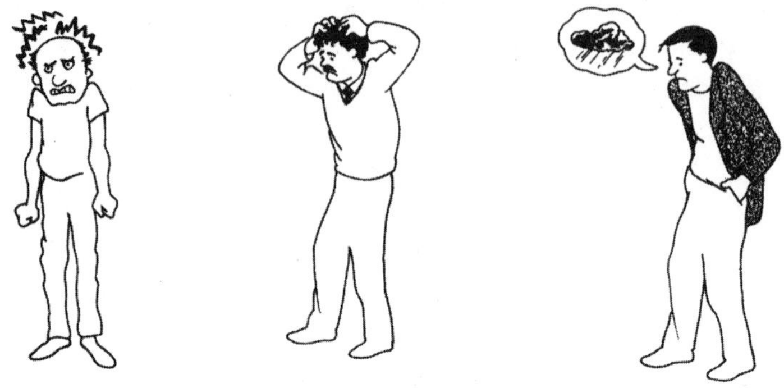

Figura 2.32

Posições e movimentos de alívio

PRESSÃO E DESCOMPRESSÃO DO PESCOÇO: esse é um movimento dos mais importantes para aprender a aliviar as dores de cabeça, pescoço e braços. Ele ajuda a equilibrar a cabeça sobre o pescoço e este sobre o tronco. É especialmente recomendado durante ou após atividades que exigem que a cabeça e o pescoço fiquem voltados demais para a frente, provocando uma curvatura forçada da nuca e da cabeça para trás. Pode ser feito em qualquer posição: de pé, sentado e deitado de costas.

a) De pé: mova gradativamente a cabeça na direção do peito. Olhe diretamente para a frente. Mantenha a posição da cabeça (não olhe para cima nem para baixo, pois isso fará seu pescoço curvar-se). Procure baixar suavemente o queixo, tanto quanto possível, sem contrair os ombros, o pescoço nem a garganta. Mantenha essa posição exagerada enquanto conscientemente relaxa a respiração e os músculos (Figura 2.33). Fique assim enquanto a posição for confortável para você. Use as mãos para obter apoio e relaxamento nessa postura. Repita o movimento de três a cinco vezes.

Figura 2.33

Enquanto respira, imagine que sua cabeça está flutuando no ar. Imagine que há um espaço cheio de ar entre as vértebras e sinta como isso reduz a pressão sobre os nervos. Tenha o cuidado de manter os músculos soltos e relaxados (Figura 2.34). Se mover o pescoço com muita força, a dor poderá aumentar. Você deve fazer um movimento leve, bem suave, para inclinar a cabeça.

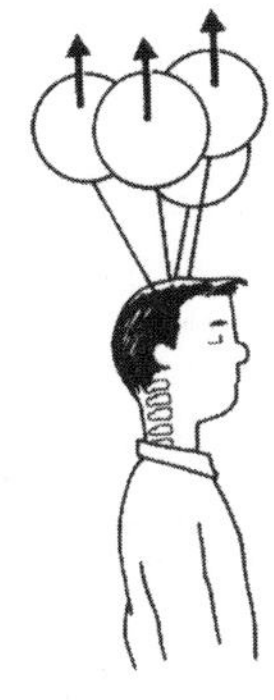

Figura 2.34

b) De pé apoiando-se na parede (Figura 2.35): mantenha os pés cerca de trinta centímetros afastados da parede, apoiando porém o tronco contra ela. Levante a cabeça e abaixe o queixo, forçando o pescoço a encostar-se na parede. Mantenha os músculos do pescoço relaxados. Permaneça nessa posição entre vinte segundos e um minuto.

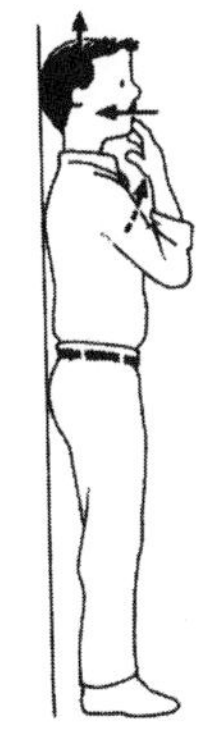

Figura 2.35

c) Deitado de costas com uma toalha dobrada: coloque a toalha sob a nuca para manter a cabeça alinhada. Se a toalha for muito baixa, a cabeça e a nuca ficarão arcadas para trás. Se for muito alta, sua cabeça será empurrada para a frente (Figura 2.36).

Nessa posição, levante os braços em torno da cabeça, mas mantenha-a relaxada sobre a toalha. Puxe a toalha para que a cabeça e o pescoço, acompanhando o movimento, obtenham maior alongamento (Figura 2.37). Relaxe nessa posição por um momento e sinta seus efeitos. A aplicação de frio ou calor nesse movimento pode acelerar o alívio da dor.

Figura 2.36

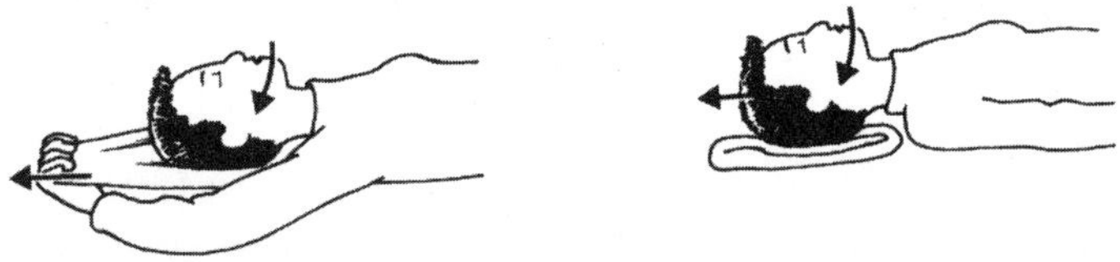

Figura 2.37

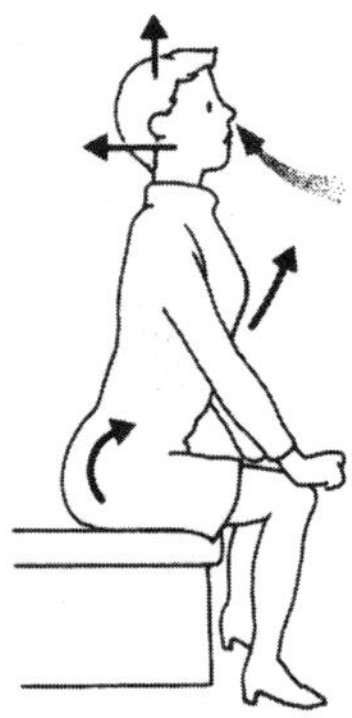

Figura 2.38

d) Sentado (Figura 2.38): veja o tópico "Faça bons movimentos mesmo sentado", no capítulo 3. Se você usa uma cadeira com descanso de cabeça, não deixe de apoiar nele o pescoço. Estique os braços para erguer o tórax e afastar a região lombar do encosto da cadeira, alinhando a cabeça e o pescoço.

RELAXAMENTO DO PESCOÇO (Figura 2.39): a finalidade desses movimentos é liberar a tensão muscular e a compressão dos tecidos (veja capítulo 5).

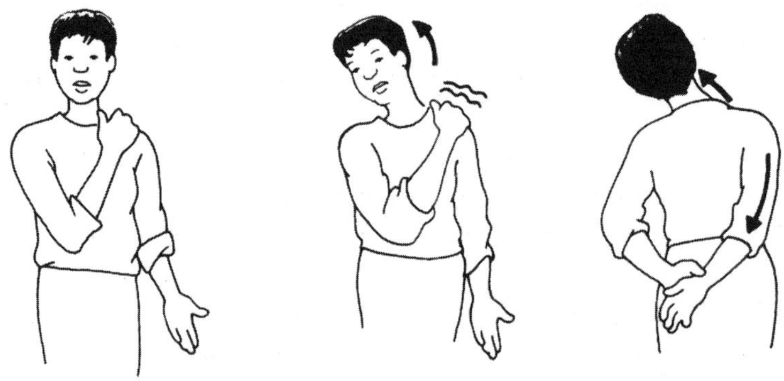

Figura 2.39

USO DE ALMOFADAS DE APOIO (Figura 2.40): há diversos tipos dessas almofadas em lojas especializadas ou farmácias. A idéia é sustentar a cabeça e o pescoço no alinhamento natural e o segredo é encontrar uma que se adapte a seu tamanho e ao alinhamento de seu corpo. Essas almofadas podem ser muito úteis em alguns casos, mas a única maneira de descobrir se elas servem para você é experimentá-las (veja mais informações sobre o assunto no capítulo 4).

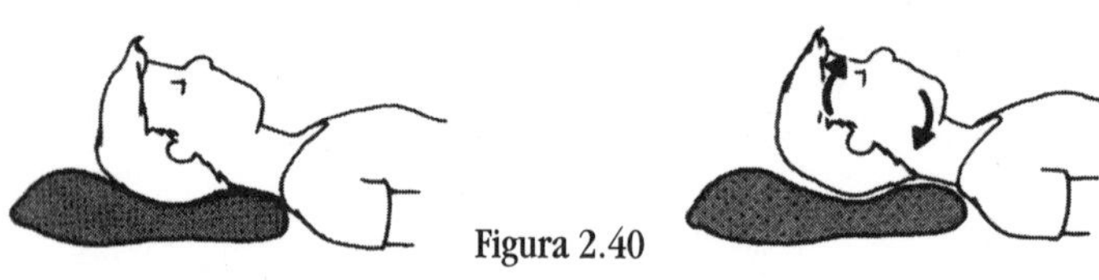

Figura 2.40

DEITADO SOBRE BOLAS DE TÊNIS (Figura 2.41): coloque duas bolas de tênis dentro de um pé de meia de tecido grosso e amarre o cano para que as bolas permaneçam bem juntas. Ponha-as sob a base do crânio, logo acima da nuca. Relaxe nessa posição entre cinco e quinze minutos, fazendo algumas respirações de limpeza (veja o tópico sobre respiração, neste mesmo capítulo). Se sua nuca for muito sensível, envolva as bolas com uma toalha para ter mais conforto.

Figura 2.41

APOIAR A CABEÇA NAS MÃOS OU CONTRA A PAREDE: todas as variações dessa posição trazem alívio. Experimente qual delas é melhor para você. Quase sempre, baixar a cabeça ou inclíná-la levemente para o lado oposto ao lado dolorido tem bom resultado no alívio de dores unilaterais (Figura 2.42a). Se a dor se localizar na base do crânio ou na parte posterior da cabeça, encolha o queixo e baixe suavemente a cabeça, apoiando seu peso nas mãos (Figura 2.42b).

Figura 2.42

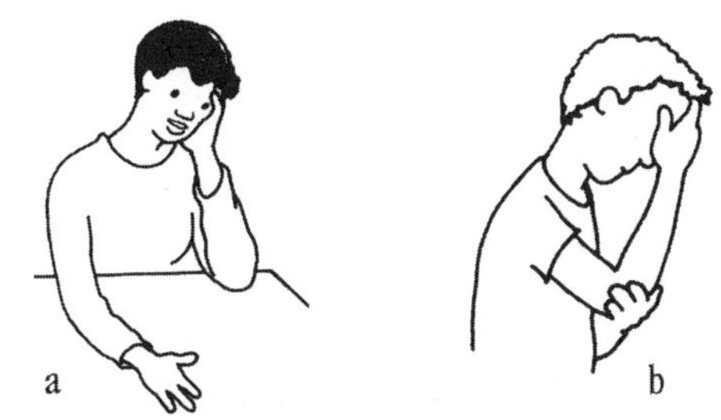

Ao usar qualquer um dos movimentos e das posições de alívio descritos neste capítulo, você deve simultaneamente empregar as seguintes estratégias de conforto:

1. Adote um padrão **relaxado de respiração**.
2. **Visualize o alívio** (isso significa apenas imaginar pessoas, lugares, coisas ou situações que façam você sentir-se relaxado, confortável e feliz).
3. Se possível, utilize algumas "**compressas**" de alívio, como frio, calor, automassagem, vibração e apoio, para ajudá-lo a reduzir a atividade elétrica a níveis mais confortáveis.

RESPIRE E IMAGINE O ALÍVIO

Sua respiração é quase sempre automática – você não precisa pensar nela. No entanto, a maneira de respirar tem efeito significativo sobre seu bem-estar. Assim, quando você sente dor ou está aborrecido, pode ser muito útil exercer algum controle sobre sua respiração.

Controle a respiração, tornando-a mais lenta e profunda, e isso reduzirá bastante a intensidade dos circuitos elétricos de dor. A dor e o estresse automaticamente provocam respiração superficial e rápida, o que é causa freqüente de aumento de tensão dos músculos da garganta, do tórax e da coluna. Isso tudo, por sua vez, comprime as estruturas nervosas – e vem a dor.

As pessoas têm a tendência de adotar a respiração rápida e curta quando o organismo se põe em "estado de alerta" contra a dor e o estresse. Esse estado, contudo, na verdade as torna mais sensíveis aos desgastes físicos e mentais da vida, e assim é cada vez mais fácil acionar os circuitos de dor. O estado de alerta rapidamente ativa o sistema elétrico, e este passa a enviar mensagens de dor mesmo que não ocorra nenhum tipo de dano ao corpo. Adotando um ciclo de respiração relaxada (na posição de alívio que funciona melhor em seu caso), você não terá dificuldade de equilibrar a atividade elétrica de seu corpo de modo a acalmar os circuitos de dor.

Tipos de respiração a ser adotados em períodos de dor ou estresse

Respiração de limpeza

Respire devagar e longamente pelo nariz. Imagine que o ar percorre todas as regiões do tórax, das costas e principalmente do baixo-ventre, preenchendo-as e limpando cada célula (tenha o cuidado de não contrair o pescoço, a face, os ombros nem o tórax enquanto inala).

Pare por alguns segundos, permitindo que a atividade elétrica de seu corpo se estabilize.

Depois deixe o ar sair pela boca, que deve estar bem relaxada. Não aperte os lábios nem retenha o ar – deixe-o fluir plenamente com a força ou o impulso que lhe parecer melhor. Torne a saída do ar um momento agradável. Pense que você está liberando o ar "ruim", pois ele representa sua atividade elétrica negativa. Seu baixo-ventre deve desinflar-se, complementando a saída do ar.

Note bem: os ciclos de inspiração e expiração do ar devem ser fáceis, naturais e confortáveis para que você se sinta bem e relaxado. Não respire de maneira truncada, não se sinta tolo nem se preocupe em inspirar e exalar o ar no tempo certo. Encare a respiração de limpeza como uma forma controlada de suspirar positivamente – capaz de reduzir o nível de atividade dos circuitos de dor.

Respiração calmante

É muito parecida com a respiração normal e automática, mas se você pensar nela isso a tornará sutilmente diversa. Durante os minutos em que conscientemente controla a respiração, esta será do tipo calmante, intercalando-se com algumas respirações de limpeza.

Técnica de respiração calmante: inale lentamente pelo nariz, embora não tão profundamente quanto na respiração de limpeza. Exale pela boca ou pelo nariz e simultaneamente pense em aliviar-se, relaxar e liberar a dor, a tensão e os pensamentos negativos.

Pensamento e respiração de conforto

Para obter eficazmente o controle da dor e relaxar, combine alguns pensamentos e imagens mentais com um bom nível de respiração durante as crises de dor ou estresse. Uma vez que tanto o pensamento quanto a respiração podem afetar profundamente o sistema elétrico de seu corpo, o efeito deles sobre seu estado de ânimo pode ser bastante significativo. Elaborando imagens mentais positivas, você afetará diretamente a atividade elétrica do organismo. Mentalizando conforto, prazer e felicidade, você poderá liberar substâncias químicas naturais que bloqueiam os circuitos de dor. Faça uma experiência com algumas imagens. Escolha aquelas que o ajudam a relaxar e a acalmar os circuitos elétricos de dor.

Os exemplos a seguir são das imagens que mais têm ajudado as pessoas a obter controle sobre a dor.

▲ Enquanto respira, imagine uma onda marítima em câmera lenta: quando você inala, a onda se eleva, chega ao pico; quando solta o ar, ela perde altura e se espraia, lançando água sobre seus circuitos de dor, aliviando-os e acalmando-os (Figura 2.43).

Figura 2.43

▲ Imagine que seu corpo – ou as regiões em que sente dor – é feito de um tecido de trama bem estreita. Imagine que a dor que sente agora é agravada pelo fato de que os "fios" doloridos estão sendo puxados e apertados pela trama de seu "tecido". Enquanto respira, visualize o espaçamento da trama, que se alarga um pouco cada vez que você solta o ar. Deixe que esse processo continue – pense em "liberação" enquanto respira – e imagine que o relaxamento da trama diminui a pressão, o estresse e a dor (Figura 2.44).

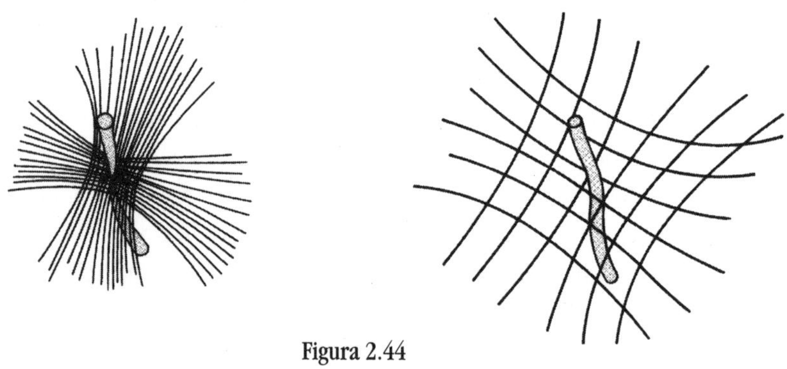

Figura 2.44

▲ Imagine-se num lugar no qual tenha vontade de ficar. "Feche" sua mente para a sensação de dor. Pense que está flutuando sobre o local que escolheu. Permita que a respiração retire todo o seu peso. Enquanto inala, sinta sua flutuação. Quando solta o ar, sinta que toda a pressão se afasta de você.

▲ Finja por um momento que você se sente bem, feliz e em paz. Imagine alguma coisa que lhe traga essa sensação. Permita-se sorrir e ficar física e emocionalmente "para cima" em aparência e espírito. Perceba como algumas respirações de limpeza clareiam os circuitos e restauram a sensação de conforto e bem-estar.

▲ Durante os períodos em que você se sente mais frágil, vulnerável e cansado, imagine que está dentro de um cubo de plástico. Nesse espaço você pode respirar, mover-se, ver e ouvir, fazer tudo o que precisa fazer, mas o cubo bloqueia a energia negativa que vem de outras pessoas ou situações de modo que nada o atinja. Isso lhe permitirá recuperar a eficiência e o relaxamento, tornando-o menos vulnerável.

Repita muitas vezes as imagens e os pensamentos positivos enquanto você respira – use ambos os tipos de respiração (de limpeza e calmante) na posição de alívio de sua escolha. Esteja atento a todo tipo de tensão que se mantenha em qualquer parte de seu corpo. Deixe que seu rosto reflita tanto conforto e serenidade interior quanto possível. Adotando sinais interiores e exteriores de conforto (rosto, corpo, respiração e pensamentos positivos e relaxados), você porá em confronto a realidade de sua dor e uma forma construtiva de administrar esses períodos mais difíceis. Com o controle da maneira como pensa e respira, você poderá modificar profundamente a percepção que seu cérebro tem dos sintomas da dor.

USO DE "COMPRESSAS" DE ALÍVIO

Essas "compressas" podem ser usadas com as posições, os movimentos, a respiração e a visualização de alívio que você prefere. Elas devem ser consideradas valiosas coadjuvantes de sua estratégia básica para combater a dor. Se a variação de posições e o ajuste de posturas não dão alívio à dor, uma dessas "compressas", ou uma combinação delas, pode ser muito oportuna:

- Frio
- Calor
- Vibração
- Automassagem
- Faixas, cintas e coletes
- Estimulação elétrica

Frio

As aplicações frias há muito são recomendadas para aliviar problemas agudos dos tecidos e das articulações. O frio geralmente diminui o afluxo de sangue próximo da superfície da pele, ajudando, portanto, a reduzir a inflamação e o inchaço locais. O frio pode ser extremamente útil para proporcionar algum alívio, pois literalmente entorpece os terminais nervosos irritados da área afetada, acalmando assim a atividade dos circuitos de dor. Pode também ser muito eficaz nos casos em que a dor se concentra numa área específica, sensível ao toque, ou se houver inchaço ou febre local.

O frio deve ser aplicado durante as primeiras 48 horas após a lesão – desde que a pele não esteja rompida. Pode, entretanto, ter muita eficácia bem depois dessa fase, especialmente nas ocasiões em que a dor se agrava em decorrência do excesso de atividade.

Se o frio o ajuda em suas crises, aplique-o regularmente durante as posições de alívio nas quais você pode deitar-se de bruços, de costas ou sobre um dos lados do corpo.

Precauções

Algumas pessoas reagem ao frio aumentando a tensão da área (mesmo na forma de uma simples bolsa de gelo). Essa reação negativa, se contínua, pode na verdade agravar os sintomas da dor. Preste atenção em seu corpo: se notar que o frio não o alivia ou, pelo contrário, causa mais irritação local, não o use!

Se você tem problemas circulatórios, cardíacos ou pulmonares ou algum ferimento não cicatrizado, consulte seu fisioterapeuta antes de fazer uso de compressas frias.

Se a área a ser tratada estiver quente e apresentar reações como fisgadas ou pontadas, remova a compressa, pois do contrário poderá haver ulcerações!

Se você for muito sensível ao frio, evite duchas geladas, correntes de ar e não pratique natação em piscinas de água muito fria. Muitas vezes o frio tem efeito irritante, o que favorece a tensão muscular e as posturas incorretas – e isso aciona os circuitos de dor.

Métodos

- **Bolsa fria de gel e uso regular de bolsas de gelo:** esses artigos estão disponíveis nas lojas e têm vários tamanhos. Basta escolher o tipo mais confortável para você e, mantê-lo no *freezer* até a hora de usá-lo. Essas bolsas permanecem frias durante cerca de vinte minutos. Se a sensação for desconfortável de início, atenue o contato com o frio envolvendo a bolsa com uma toalha quente. Esse recurso permitirá que você se habitue gradativamente com a temperatura.

Cubra-se bem durante a aplicação para manter-se aquecido e escolha uma posição confortável. Imagine que a bolsa de gelo refresca e acalma os circuitos de dor

- **Massagem local com gelo:** é um método mais eficiente no tratamento de espasmos musculares em pequenas áreas do corpo ou de dor nas pernas ou nos braços. Pegue um cubo de gelo e envolva-o com uma toalha de mão para não congelar seus dedos. Passe suavemente o gelo na área afetada, com movimentos circulares, ou nos pontos críticos mostrados na Figura 2.45 até que eles se tornem dormentes, quentes e apresentem ardor. Isso geralmente ocorre entre três e cinco minutos após o início da massagem, conforme o tamanho da área tratada. Quando houver essas reações, retire o gelo e aqueça a área com uma toalha.

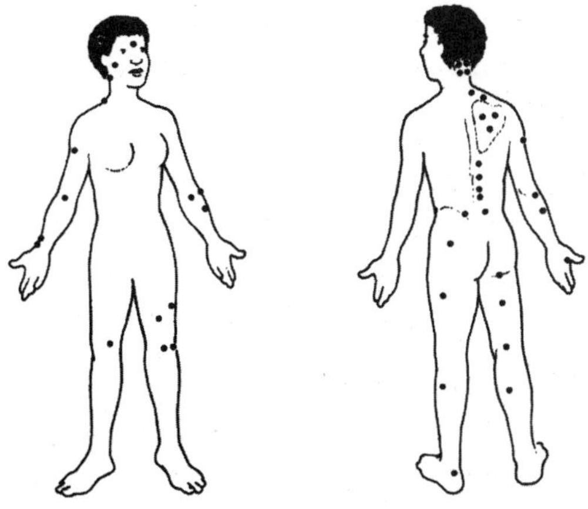

Figura 2.45

Calor

O calor moderado e calmante costuma estimular os circuitos de conforto e relaxamento e pode, com efeito, reduzir o "volume" dos circuitos de dor. O calor mostra-se também muito eficaz no alívio de espasmos, tensões e compressões musculares, ajudando-o, portanto, a recuperar a flexibilidade e o relaxamento. Se você estiver com frio, tenso ou ansioso, o calor poderá ser bastante útil.

Precauções

Se a área afetada estiver inchada e quente, a aplicação de calor poderá agravar a situação, uma vez que ele tende a estimular o afluxo de sangue nos tecidos da superfície da pele.

É muito importante o uso de isolamento adequado (toalhas) entre a pele e a fonte de calor para evitar superaquecimento e queimaduras. Se a área afetada apresentar insensibilidade, você não deve usar esse método.

Tenha o cuidado de deitar-se em posição confortável, bem apoiado, mantendo a coluna em bom alinhamento. O calor relaxa o corpo, e se você não estiver bem apoiado poderá escorregar ou cair.

Se você estiver com calor, cansado, fraco ou deprimido, esse método não lhe trará o alívio necessário. Preste atenção em seu corpo e em seu humor para decidir acertadamente se o calor pode ou não ajudá-lo.

Métodos

- **Almofadas elétricas:** há opções de formatos dessas almofadas que se ajustam à área afetada, favorecendo um método rápido e simples de aplicação de calor. Alguns modelos produzem calor úmido, o que atinge os tecidos mais profundos. Outros são dotados de um botão de segurança que desliga automaticamente a almofada depois de algum tempo de uso.

- **Bolsas hidrotérmicas:** são bolsas de tecido grosso (geralmente de lona) que contêm um gel de sílica e devem ser aquecidas em água (70 graus). Elas conservam o calor durante cerca de trinta minutos. Coloque de seis a dez toalhas entre a bolsa e a pele para proteger-se de queimaduras.

- **Bolsas de microondas:** contêm gel e há dois modelos disponíveis, um para a região lombar e outro para a área cervical. Basta colocar a bolsa no forno de microondas durante o tempo recomendado para obter o calor adequado.

- **Banhos quentes, jatos de água, sauna e banhos de vapor:** todos esses métodos propiciam bom relaxamento corporal, o que favorece a redução da dor e dos espasmos musculares.

ATENÇÃO: antes de adotar esses métodos de aplicação de frio ou calor, consulte seu médico ou fisioterapeuta caso você tenha problemas cardíacos, circulatórios ou pulmonares.

Vibradores, duchas e jatos de água

Com vibrações indolores sobre a região afetada é possível equilibrar e acalmar os circuitos de dor. As vibrações ativam a circulação e podem facilitar muito o relaxamento muscular.

Recorra às vibrações sempre que notar que massagens ou toques suaves reduzem o nível de desconforto. Por outro lado, quando as áreas de desconforto são facilmente irritáveis mesmo sob leve pressão, é possível torná-las menos sensíveis com o uso gradual de vibrações. Adote também esse método caso a área afetada esteja tensa e congestionada, necessitando de relaxamento.

Métodos

Você adotará naturalmente o método adequado para aliviar suas dores quando perceber os efeitos benéficos que ele traz. Se a vibração lhe parecer muito intensa e provocar reações irritantes na área afetada, tente isolá-la com toalhas ou com a própria mão ou afaste-a da área crítica até que a reação diminua. Depois de algum tempo, você provavelmente poderá aumentar o nível de vibração sem provocar reações negativas. Quando conseguir aplicar maior pressão sobre a área afetada sem que haja nenhuma reação de desconforto, você terá feito progressos. Em outras palavras, você terá "ensinado" a seu sistema elétrico que as vibrações podem ser muito benéficas! Continue aumentando gradualmente a intensidade da estimulação conforme a região dolorida se tornar menos sensível. Combine o uso da vibração com alongamento suave, respiração calmante e mentalização positiva.

- **Duchas:** podem ser dirigidas diretamente às áreas de tensão, compressão ou alta sensibilidade.

- **Vibradores manuais:** são adequados para massagear as costas, o pescoço, os braços ou as pernas, e você deve permanecer em posição confortável, bem apoiado. Aplique o vibrador nos pontos críticos mostrados na Figura 2.45.

- **Jatos de água:** devem ser dirigidos às áreas supersensíveis. Mantenha-se um pouco afastado do jato de água para que a estimulação resultante seja confortável. Durante um ou dois minutos, deixe que o jato massageie as solas dos pés – das pontas dos dedos até o calcanhar. Se isso parecer forte demais de início, afaste os pés do jato e prossiga até tolerar bem a força total da vibração. Imagine que seu pescoço relaxa enquanto a vibração atinge os dedos e que a região lombar se desbloqueia à medida que o jato percorre o arco dos pés e o calcanhar.

Automassagem

Seja qual for o tipo de automassagem que você escolha – pressão dos dedos, bolas de tênis ou outros recursos –, só prossiga se isso lhe trouxer bem-estar. Você está à procura de uma sensação que talvez não seja fácil identificar, mas que o fará sentir-se melhor e, depois de certo tempo, lhe dará pleno conforto. Adapte suas técnicas até atingir essa sensação.

A automassagem cria vários tipos de pressão que ajudam a liberar e desbloquear os tecidos, favorecendo o relaxamento.

Métodos

MASSAGEM DO PESCOÇO:

- Massageie os tecidos da nuca com os dedos de uma das mãos. Ao fazer isso, vire lentamente o rosto na direção do braço que está em ação. Puxe e aperte suavemente a superfície da nuca e depois volte o rosto na direção oposta (Figura 2.46).

Figura 2.46

- Comprima e esfregue as extremidades dos ombros com uma das mãos e apóie o cotovelo do braço que massageia na outra mão. Se preferir usar as duas mãos, sente-se, incline o tronco e apóie os cotovelos nos joelhos (Figura 2.47).

- Incline levemente a cabeça para trás e coloque uma ou ambas as mãos sobre a nuca. Massageie a área fazendo pressão com os dedos unidos, para baixo e para cima, enquanto movimenta a cabeça para a frente ou para os lados (Figura 2.48).

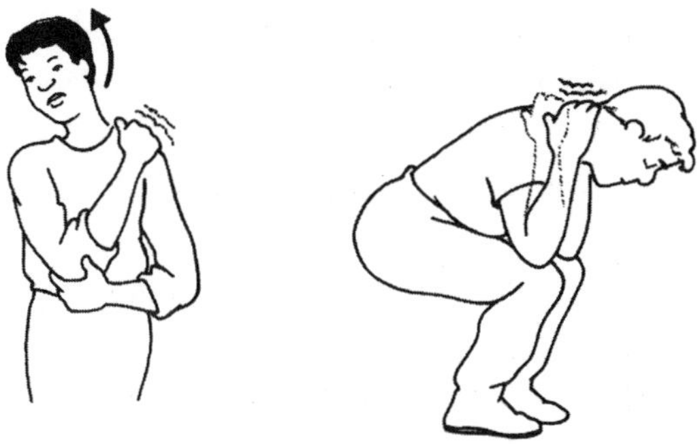

Figura 2.47

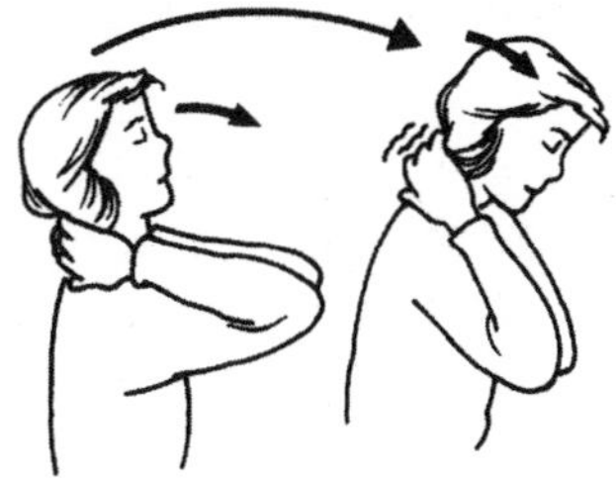

Figura 2.48

➤ Procure os pontos da nuca e dos ombros que apresentam sensibilidade e tensão. Usando um ou dois dedos, faça pressão em ciclos rítmicos, primeiro em sentido horário, depois em sentido anti-horário. Não exagere para não provocar desconforto. Imagine que a pressão que você exerce libera as reações químicas que aliviam a dor. Mantenha a respiração de relaxamento.

MASSAGEM DAS COSTAS:

➤ Curve-se levemente para trás e aperte, entre os polegares e os outros dedos, os tecidos moles da região lombar e as nádegas, fazendo massagens circulares em ambos os lados (Figura 2.49).

➤ Sente-se ou deite-se de lado e aperte e massageie os pontos tensos e sensíveis das pernas.

Você terá mais êxito se combinar suas estratégias preferidas. Por exemplo: enquanto faz automassagem, observe como estão sua respiração, seus pensamentos (focados na dor ou no alívio?) e sua postura (confortável ou tensa?). Corrija a postura, respire corretamente, faça a massagem com suavidade, pense de modo positivo e melhore!

Figura 2.49

Faixas, cintas e coletes

Esses recursos ajudam a estabilizar os pontos doloridos porque os envolvem e limitam seus movimentos. São muito eficazes porque proporcionam algum alívio durante breves períodos, principalmente se você não se sente muito bem e tem os seguintes problemas:

1. Cansaço, insegurança e incapacidade de manter uma postura equilibrada e correta.
2. Temor de que o menor movimento provoque dores (que muitas vezes podem ser agudas e penetrantes).
3. Falta de resistência para fazer qualquer coisa além do mínimo indispensável.

O emprego desses métodos durante algum tempo pode devolver-lhe a mobilidade necessária e manter uma relativa sensação de conforto e autocontrole.

Precauções

Os suportes podem agravar seus sintomas se exercerem pressão direta sobre as áreas sensíveis ou dificultarem os movimentos e a respiração.

Da mesma forma, usá-los com muita freqüência ou durante longo tempo trará conseqüências prejudiciais para a postura: se você habituar o corpo a esse tipo de apoio, ele poderá "esquecer" a maneira correta de se sustentar corretamente. É como se os músculos soubessem que foram substituídos em sua função e entrassem em "greve". Se isso acontecer, as dores aumentarão quando você retirar o suporte.

Esse método não tem a mesma eficácia das posições de alívio, a não ser que você recorra a ele como segunda tentativa.

Métodos

- O suporte adequado para você não será encontrado por obra de magia – é uma questão de consultar um profissional e de experimentar. Se for o método correto e se ajustar bem, você sentirá alívio quase imediato, pois a tensão diminuirá e isso permitirá o relaxamento.

- Para evitar que seus músculos "esqueçam" como se sustentar sem apoio, você não deve deixá-los ociosos enquanto usa um colete ou uma cinta. Se recorrer a uma cinta abdominal para aliviar a pressão sobre a região lombar, por exemplo, não relaxe totalmente deixando toda a sustentação por conta dela. Em vez disso, encare a cinta como se fosse uma coadjuvante na correção de sua postura. Conserve o corpo firme e pense no benefício que a cinta fará em termos de alinhamento correto. Relaxe e contraia suavemente os músculos do baixo-ventre dentro do suporte e mantenha a respiração em níveis relaxantes. Olhe-se sempre no espelho para verificar a postura e corrigi-la se for o caso (Figura 2.50). Veja o tópico sobre exercícios abdominais, no capítulo 5.

Figura 2.50

- Se você precisa usar um suporte de pescoço, deve ajustá-lo bem para que a cabeça não fique em posição forçada nem rígida demais. Retire o suporte algumas vezes para movimentar delicadamente o pescoço em várias direções, mantendo o queixo abaixado (veja Figura 2.33). Esse método é eficaz para ensiná-lo a manter a postura correta com menor gasto de energia muscular.

- Evite usar qualquer tipo de suporte durante mais de duas horas consecutivas sem retirá-lo para avaliar a situação: se estiver fazendo bom efeito, reponha-o, mas se sentir alívio ao tirá-lo não o use mais. Se o suporte for eficaz, você se sentirá melhor e sua aparência e seus movimentos também vão melhorar. Caso contrário, suspenda o uso. A orientação do médico ou do fisioterapeuta é sempre indispensável, não se esqueça. No entanto, a responsabilidade final sobre a escolha e o uso de suportes caberá a você.

Estimulação elétrica

A estimulação elétrica cutânea (EEC) nada mais é que o envio de sinais elétricos através da pele a vários circuitos elétricos até atingir o cérebro. Essa terapia se baseia na teoria de que é possível bloquear as mensagens de dor com sinais elétricos de diversos tipos que reduzem o desconforto. Seu efeito é similar aos resultados obtidos com vibrações, calor, frio e massagens.

Há casos de ótimos resultados com o uso desse método, assim como outros em que não houve nenhum efeito positivo. Em alguns casos, a aplicação de EEC na verdade aumentou temporariamente as dores. A razão disso talvez seja falta de orientação ou adaptação adequada. A descrição detalhada do método EEC está além dos objetivos deste livro, no entanto apresentamos alguns conceitos. Caso deseje aprofundar-se no assunto, consulte seu fisioterapeuta.

Métodos

- O uso correto de EEC requer interesse e envolvimento de sua parte, pois você precisa aprender a lidar com o equipamento e a aplicar os eletrodos. O fisioterapeuta pode dar explicações iniciais e orientação, mas em última análise compete a você experimentar e descobrir o que é melhor para seu caso.

- Eletrodos são pequenas peças auto-adesivas através das quais os estímulos são enviados, e em geral são necessários entre dois e quatro deles para esse fim. O procedimento mais comum é aplicá-los na área afetada, principalmente se você puder pressioná-la com os dedos. Outros pontos recomendáveis conforme o caso: ao longo da coluna, dos braços e das pernas.

- Existem pelo menos três ajustes que controlam a intensidade, a estabilidade e a qualidade do impulso. A sensação causada não pode ser desagradável e seu efeito deve ser um rápido e suave impulso. Pode haver também a sensação de uma vibração ritmada e lenta. Alguns tipos de ajuste podem ser melhores para você, portanto preste atenção nos efeitos que sentir.

- A exemplo dos outros métodos, os resultados podem ser muito mais positivos se você combinar a aplicação de EEC com posições de alívio, respiração correta e técnicas de mentalização. Visualize o alívio da dor como efeito dos impulsos suaves que seu corpo recebe e da liberação de substâncias químicas que acalmam o sistema nervoso.

- Desligue o equipamento após uma ou duas horas de uso para sentir os resultados. Se você o deixar ligado durante muitas horas os efeitos tenderão a diminuir. Se houver melhora, desligue o aparelho e só volte a ligá-lo quando os sintomas recomeçarem. Caso as dores voltem pouco tempo depois de desligar o equipamento, você poderá ligá-lo novamente sem que haja efeitos adversos.

Fique atento e tome cuidado com as seguintes possibilidades e riscos inerentes à adoção das técnicas apresentadas neste capítulo

- **Uso insuficiente ou tardio dos métodos de alívio:** talvez porque você não queira incomodar outras pessoas ou se iniba na presença delas. Isso só serve para reforçar a atividade dos circuitos de dor.

- **Adoção de posturas e expressões faciais que tornam óbvio o fato de você sentir dor:** isso não lhe dará conforto, trata-se apenas de um "comportamento de dor", comumente inconsciente, para despertar a simpatia dos outros. O resultado típico é o agravamento dos sintomas devido à tensão muscular crescente e à concentração da atenção nos circuitos de dor.

- **Uso da posição de alívio correta sem controle dos pensamentos, do estado emocional nem da tensão muscular:** se você cultivar pensamentos negativos que retenham dor, raiva, ansiedade e tensão em seu sistema nervoso, as posições de alívio não terão o menor efeito.

CAPÍTULO 3

BONS E MAUS MOVIMENTOS DURANTE AS ATIVIDADES DIÁRIAS

COMO
sentar-se, manter-se de pé, caminhar, curvar-se e erguer-se

APRENDA A SENTAR-SE

Permanecer sentado é uma das posições mais estressantes para a região lombar e a cervical. Devido ao tempo que a maioria das pessoas passa nessa posição e à escassez de cadeiras que apóiem corretamente a região pélvica e a coluna, é importante conhecer os maus movimentos mais comuns e também as posturas corretas com relação ao ato de sentar-se.

Maus movimentos na hora de sentar-se

1. Com as costas curvadas (Figura 3.1)

Essa é a forma de sentar-se curvando demais as costas, o que força a região lombar e o cóccix. Esse "estilo" quase universal ocorre automaticamente quando as pessoas se sentam em cadeiras ou sofás que têm assento e encosto macios demais, fundos ou baixos demais ou formato côncavo.

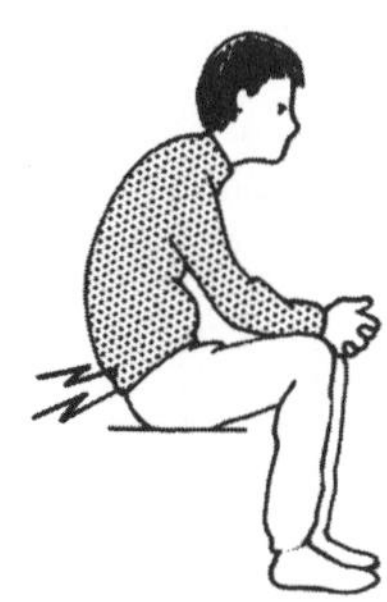

Figura 3.1

Teste a forma de sentar-se

Curve-se exageradamente na cadeira que você mais usa: afaste-se do encosto e vá gradativamente encurvando o corpo. Mantenha a cabeça erguida, mas force a curvatura da pélvis e da coluna contra o assento e o encosto. Enquanto está nessa posição forçada, fique atento aos motivos pelos quais você deve evitá-la:

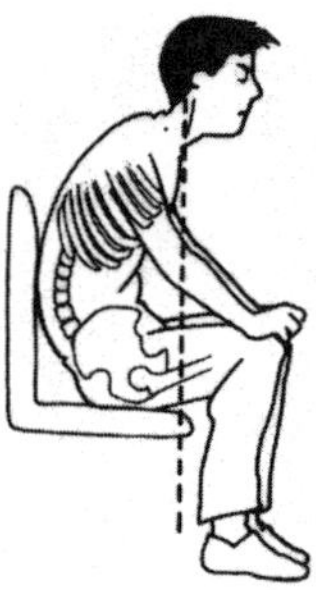
Figura 3.2

- **Alinhamento curvado:** imagine em primeiro lugar uma visão lateral de si mesmo (Figura 3.2). Observe em seguida a situação do cóccix – ele está provavelmente comprimido contra o assento, talvez você até o sinta "rolar" sob seu peso. Verifique agora como o restante do corpo parece "empilhado" sobre a região lombar, que apresenta a forma aproximada de uma ferradura; o tórax está apertado e quase "sentado" sobre a pélvis; a região dos ombros tem uma curvatura exagerada e, para manter a cabeça erguida, sua nuca está numa posição muito forçada para trás. Repare que sua cabeça está muito à frente do tórax, enquanto a posição correta seria ficar em equilíbrio sobre ele. Quanto mais você se sentar dessa maneira, mais curvado se tornará seu corpo e mais difícil será corrigir essa postura.

- **Respiração em curva:** com esse alinhamento, sua respiração fica limitada e difícil. O diafragma não pode dilatar-se direito e as costelas não se expandem livremente porque a força da gravidade "empurra" o tórax contra a pélvis. Essa forma de sentar-se produz fraca oxigenação do organismo, o que resulta em fadiga, desatenção e dificuldade de concentração. Além disso, paralisa todo o sistema estrutural, interferindo no fluxo natural de energia.

- **Sentar-se com as costas curvadas provoca dor e danos no sistema estrutural:** a região lombar e a pélvis se ressentem muito mais da compressão e da sobrecarga causadas por essa postura. Ela é provavelmente a principal origem das dores nas costas e no pescoço, além de provocar mudanças estruturais degenerativas que se desenvolvem com a idade (Figura 3.3). Em casos mais sérios, a dor se propaga para os braços e as pernas. Às vezes esse modo de sentar-se pode parecer confortável, mas na verdade causa dores e limitações quando a pessoa precisa permanecer de pé ou caminhar.

É por isso que a região lombar dói e "trava" quando se exige dela uma mudança brusca da postura curvada para a ereta (Figura 3.4).

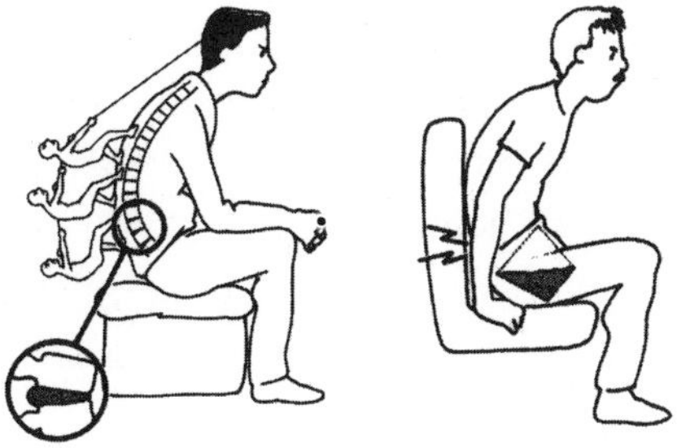

Figura 3.3

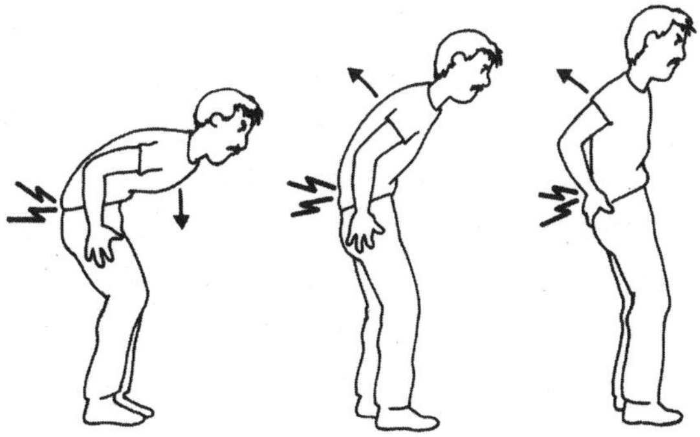

Figura 3.4

Quando você se senta muito curvado, as vértebras cervicais são comprimidas umas contra as outras porque a cabeça fica acentuadamente arcada para trás. Para reduzir esse efeito, você deve virar lentamente a cabeça para um lado, tanto quanto possível, e depois para o outro. Nesse movimento, é provável que sinta certa pressão e desconforto no local em conseqüência da má postura (Figura 3.5). Os músculos do pescoço e dos ombros também ficam sobrecarregados porque a cabeça está em desequilíbrio com relação ao tórax e as vértebras da base da nuca sofrem pressão idêntica pela ação da gravidade (Figura 3.6). O resultado dessa postura é o agravamento das dores de cabeça e dos sintomas já existentes no pescoço, nos ombros e até mesmo nos braços.

Figura 3.5

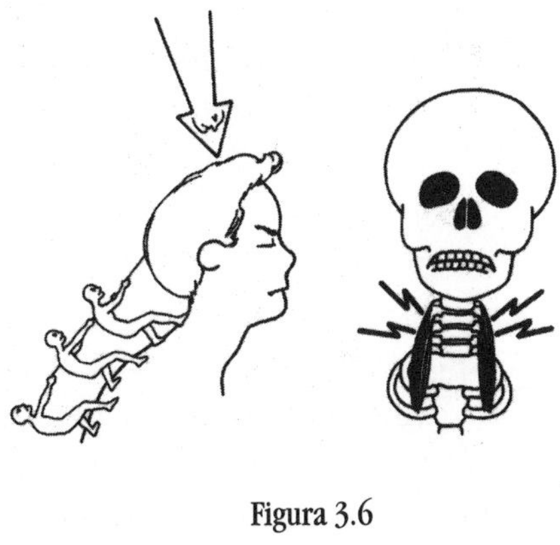

Figura 3.6

2. Com as costas muito esticadas

Se estiver sentado sem apoio para as costas, evite esticar demais e por muito tempo os músculos dorsais e lombares para não estressá-los. E, a todo custo, evite o hábito de sentar-se dessa maneira (Figura 3.7). Você não deve obrigar seus músculos a um dispêndio contínuo de energia para manter o corpo ereto. Por exemplo: em cadeiras muito macias, fundas ou sem encosto, você tende a sentar-se na ponta, causando pressão sobre a musculatura ao longo da coluna; ao enfrentar o trânsito da manhã, quando sai para o trabalho, você força demais a cabeça e o pescoço para a frente ao dirigir, pois está tenso; vários pontos do pescoço e dos ombros são sacrificados quando você trabalha sob a pressão da urgência de prazo; e por fim, quando se senta no vaso sanitário, você congestiona os músculos da face, do abdômen e do reto.

Figura 3.7

Quando estiver sentado, preste atenção em sua postura e evite qualquer tendência de fazer o seguinte:

- Franzir a testa.
- Apertar os olhos.
- Franzir as sobrancelhas.
- Cerrar os dentes.
- Provocar tensão no pescoço, nos ombros, nas costas, no abdômen e nas nádegas.
- Tentar manter-se ereto repuxando os músculos do pescoço e dos ombros.

3. Permanecer sentado durante muito tempo

O corpo humano não foi concebido para ficar sentado e imóvel durante muito tempo. As posturas incorretas tendem a reduzir ainda mais a tolerância à imobilidade. Mesmo que você se sente da maneira ideal, é importante saber que o corpo necessita, periodicamente, mudar de posição e mover-se. É muito mais confortável e saudável variar entre as formas corretas de sentar-se, favorecendo o equilíbrio do corpo com o mínimo de esforço e desgaste.

4. Sentar-se cruzando as pernas sempre do mesmo lado

De um ponto de vista positivo, cruzar as pernas estabiliza a estrutura muscular e óssea. Essa postura relaxa os músculos e é, portanto, mais confortável para a maioria das pessoas. Quando você cruza as pernas, sua pélvis se inclina, o que provoca a curvatura lateral temporária da coluna, mas esse efeito não se prolonga muito a não ser que, por hábito, você cruze as pernas sempre do mesmo lado – e esse é o ponto negativo. Se você, por exemplo, sempre cruza a perna esquerda sobre a direita, sua pélvis se inclina para o lado direito, erguendo-se mais do lado esquerdo, e isso faz a região lombar curvar-se lateralmente (Figura 3.8). Da mesma forma, sentar-se de pernas cruzadas em cadeiras muito macias ou sem encosto provoca uma postura curvada ou esticada demais.

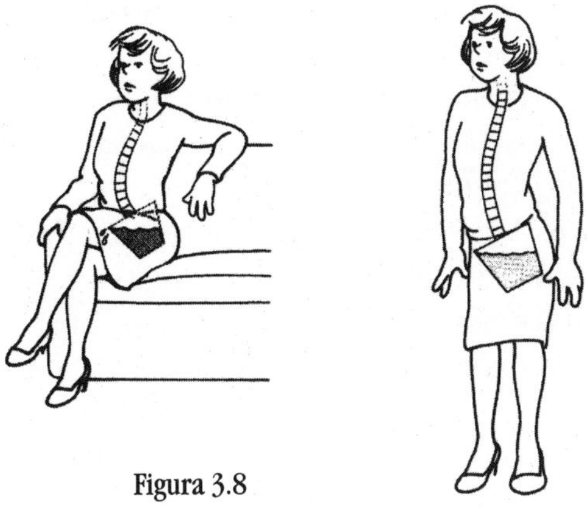

Figura 3.8

A solução é observar se você tem a tendência de cruzar as pernas sempre do mesmo lado. Acostume-se a alternar essa postura para restabelecer o equilíbrio do sistema estrutural. Acostume-se também a sentar-se com a região pélvica firmemente apoiada no encosto antes de cruzar as pernas – isso o ajudará a manter-se ereto sem esforço (veja o tópico seguinte).

Faça bons movimentos mesmo sentado

Seja qual for sua postura incorreta mais freqüente, os bons movimentos apresentados a seguir vão ajudá-lo a adquirir hábitos mais saudáveis e confortáveis sempre que estiver sentado.

1. Corrija a posição da pélvis

Essa é uma forma sutil, porém essencial, de posicionar a pélvis no momento de sentar-se e de mudar sua posição algumas vezes enquanto estiver sentado. Quanto mais inadequado for o assento, mais importantes se tornam esses movimentos.

a) Apóie as mãos nas pernas, nos braços ou no assento da cadeira para facilitar o movimento de erguer o tronco e inclinar a pélvis para diante, numa postura ereta exagerada mas confortável. Agora levante o tórax, alinhando-o com a região lombar, de modo que o cóccix fique bem distendido. Não curve o tórax nem as costas (Figura 3.9).
b) Apoiando parte do peso nos braços e nos pés, mova o cóccix o mais possível para trás sem curvar o tórax. Se a cadeira tiver encosto, apóie firmemente o cóccix contra ele. Quanto mais macio o encosto, tanto mais firme deve ser esse movimento. Em seguida, repouse as nádegas e as coxas no assento (Figura 3.10).
c) Levante o tronco. Você deve sentir que ele está equilibrado numa postura ereta com pouco ou nenhum esforço. Agora relaxe – se a pélvis estiver corretamente colocada e apoiada, você descobrirá que, apesar de ter os músculos descontraídos, seu corpo permanece numa postura relativamente ereta e firme (Figura 3.11). Essa é a diferença entre "desligar o motor" e "deixá-lo em ponto morto": se você não encaixar nem apoiar corretamente a pélvis para "desligá-la", ela ficará em "ponto morto" e se deslocará para trás e para baixo (levando você com ela), numa postura curvada.

Note bem: a reposição da pélvis é o passo mais importante – seja qual for a maneira como você se senta. No início, ou quando estiver sentindo dor, será bom

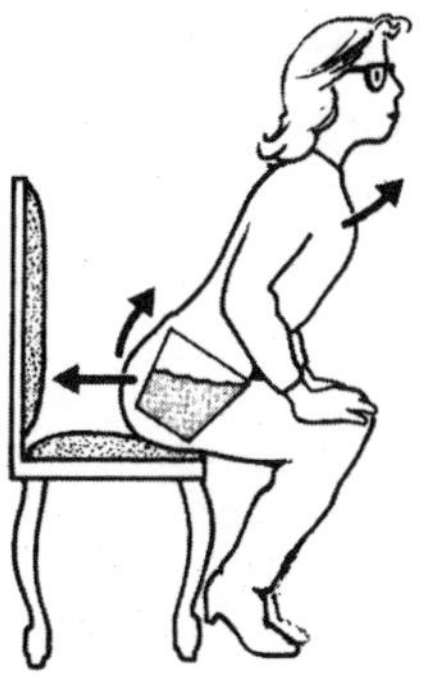

Figura 3.9

Figura 3.10

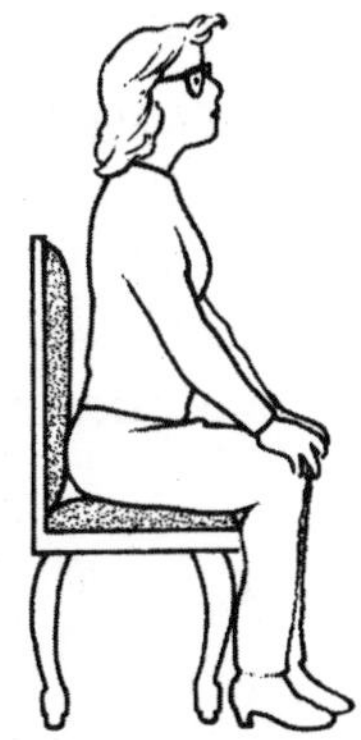

Figura 3.11

exagerar esse movimento. Depois de aprender bem como fazê-lo quase automaticamente, o movimento se tornará mais sutil. Como sempre, pratique essa postura da forma mais confortável para você (isso pode significar um movimento maior ou menor da pélvis).

2. Varie as boas posturas ao sentar-se

Você deve acostumar-se a adotar uma série de boas posturas enquanto permanecer sentado para manter a pressão e o cansaço muscular sob controle. Observe que em todas essas posições o alinhamento básico da pélvis, do tronco e da cabeça não muda muito, isto é, essas três partes do corpo permanecem relativamente paralelas seja qual for sua postura. A mudança maior se dá no ângulo formado pela pélvis e pelo quadril. As boas posturas apresentadas a seguir são possíveis com a reposição da pélvis e a utilização do encosto da cadeira (Figura 3.12).

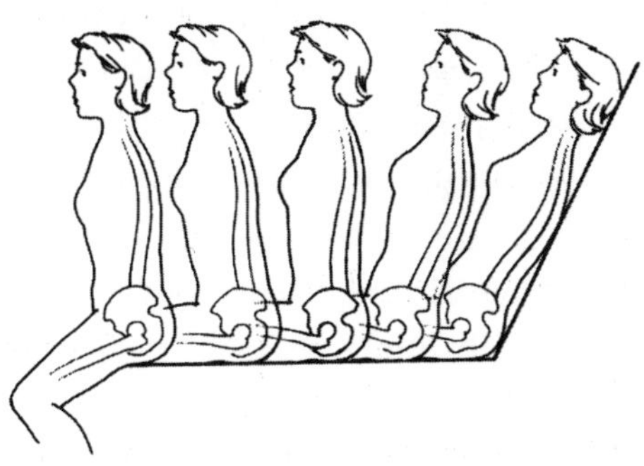

Figura 3.12

SENTADO INCLINADO PARA TRÁS, BRAÇOS ERGUIDOS: essa é a postura mais próxima da horizontal que você pode conseguir sem deitar-se. Ela é excelente para ler, ouvir e pensar e libera a região lombar da pressão exercida pelo encosto do assento. Comece pela reposição da pélvis na parte anterior do assento conforme mostra a Figura 3.9. Depois recline-se, esticando bem os braços e as pernas, e apóie a nuca e os ombros no encosto (Figura 3.13).

Figura 3.13

Nessa postura, você mantém um ótimo alinhamento, que requer mínimo gasto de energia e exerce pouca pressão sobre a região lombar e o pescoço. Se o assento e o encosto forem macios demais, evite esse movimento.

SENTADO COM AS COSTAS ERETAS: essa posição permite descansar as costas enquanto as mãos estão ativas e é uma boa alternativa quando você está cansado de sentar-se curvado sobre o trabalho. É uma postura semelhante à anterior, exceto por uma diferença: em vez de apoiar a pélvis na parte anterior do assento, você deve apoiá-la no encosto. Essa posição pode ser adotada em praticamente todos os tipos de cadeira que tenham encosto reto (Figura 3.14).

SENTADO COM O TRONCO ERETO E INCLINADO PARA A FRENTE: com essa postura, você se aproxima do que está fazendo – ver, dirigir, ler, comer e conversar, por exemplo. Com ela, a coluna fica liberada da pressão direta do encosto da cadeira. É também excelente para descansar a região lombar da mesma pressão. Para ficar nessa posição, faça um movimento exagerado da pélvis para trás. Com a

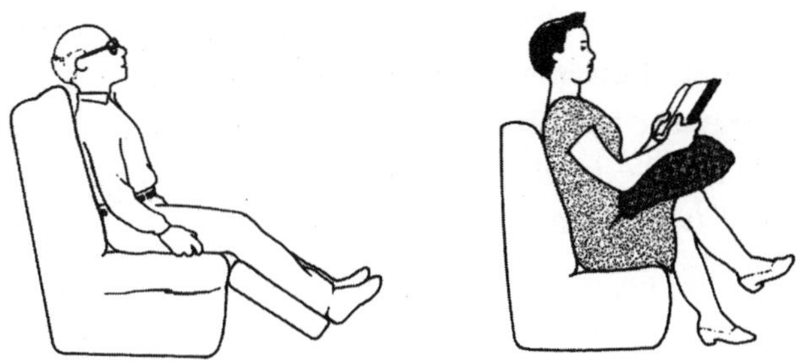

Figura 3.14

ajuda dos braços e dos pés, erga o cóccix e apóie-o firmemente contra o encosto, relaxando em seguida as nádegas no assento. Você verá que a cabeça e o colo estão eretos, embora a região lombar e o tronco formem um ângulo agudo com relação ao encosto da cadeira. Durante o tempo que permanecer nessa postura, use as mãos e os braços, apoiando-os na cadeira, no volante ou na mesa, para levantar um pouco o tronco e aliviar a coluna (Figura 3.15).

Figura 3.15

SENTADO NA PONTA DA CADEIRA: essa postura é muito similar à anterior. A diferença é que, em vez de apoiar o cóccix no encosto, você deve manter-se na ponta do assento. Essa posição permite também que você se aproxime da mesa, se assim preferir, para escrever, comer e conversar, entre outras coisas. Ela se mostra útil quando a cadeira é tão funda que os pés mal alcançam o piso ou quando, além disso, o assento é tão mole que você se sente como "engolido vivo" caso tente apoiar-se no encosto. Essa postura requer a reposição da pélvis na parte frontal da cadeira. Manter os joelhos mais baixos que o quadril vai ajudá-lo a permanecer ereto. Separar bem as pernas ou manter uma mais baixa que a outra também ajuda a relaxar e equilibrar o corpo. Os braços devem ter algum apoio – na cadeira, na mesa ou em suas pernas (Figura 3.16).

Figura 3.16

SENTADO "DE JOELHOS": o uso de assentos que têm apoio para os joelhos torna-se cada vez mais comum em escritórios e até mesmo em casa, principalmente para trabalhar com computadores. Como vantagem, o assento inclinado ajuda a manter a pélvis também inclinada para a frente, permitindo que a região lombar permaneça ereta sem exigir muito desgaste muscular (Figura 3.17a). Por não haver encosto, a região lombar não sofre nenhuma pressão direta.

Como desvantagem, esse tipo de assento permite apenas uma única posição, tornando impossível adotar posturas variadas de descanso. Além disso, a barra de apoio para os joelhos pode ser muito desconfortável para quem tem problemas nas pernas.

Se a flexibilidade de suas costas for limitada, você deve lançar mão de um apoio suplementar. Sente-se bem ereto e teste essa postura. Se sua pélvis "escorregar" e suas costas se curvarem (Figura 3.17b), você vai precisar de apoio (ou calço) para a pélvis. Coloque uma almofada (ou um lençol dobrado) sob o cóccix para calçar a pélvis e mantê-la ereta. Depois disso, faça a reposição da pélvis no calço e teste novamente a postura – você verá que pode ficar ereto sem esforço (Figura 3.17c).

Figura 3.17

3. Use apoio em cadeiras que não têm apoio

NIVELE O ASSENTO: se a parte traseira do assento for muito baixa, macia ou funda em relação à parte dianteira, sua pélvis automaticamente penderá para trás, curvando suas costas. Compensando esse "buraco" com uma almofada ou qualquer outro tipo de apoio, você se sentirá imediatamente mais confortável e ereto (Figura 3.18). Para tornar mais firmes os assentos (do carro, de cadeiras da casa ou do escritório), encaixe uma almofada ou toalha dobrada na parte traseira, na qual suas nádegas se apóiam. Se o assento for macio ou fundo demais, como os dos sofás e pufes, coloque sobre ele um travesseiro grande e firme e sente-se nesse apoio.

Se você estiver num carro, num restaurante ou cinema e o assento for inadequado, improvise um apoio para suas nádegas dobrando um agasalho, uma revista ou qualquer outra coisa que possa compensar o desconforto.

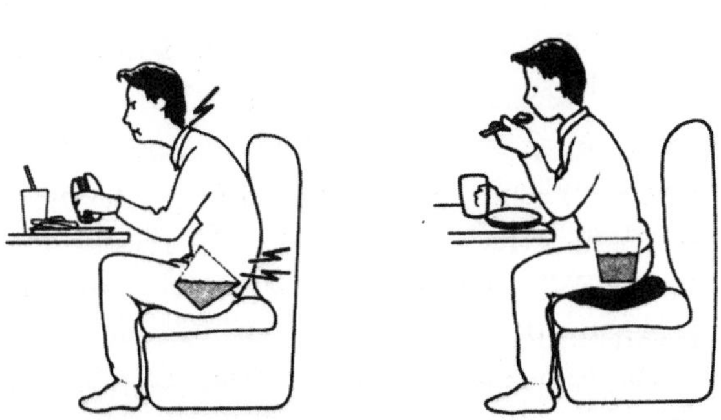

Figura 3.18

APOIOS LOMBARES: como o nome indica, são destinados à sustentação da região lombar para preservar as curvas naturais (lordoses) que ocorrem enquanto a pessoa permanece sentada. Devem, portanto, ser maleáveis para ajustar-se à curvatura da coluna. Esse apoio precisa ser confortável e adaptar-se perfeitamente ao tamanho e ao formato da região lombar. Quase sempre, quanto mais lordoses a pessoa tiver enquanto permanecer de pé melhor se sentirá quando estiver sentada e apoiar corretamente a lordose maior causada pela posição – e vice-versa. Em outras palavras, o mesmo tipo de apoio não serve para todos.

O tamanho e a forma do apoio que você escolher dependerá da cadeira: o tipo de suporte que se mostra confortável numa cadeira estofada não terá o mesmo efeito numa cadeira firme, e vice-versa.

O suporte lombar só terá utilidade se você apoiar as costas no encosto da cadeira. Os apoios lombares devem ser considerados menos importantes que a reposição pélvica correta: se sua pélvis não estiver bem colocada, principalmente num assento macio e fundo demais, usar um desses suportes não resolverá o problema.

Teste a adequação das cadeiras que usa diariamente. Faça a reposição da pélvis e observe o resultado. Se a cadeira for confortável e se ajustar bem a você, o assento e o encosto o manterão ereto com o mínimo esforço de sua parte. Se não for assim, sua pélvis e seu tórax ficarão curvados quando você relaxar os músculos – e isso será sinal de que o apoio é insuficiente.

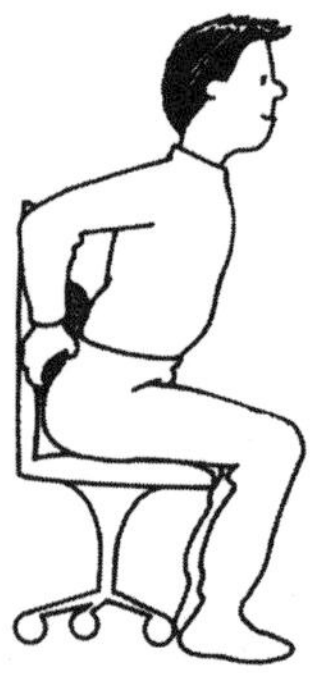

Figura 3.19

Posição adequada com o uso de apoios lombares: em primeiro lugar, faça a reposição da pélvis. Com as costas retas, afaste os quadris até apoiar o cóccix no encosto da cadeira. Mantendo o tronco ereto, afaste-se um pouco do encosto para encaixar o suporte atrás da região lombar e na parte alta da pélvis – se o cóccix estiver bem apoiado no encosto, o suporte se ajustará logo acima dele (Figura 3.19). Agora erga o tronco e relaxe as costas contra o suporte (Figura 3.20). Verifique se está confortável e, se for o caso, corrija a posição da pélvis. Se o apoio começar a incomodá-lo, retire-o, corrija a postura ou levante-se e ande um pouco.

Figura 3.20

Problemas comuns do uso de apoios lombares: depois de algum tempo e também devido à força da gravidade, os apoios lombares – e seus usuários – tendem a escorregar. Se você não corrigir sua posição nem a do suporte, isso facilitará sua tendência de inclinar as costas e assumir uma postura encurvada, ou seja, exatamente aquela que o uso do apoio tem por finalidade evitar (Figura 3.21). Se o suporte lombar for muito grande, você pode sentir uma curvatura desconfortável nas costas ou, mais uma vez, recair na postura arqueada (Figura 3.22).

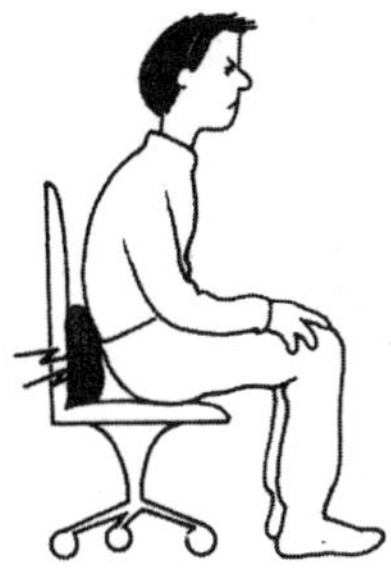

Figura 3.21

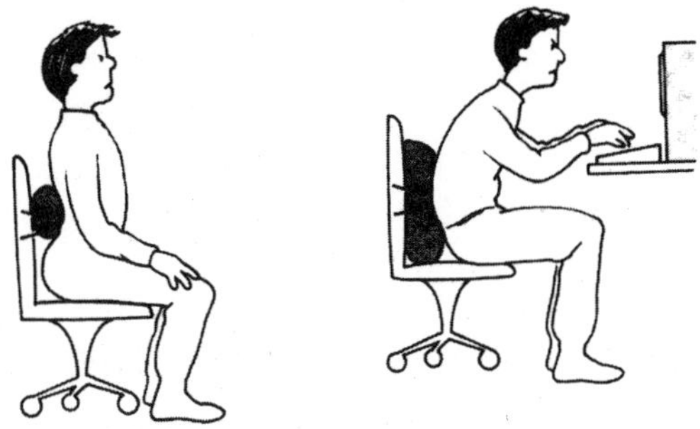

Figura 3.22

Onde encontrar apoios lombares: muitos tipos estão disponíveis em farmácias, lojas de departamentos e casas especializadas em artigos para fisioterapia. Não compre o suporte antes de experimentá-lo e baseie sua escolha no conforto e na estabilidade que ele oferece. Além disso, será preferível comprar o apoio mais adequado para uma cadeira específica, aquela que você mais usa.

Apoios lombares provisórios: se você estiver fora de casa ou do escritório, poderá improvisar um suporte com vários objetos. Experimente revistas enroladas, jornais, casacos ou agasalhos dobrados, almofadas e assim por diante. O calço pélvico é um apoio provisório excelente e pode ser usado em praticamente todas as posições aqui apresentadas. Basta dobrar uma toalha ou qualquer outra coisa que use como apoio e colocá-la sob o cóccix após fazer a reposição da pélvis. O efeito é semelhante ao do calço de madeira para pneus, que impede o carro de rolar ladeira abaixo (Figura 3.23).

Estique bem o tronco e apóie a parte traseira das nádegas nas mãos durante alguns momentos de modo que suas mãos sirvam de "calço". Se sentir de imediato maior conforto e melhor postura, isso é sinal de que precisa de um calço para a pélvis. Tenha o cuidado de relaxar os músculos lombares – não tente manter essa posição usando apenas os músculos.

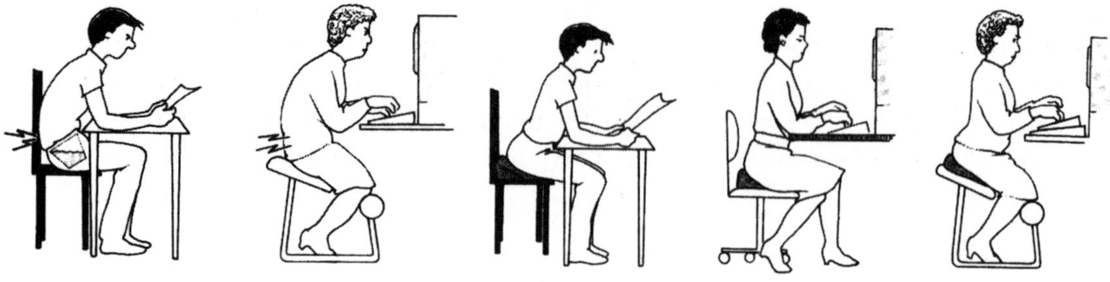

Figura 3.23

4. Adote bons movimentos na cadeira

Quanto mais tempo você permanecer sentado tanto mais seu corpo se endurecerá e tenderá a "tomar a forma" da cadeira. Se mover algumas vezes o corpo em direções opostas, você terá mais conforto e mobilidade e melhorará sua postura.

Esses movimentos devem ser usados sempre que você sentir algum desconforto ou perceber que está curvando demais as costas e não puder levantar-se e andar um pouco. Eles são ótimos durante atividades sedentárias que durem mais de uma hora. São mesmo restauradores, isto é, não exigem muita energia, reduzem o desgaste muscular e ajudam a relaxar o corpo. Além disso, podem ser feitos quantas vezes você desejar. Cada movimento requer cerca de dez segundos e deve ser repetido algumas vezes.

BALANÇO PÉLVICO (Figura 3.24): é particularmente indicado se você sentir dificuldade ou dor quando se levanta depois de ficar muito tempo sentado. Projete a pélvis e a região lombar para diante, na direção oposta à força da gravidade: o cóccix deve erguer-se em relação ao assento e o ventre também deve ser impulsionado para a frente. A região lombar formará um leve arco, o que lhe dará uma sensação agradável. Use os braços como apoio na hora de fazer esse movimento. Você pode fazê-lo sentado na ponta do assento antes de se levantar ou logo depois de tornar a sentar-se.

Ele é ótimo quando é preciso dirigir por muito tempo, por exemplo. Note bem: esse movimento é o mesmo que você fez no primeiro passo de reposição da pélvis.

Figura 3.24

MOVIMENTOS DA CABEÇA E DO TÓRAX (Figura 3.24): podem ser feitos em conjunto com o balanço pélvico, pois são a continuação natural dessa postura. Conforme o tórax se ergue, a cabeça acompanha esse movimento e se alinha com o tronco. Exagere suavemente o movimento baseado no seguinte:

Olhe diretamente para diante. Se você olhar para cima, a parte alta da nuca se curvará e se olhar para baixo a base da nuca será forçada para a frente. Quando estiver bem ereto, abaixe lentamente o queixo.

Quando inalar, deixe que o ar levante o peito e a cabeça. Quando soltar o ar, perceba como ambos parecem "flutuar". Mantenha os músculos do pescoço bem relaxados enquanto faz esse movimento. Sua cabeça deve mover-se para cima, para trás e para diante, alongando e flexionando a musculatura do pescoço e dos ombros.

(Veja o capítulo 4 para informar-se sobre outros movimentos.)

5. **Faça bons movimentos após sentar-se por muito tempo** (Figura 3.25)

- ▲ De pé, curve-se para trás (capítulo 2).
- ▲ Caminhe ereto (veja a próxima seção deste capítulo).
- ▲ Execute a posição de alívio deitado de costas (capítulo 2).
- ▲ Execute a posição de alívio deitado de bruços (capítulo 2).
- ▲ Execute a posição de alívio deitado sobre os cotovelos (capítulo 2).
- ▲ Nade (capítulo 5).
- ▲ Faça alongamento em barra suspensa (capítulo 5).
- ▲ Faça exercício isométrico para o baixo-ventre – de pé (capítulo 5).

Figura 3.25

APRENDA A PERMANECER DE PÉ

Um passo essencial para permanecer de pé com mais conforto é aprender como se mover e manter pés, pernas, pélvis e coluna em alinhamento mais bem equilibrado que reduza a pressão e o desgaste muscular. Embora cada indivíduo seja único em termos de postura melhor e mais confortável, esta seção apresenta recomendações gerais e específicas para ajudá-lo a melhorar sua postura, sua eficiência e sua aparência.

As posturas ideais quando se permanece de pé devem manter o corpo em alinhamentos relativamente bem equilibrados que exijam o uso mínimo de energia muscular e evitem o desgaste dos tecidos. O uso ocasional da respiração de limpeza e do alongamento melhora o alinhamento, libera a tensão e oxigena o corpo. Enquanto permanecer de pé, você deve mover-se e adotar posturas alternadas da forma que lhe parecer melhor. Assim, o conforto e a resistência serão maiores.

É da máxima importância observar seu alinhamento mais freqüente e seus hábitos quando precisa ficar de pé. Com esse conhecimento, você será capaz de reduzir a freqüência e a intensidade dos problemas. Com a melhora do alinhamento e dos hábitos de postura, haverá menos desgaste e cansaço muscular – e isso ajudará a aliviar as dores que você sente.

Note bem: apenas os desequilíbrios de postura que você pode aprender a controlar com movimentos e exercícios serão considerados. Problemas de postura causados por deficiências anatômicas, por espasmo muscular ou por anomalias ósseas devem ser tratados por um fisioterapeuta ou médico, pois não serão focalizados neste livro.

Teste a forma de ficar de pé

Fique de perfil diante de um espelho que reflita toda a extensão do corpo. Se usar dois espelhos, melhor ainda, pois assim terá visão completa (Figura 3.26).

Respire profundamente e relaxe enquanto solta o ar, liberando toda a tensão. Assuma uma posição exagerada em relação a sua postura costumeira após um dia de trabalho duro. Visualize as partes principais do corpo como uma série de blocos empilhados uns sobre os outros: um para a cabeça, outro para o tronco, a pélvis e para os joelhos e pés. Observe a maneira como seus "blocos" se empilham em relação uns aos outros. Depois verifique o alinhamento deles do ponto de vista lateral e frontal.

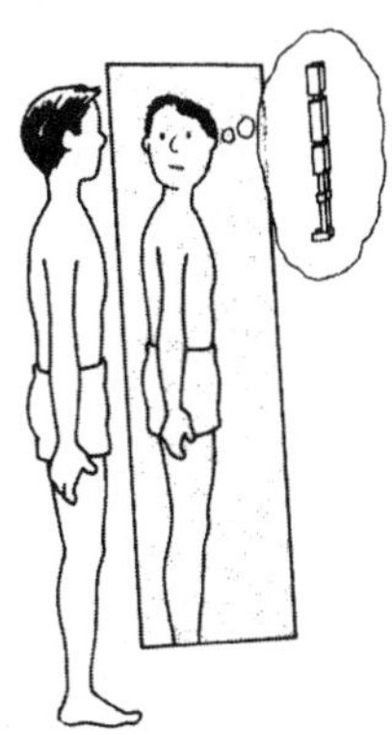

Figura 3.26

Vista lateral

➤ Verifique os joelhos:
  a) Ideal – devem parecer relaxados e relativamente retos, mas não retesados (Figura 3.27a).
  b) Estão retesados ou curvados para trás (Figura 3.27b)?
  c) Estão acentuadamente curvados para a frente (Figura 3.27c)?

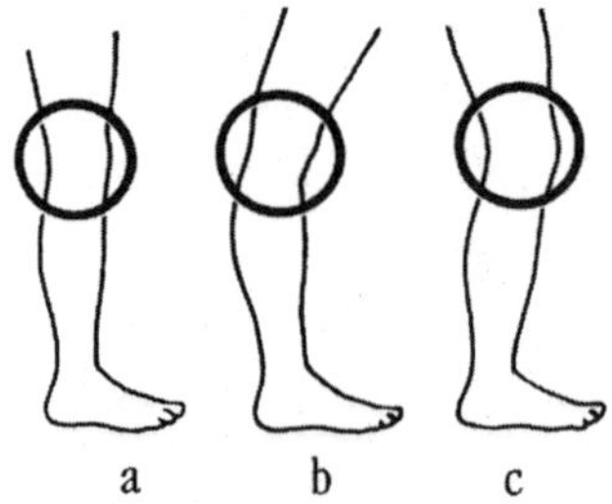

Figura 3.27

Se seus joelhos parecem retesados ou curvados, mova-os para que fiquem relativamente retos. Observe se essa mudança tem algum efeito sobre a posição da pélvis (para a frente ou para trás).

➤ Verifique a região lombar, o abdômen e a pélvis:

a) Ideal – deve haver uma suave curva para a frente no contorno da região lombar. O baixo ventre deve permanecer firme mesmo quando está relaxado. Se sua pélvis fosse um recipiente de água, deveria estar bem equilibrada para que o líquido não entornasse (Figura 3.28a).

b) A curva natural de sua região lombar se acentuou formando um arco bem definido? Seu abdômen se projeta? As nádegas estão salientes? Seu "recipiente" pélvico se inclina para a frente de modo que a água pode entornar na mesma direção (Figura 3.28b)?

c) A região lombar apresenta pouca ou nenhuma curvatura e parece rija e "empurrada" para a frente? Suas nádegas são achatadas? Seu "recipiente" pélvico se inclina para trás fazendo a água vazar nessa direção (Figura 3.28c)?

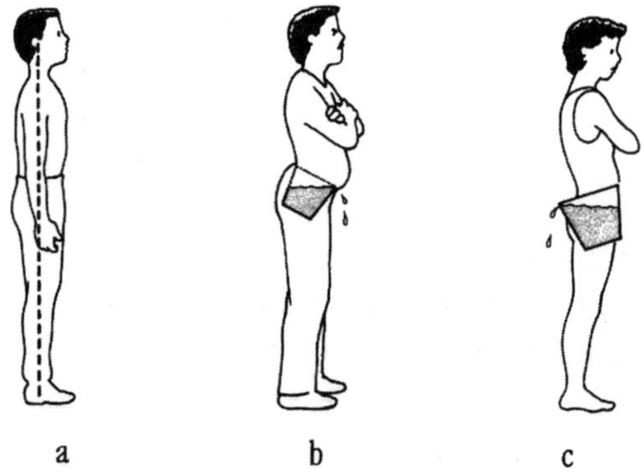

Figura 3.28

➤ Verifique o tronco e o tórax:

a) Ideal – o peito deve estar bem ereto e relaxado. Você deve sentir uma camada de ar entre a parte alta da pélvis e as costelas. O contorno das costas deve ser reto (ou ligeiramente curvado para a frente) de modo que o tórax se eleve (Figura 3.29a).

b) Seu peito apresenta uma depressão que faz o osso esterno apontar para baixo e comprime as costelas? Seu tórax parece estar "sentado" na pélvis? O contorno de suas costas tem uma curvatura acentuada, o que faz você parecer mais baixo do que realmente é (Figura 3.29b)?

c) Seu peito está exageradamente saliente? Você tem a tendência de manter os ombros altos usando os músculos (Figura 3.29c)? Se isso ocorrer, observe o efeito que essa postura tem sobre a posição e a tensão da região lombar, da pélvis, da cabeça e do pescoço.

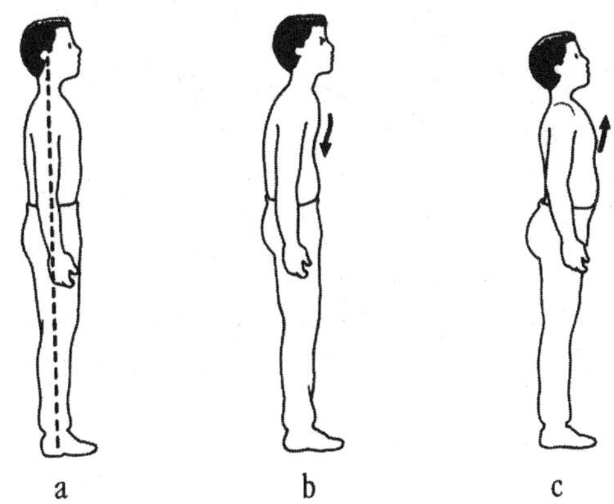

Figura 3.29

➤ Verifique a cabeça e o pescoço:

a) Ideal – a cabeça deve estar bem nivelada e centralizada sobre o peito. O pescoço deve parecer reto ou apresentar uma suave curvatura para a frente. Os músculos de toda a região cervical e dos ombros devem parecer relaxados (Figura 3.30a).

b) Sua cabeça parece "pendurada" de modo que a base da nuca fica curvada para a frente? Você tem a tendência de olhar para o chão quando está parado ou caminhando (Figura 3.30b)?

c) Sua cabeça parece estar "presa" de modo que o queixo e a garganta ficam esticados? Os músculos da garganta e da parte superior dos ombros estão sempre tensos (Figura 3.30c)?

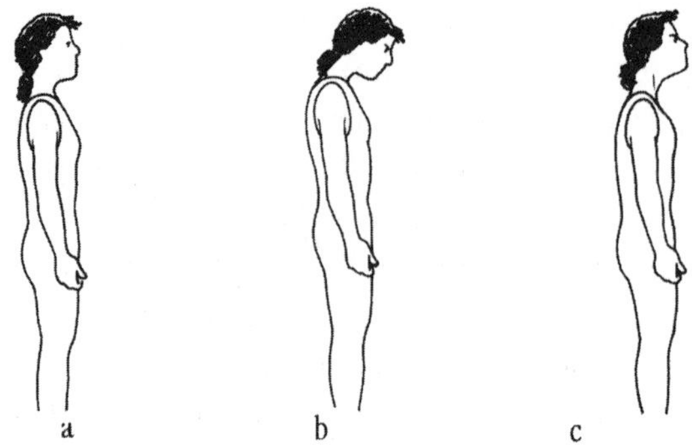

Figura 3.30

- Verifique o alinhamento geral entre a cabeça, o tórax, a pélvis e os pés:
  a) Ideal – a pélvis, o tórax e a cabeça devem estar verticalmente equilibrados sobre os pés, que são sua base de apoio (Figura 3.31a).
  b) Sua pélvis tende a projetar-se adiante da base de apoio, o que causa a saliência do abdômen, ou proeminência abdominal (Figura 3.31b)?
  c) Você tem a tendência de manter o peito projetado para diante em relação à pélvis e à base de apoio, o que se define como proeminência torácica (Figura 3.31c)?
  d) Sua cabeça costuma ficar inclinada à frente da linha do tórax e da pélvis, configurando uma proeminência (Figura 3.31d)?

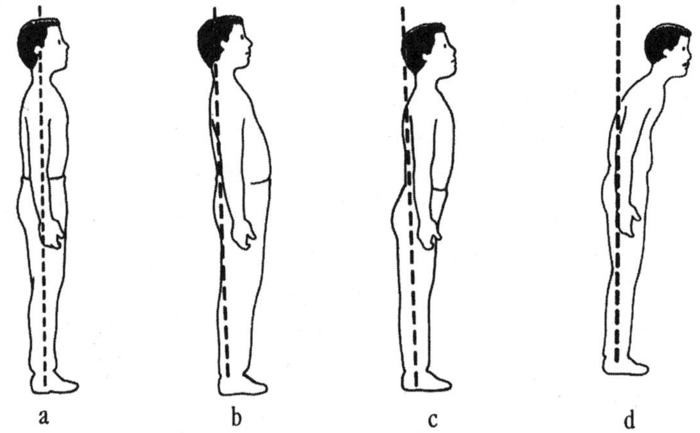

Figura 3.31

Vista frontal

➤ Verifique sua base de apoio:

a) Ideal – os pés devem ficar separados ao nível da pélvis ou dos ombros de modo que se possa traçar uma linha reta imaginária partindo de cada pé na direção dos joelhos e do quadril (Figura 3.32a).

b) Você costuma manter os pés muito juntos (Figura 3.32b)? Esse hábito tende a aumentar a tensão muscular porque o corpo tem de se esforçar muito para conservar o equilíbrio.

c) Quando você fica parado seus pés e joelhos tendem a abrir-se para os lados (Figura 3.32c)? Esse hábito desgasta os ligamentos dos pés e dos joelhos, pois já não há uma linha reta entre os pés, os joelhos e o quadril.

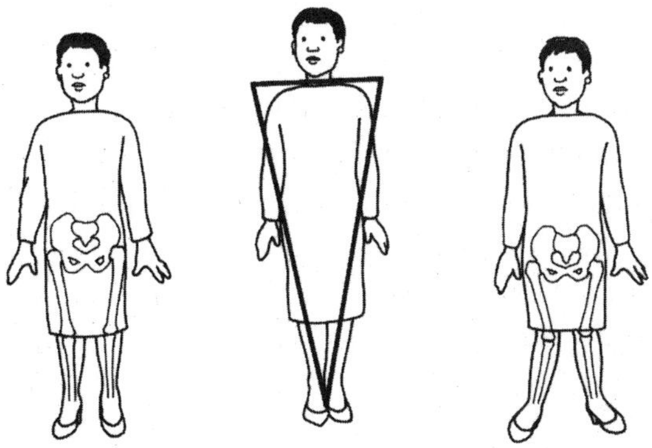

Figura 3.32 a b c

➤ Verifique sua tendência de pender para um dos lados:

Apoiar o corpo sobre uma das pernas é um hábito comum que serve para reduzir a fadiga e a compressão muscular (Figura 3.33a). No entanto, fique atento a um possível hábito de apoiar o peso do corpo sempre na mesma perna. Se você fizer isso, o efeito será semelhante ao de cruzar sempre a mesma perna: desequilíbrio do alinhamento. Se adota essa postura, não deixe de alternar as pernas, isto é, apóie seu peso durante alguns minutos em uma delas e depois passe a fazer isso com a outra perna. Evite inclinar-se muito para um lado, afastando uma

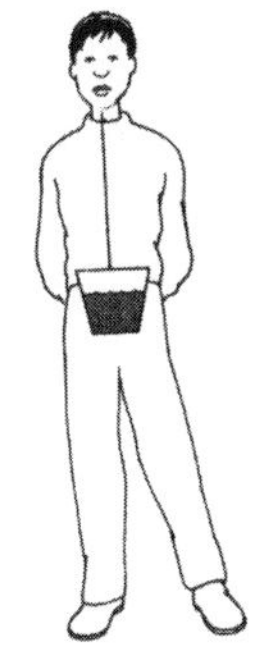

Figura 3.33a

Figura 3.33b

perna da outra, quando ficar nessa postura. Se você se apoiar na perna esquerda, por exemplo, e a perna direita ficar um pouco à frente, olhando para baixo deverá ver que o lado esquerdo da pélvis está equilibrado sobre o pé esquerdo. Se, pelo contrário, o lado esquerdo da pélvis se projetar além da linha do pé e a perna direita estiver frouxa, isso significa que a posição está incorreta (Figura 3.33b).

Faça bons movimentos mesmo parado

1. EXERCÍCIOS DE AJUSTE DA POSTURA: trata-se de algumas trocas simples e sutis de posição e tônus dos vários "blocos" do corpo, que têm a finalidade de acentuar momentaneamente o alinhamento para corrigi-lo. Praticando esses exercícios, seu "computador" estrutural passará a registrar essas correções de alinhamento como normais, o que as tornará automáticas.

2. EXERCÍCIOS DE EQUILÍBRIO ESTRUTURAL: dão ênfase à flexão e ao alongamento e melhoram o alinhamento. São em princípio feitos no chão ou na cama. Ajudam a reequilibrar os tecidos dos ligamentos para que suportem bem o peso do corpo, distribuindo-o igualmente. Este capítulo apresenta algumas recomendações relativas aos exercícios de equilíbrio estrutural, mas o capítulo 5 os descreverá mais detalhadamente.

3. SAPATOS E ACESSÓRIOS ADEQUADOS: são feitos para apoiar e proteger os pés, as pernas, a pélvis e a coluna. Recomendações a respeito do assunto são apresentadas na seção "Aprenda a andar", neste mesmo capítulo.

Exercícios de ajuste da postura

Nesses exercícios você vai exagerar o alinhamento – para melhorá-lo. Talvez isso pareça estranho e pouco natural no início. Será preferível fazê-los durante pouco tempo (entre cinco e vinte segundos) e com freqüência (de três a cinco vezes por dia) até notar que o alinhamento correto ocorre automaticamente.

Será mais benéfico ajustar sua postura com esses exercícios durante atividades ou ocasiões em que você tende a adotar um alinhamento incorreto. Procure executá-los sempre que precisar ficar parado em algum lugar: no banheiro, enquanto espera o elevador ou aguarda numa fila. Mantenha-se relaxado ao fazê-los. Pratique a respiração calmante e cultive imagens positivas para exercitar-se diante do espelho (com visão lateral). Você deve perceber logo a mudança. Enquanto observa, permita que essa "nova" postura penetre fundo em sua mente.

Os exemplos dados adiante apontam alguns dos problemas de postura mais comuns. Cada um deles apresenta um tipo de exercício de ajuste da postura para reduzir de imediato determinado problema, bem como os exercícios de reequilíbrio estrutural mais adequados. Se você perceber que adota alguns dos alinhamentos incorretos, execute os exercícios recomendados. Por outro lado, ignore as posturas e recomendações que não se relacionam a seu caso.

1. Problema de postura: abdômen e quadris salientes (Figura 3.34)

a) Essa posição pélvica projeta o abdômen para a frente e os quadris para trás. Esse alinhamento é provavelmente o maior responsável pela dor na região lombar quando a pessoa precisa permanecer de pé.

b) O "recipiente" pélvico se inclina para diante, fazendo a água entornar – e isso causa um arco acentuado na região lombar.

Figura 3.34

EXERCÍCIO DE AJUSTE: nivele a pélvis (Figura 3.35).

a) Endireite suavemente o "recipiente" pélvico até que a "borda" fique bem nivelada (faça isso sem tensão).

b) Pressione e erga suavemente os músculos abdominais para ajudar a nivelar a pélvis. Faça esse movimento como se quisesse afastar o abdômen do cós de suas calças. Deixe que a região lombar relaxe e se alongue sem formar um arco. Corrija a posição do cóccix comprimindo lentamente os músculos das nádegas.

Figura 3.35

Note bem: não "empurre" o tórax na direção da pélvis. Em vez disso, deixe-os bem alinhados e eretos. Com esse ajuste, o desconforto e a tensão da região lombar se reduzirão. Faça esse exercício suavemente, sem muita tensão muscular.

EXERCÍCIOS DE EQUILÍBRIO ESTRUTURAL:

Reforço abdominal
Dos joelhos ao tórax
Flexão e extensão dos quadris
Alongamento com barra suspensa
Uso das mãos e dos joelhos para "sentar-se" nos calcanhares
Reforço dos tendões
Postura de "ponte"
Extensão com apoio das mãos e dos joelhos
Extensão de reforço deitado de costas
(Todos esses exercícios serão apresentados em detalhe no capítulo 5.)

2. Problema de postura: posição de avestruz

(Figura 3.36)

Figura 3.36

a) A articulação dos joelhos fica curvada para trás numa posição forçada, sobrecarregando os calcanhares.
b) Essa postura tende a causar o mesmo efeito sobre a pélvis e a região lombar descrito no problema anterior – inclinação para trás com acentuado arqueamento lombar.
c) O tórax fica comprimido, "sentado" sobre a pélvis.
d) A cabeça e o pescoço pendem para a frente, acompanhando a posição do tórax.

EXERCÍCIO DE AJUSTE: destrave os joelhos, nivele a pélvis, erga a cabeça e o tórax (Figura 3.37).

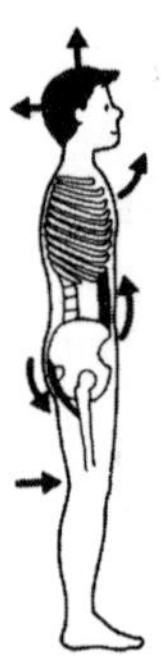

Figura 3.37

a) Libere os joelhos amenizando a curvatura forçada e flexione-os levemente para diante, nivelando-os com os tornozelos.
b) Nivele a pélvis como é recomendado no problema anterior.
c) Enquanto inspira, expanda e erga o tórax e, ao soltar o ar, nivele-o com a pélvis.
d) Nivele e erga a cabeça, equilibrando-a no centro dos ombros, como se estivesse cheia de gás – faça isso sem esforço (veja a seção "Movimentos da cabeça e do tórax", neste mesmo capítulo).

EXERCÍCIOS DE EQUILÍBRIO ESTRUTURAL:

Flexão e extensão dos quadris
Reforço abdominal
Extensão de reforço deitado de bruços
Reforço dos tendões
Reforço do pescoço
Alongamento e descompressão do pescoço
Dos joelhos ao tórax
Alongamento com barra suspensa
Flexões das pernas (de pé)
Postura de "ponte"
Extensão com apoio das mãos e dos joelhos
(Todos esses exercícios serão apresentados em detalhe no capítulo 5.)

3. Problema de alinhamento: abdômen "caído" e alinhado com o peito dos pés

(Figura 3.38)

a) A pélvis e o abdômen se projetam para diante, sobrecarregando o peito dos pés com o peso do corpo.
b) O tronco tenta compensar esse desequilíbrio com a "queda" do tórax, que fica "sentado" sobre o abdômen, e com a cabeça, que se desvia para baixo e para a frente.

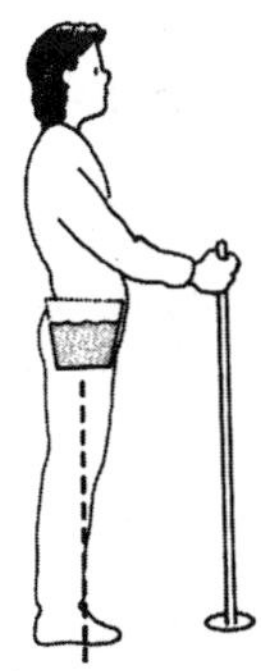

Figura 3.38

EXERCÍCIO DE AJUSTE: nivele a pélvis, erga a cabeça e o tórax (Figura 3.39).

a) Recue a pélvis, centralizando-a sobre a base de apoio, para que o peso do corpo incida sobre os calcanhares.
b) Levante a cabeça e o tórax quando inspirar e relaxe ambos nessa postura enquanto solta o ar. Imagine que um fio o suspende, com o corpo bem ereto, e o faz "aterrissar" sobre os calcanhares.
c) Erga e flexione para "dentro" do tronco os músculos do baixo ventre para facilitar o alinhamento com os calcanhares e a postura ereta.

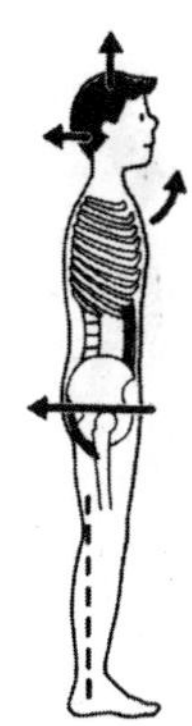

Figura 3.39

EXERCÍCIOS DE EQUILÍBRIO ESTRUTURAL:

Extensão para reforço das costas
Reforço abdominal
Extensão com apoio das mãos e dos joelhos
Levantamento das pernas estendidas
Extensão de reforço deitado de bruços
Reforço do pescoço
Alongamento e descompressão do pescoço
Extensão para posição de descanso deitado de costas
Alongamento com barra suspensa
Rotação oposta da coluna
Dos joelhos ao tórax
Postura de "ponte"
(Todos esses exercícios serão apresentados em detalhe no capítulo 5.)

4. Problema de alinhamento: postura "sentada" (Figura 3.40)

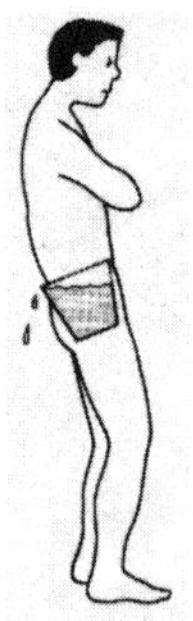

Figura 3.40

a) Os joelhos e os tornozelos ficam excessivamente curvados, como se a pessoa estivesse para sentar-se.
b) A pélvis se inclina para trás e o cóccix fica "encolhido".
c) O tórax se curva, "sentado" no abdômen.
d) A cabeça e o pescoço pendem para baixo e para diante, acompanhando o movimento do tórax.

EXERCÍCIO DE AJUSTE: pernas retas, cabeça e pescoço eretos (Figura 3.41).

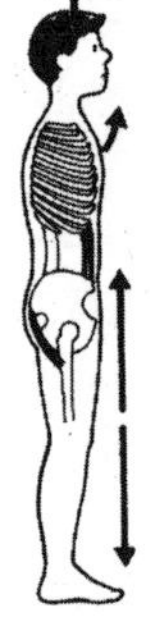

Figura 3.41

a) Imagine um fio preso ao alto de sua cabeça. Deixe esse fio puxá-la para cima, nivelando-a com o tórax.
b) Levante o tórax e aspire, fazendo-o expandir-se. Depois relaxe-o enquanto solta o ar (veja Figura 3.24).
c) Endireite os joelhos, sem pressioná-los, e adote uma postura exagerada alongando as pernas e o tronco. Pense alto!

EXERCÍCIOS DE EQUILÍBRIO ESTRUTURAL:

Extensão para posição de descanso deitado de costas (veja capítulo 2)

Levantamento das pernas estendidas
Alongamento dos tendões
Alongamento das panturrilhas
Extensão para reforço das costas
Extensão com apoio das mãos e dos joelhos
Extensão de reforço deitado de bruços
Postura de "ponte"
Descompressão do pescoço
Reforço do pescoço
Alongamento e descompressão do pescoço (veja capítulo 2)
Rotação oposta da coluna
Alongamento com barra suspensa
Exercício isométrico para o baixo-ventre
(Esses exercícios serão apresentados em detalhe no capítulo 5.)

Mais alguns bons movimentos para permanecer de pé

Apoio, troca e inclinação

a) Apóie um dos pés (num degrau, numa caixa, no outro pé etc.) e também os braços, quando possível, para nivelar a pélvis e reduzir a tensão sobre a coluna (Figura 3.42).
b) Incline-se contra uma parede ou um móvel para descansar e aliviar a coluna (Figura 3.43).
c) Distribuição e alívio do peso: os edifícios mais altos têm um fator de inclinação que lhes permite aliviar a pressão de forças externas, como o vento e a gravidade. Sua maneira de ficar de pé deveria também incorporar esse conceito básico. Inclinar-se um pouco, de leve, contra uma parede ou um móvel bem firme é uma forma excelente de aliviar o desgaste acumulado quando se fica muito tempo de pé. Com esse tipo de apoio, o sistema elétrico também se acalma, e isso torna os músculos menos tensos e os nervos menos excitáveis.

Essa postura de alívio tem padrões ilimitados. Você deve fazer o que for mais confortável, mantendo-se apenas em alinhamento ereto e relaxado enquanto se

Figura 3.42

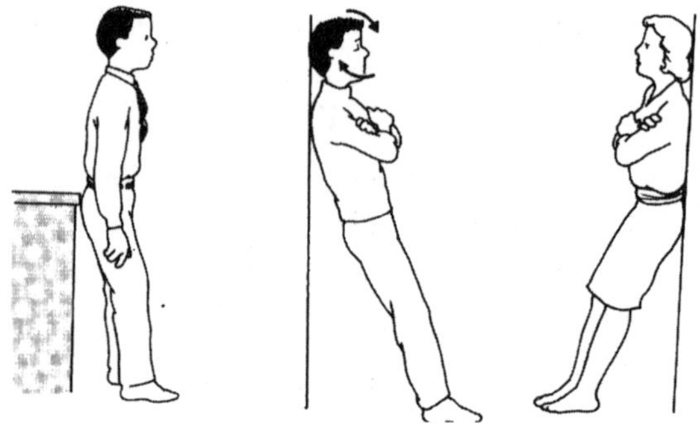

Figura 3.43

apóia. Use qualquer um destes padrões quando precisar permanecer de pé: apoio de lado a lado (os ombros), apoio de alto a baixo (as costas) e uso dos pés e calcanhares como "freios".

Procure conforto depois de ficar de pé por muito tempo

Execute as posições e os movimentos de alívio sugeridos para reduzir a dor na região lombar agravada por posturas e atividades que curvam demais as costas (veja capítulo 2).

APRENDA A CAMINHAR

Caminhar é o meio de transporte mais básico. É também uma das formas mais seguras e eficazes de exercitar todo o corpo. Se suas dores nas costas ou no pescoço são agravadas com freqüência quando você caminha, é possível reduzilas adotando as posturas e os exercícios apresentados nesta seção e na anterior (exercícios de ajuste da postura). Este tópico descreve os problemas mais comuns (maus movimentos) e os padrões mais saudáveis do ato de caminhar (bons movimentos). Há também sugestões relativas à caminhada como exercício e aos calçados mais adequados.

A maneira de ficar de pé se reflete na maneira de caminhar

Sua postura quando permanece de pé quase sempre é similar a sua postura quando caminha. Se, por exemplo, você curva demais as costas e inclina a cabeça quando fica parado, essa será também sua postura quando caminha. Se sua tendência é uma posição tensa, seu modo de andar será igualmente tenso. Se seu alinhamento é incorreto, a tendência será repetir o erro ao caminhar. É, portanto, fundamental ter consciência de suas posturas e seguir as recomendações já feitas na seção "Aprenda a permanecer de pé". Uma vez que você consiga corrigir suas posturas incorretas ao ficar de pé (com os exercícios de ajuste da postura), será meramente uma questão de transferi-las ao ato de caminhar.

Se você se identificar com alguns dos problemas descritos nesta seção, faça os ajustes recomendados. Execute os exercícios, a respiração e a mentalização sugeridos durante pequenos períodos de tempo (de dez segundos a um minuto) ao longo de suas atividades diárias, inclusive as caminhadas.

Troque os padrões incorretos de andar por outros mais saudáveis

1. Mau movimento: caminhar com a região lombar arcada demais (Figura 3.44)

A curva acentuada da região lombar e a conseqüente saliência do baixo-ventre causam a inclinação do "recipiente" pélvico, o que faz a água transbordar. Esse alinhamento agrava as dores lombares e faz seu abdômen "chegar antes" de você.

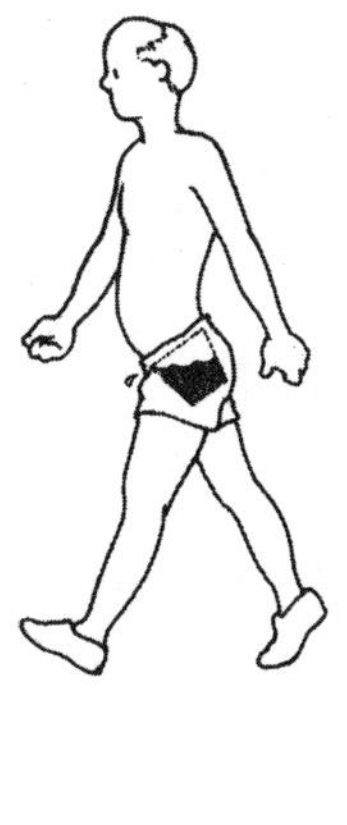

Figura 3.44

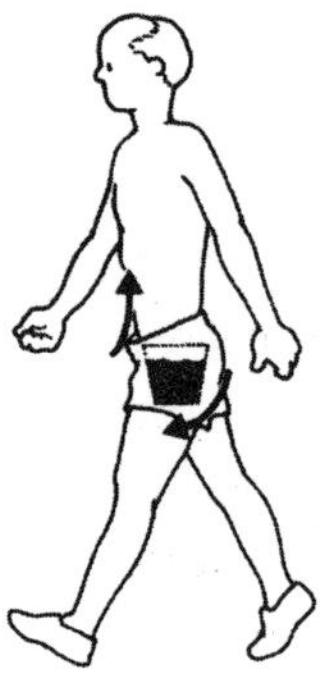

Figura 3.45

Bom movimento: nivelamento da pélvis

(Figura 3.45)

(Veja Figura 3.35.)

Imagine que há uma roldana presa entre a borda dianteira de sua pélvis e o teto. Enquanto caminha, imagine que essa roldana mantém sua pélvis bem nivelada, portanto a água do "recipiente" também está nivelada. Permita que essa imagem o ajude a manter o alinhamento correto.

2. Mau movimento: caminhar com a cabeça curvada (Figura 3.46)

Figura 3.46

Se você caminha olhando para o chão, isso o levará a um alinhamento arcado. Essa postura incorreta pode ser mero hábito, mas se acentuará sempre que você estiver cansado, indisposto, deprimido, estressado ou sentir frio.

Essa posição também provoca a compressão do tórax. O esterno, osso frontal do tórax, fica relativamente baixo. O resultado é oxigenação insuficiente do organismo, o que pode diminuir a resistência física.

Bom movimento: cabeça e tórax eretos

(Figura 3.47)

(Veja Figura 3.24.)

Figura 3.47

Enquanto caminha, faça algumas respirações de limpeza e sinta o ar expandir suavemente seu tórax. Imagine que o ar que enche seus pulmões é composto de gás hélio e sinta que isso eleva o tórax, retirando o peso que incidia sobre o abdômen e a pélvis. Permita que sua cabeça também "flutue" e se nivele ao tronco. Imagine agora que sua cabeça é um balão – e sinta como ela "flutua", reduzindo a tensão e a compressão da musculatura do pescoço.

3. Mau movimento: andar bamboleante

(Figura 3.48)

Essa maneira de andar caracteriza-se por movimentos estranhos e oscilantes de várias partes do corpo. Em geral ocorre quando há instabilidade das articulações e dos músculos, o que provoca esse excesso de movimentos. Isso também causa dores em muitas áreas, principalmente no pescoço, na região lombar e na bacia. Esse padrão está comumente associado ao enfraquecimento e à presença de curvas anormais na coluna. Andar dessa maneira faz com que o "recipiente" pélvico oscile (a cabeça também oscila), e em conseqüência a água transborda em todas as direções.

Figura 3.48

Bom movimento: andar calmo e estável

(Figura 3.49)

Imagine que os "recipientes" de sua pélvis e de sua cabeça estão quase cheios de água. Tente andar de tal maneira que o nível da água permaneça estável. Pense em conservar a água bem tranqüila – evite movimentos desnecessários da pélvis e mantenha a cabeça ereta e alinhada com o tronco. Contraia apenas, suavemente, os músculos do baixo-ventre e das nádegas para que a pélvis permaneça nivelada e estável. Tente manter alinhadas as várias partes do corpo enquanto anda, dirigindo a face, o tórax e a bacia para a frente. Use mais os músculos dos pés e das pernas para andar suave e calmamente. Enquanto caminha, pense que seus movimentos são estáveis e harmoniosos.

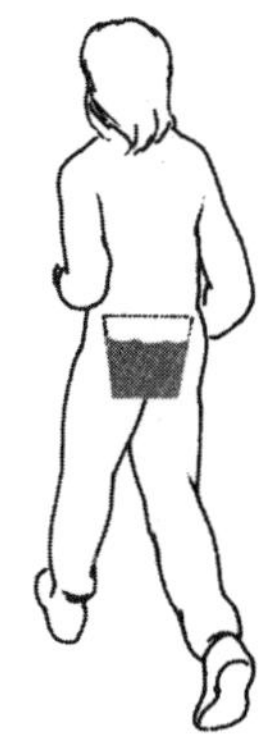

Figura 3.49

4. Mau movimento: andar tenso, rígido, comprimindo a parte superior do corpo

(Figura 3.50)

Essa tendência pode ter origem na rigidez estrutural. Pode também decorrer do medo de cair ou de "disparar" a dor pelo fato de andar. Essa maneira de caminhar faz a pessoa parecer rígida – como se usasse um colete da cabeça aos pés. Tal movimento lembra o de uma criança que carrega um jarro cheio de água e tem medo de derramar o líquido. O sistema estrutural trabalha muito porque a pessoa tenta impedir qualquer esforço dos músculos do pescoço ou das costas, e essa atividade excessiva comprime as articulações. A dor pode ser o resultado da compressão das juntas ou da sobrecarga muscular. Esse modo de andar causa fadiga. É como se o "freio de mão" estivesse puxado e a pessoa quisesse mover-se para a frente.

Figura 3.50

A excessiva proteção ou compressão dos músculos tende a "dirigir" a pessoa para determinada direção. As posturas mais comuns nesse caso são: cabeça inclinada para diante, ombros elevados, tórax comprimido, abdômen encolhido e músculos das nádegas tensos.

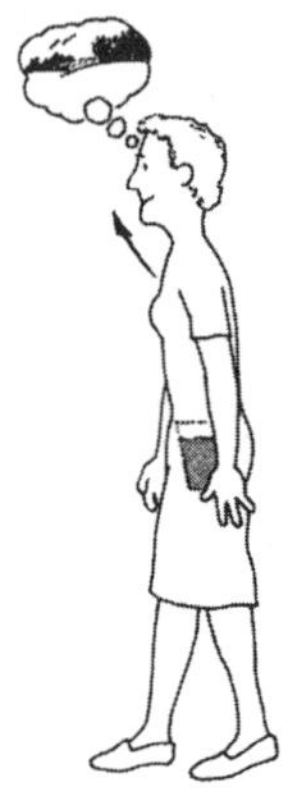

Figura 3.51

Bom movimento: libere a tensão enquanto caminha (Figura 3.51)

Faça respirações calmantes e de limpeza. Enquanto inala, imagine o ar circulando nas áreas de tensão. Sinta que o ar alivia a tensão dessas áreas e as torna mais leves. Quando soltar o ar, pense em liberar toda a contração que torna seu corpo tão rígido. Livre-se do ar ruim! Pense em seu "recipiente" pélvico e mova-se de modo a manter a água tranqüila.

Figura 3.52

5. Mau movimento: andar batendo os calcanhares no chão (Figura 3.52)

Esse modo de andar se caracteriza pela batida pesada dos calcanhares no chão. Causa sucessivas ondas de choque na direção das pernas, o que provoca o desgaste das articulações da pélvis e das vértebras. Essa forma de andar é provavelmente um hábito e quase sempre se acentua quando a pessoa está apressada, zangada, descalça ou usa sapatos rasos, de saltos altos ou ferrados.

Bom movimento: adote uma forma suave e adequada de "aterrissar" os calcanhares

Esse movimento dará a você mais controle da musculatura dos pés e das pernas, e o resultado será um jeito suave de se locomover. Observe se os sapatos que usa não estimulam o andar pesado (solas que não absorvem impactos, por exemplo). Se for esse o caso, é preferível usar sapatos mais adequados ou palmilhas. O mais importante, no entanto, é reduzir o impacto dos calcanhares no chão adotando um modo de andar suave e tranqüilo. À medida que desenvolver essa habilidade, você poderá andar tão velozmente quanto quiser.

6. Mau movimento: andar estressado

Figura 3.53

(Figura 3.53)

Esse movimento constitui um modo de andar apressado e agitado, com a cabeça e o tronco relativamente curvados para a frente. A expressão facial (rosto crispado, mandíbulas apertadas) quase sempre indica que as coisas não vão bem. A tensão muscular das áreas de dor aumenta significativamente.

Bom movimento: andar harmonioso

(Figura 3.54)

Tente imaginar que tudo vai bem. Torne seus passos mais calmos e alongados, permitindo que o próprio movimento, e não a tensão, o conduza. Mantenha a cabeça e o tórax relativamente eretos para facilitar a respiração. Mude a expressão facial conforme o que você quer sentir: felicidade, confiança, calma e assim por diante. Concentre-se em movimentos simétricos e no bom alinhamento. Alivie a tensão e as "más vibrações" com um andar solto, boa respiração e imagens positivas.

Figura 3.54

Escolha bem seus sapatos

A maneira como seus sapatos se comportam e como seus pés reagem aos sapatos quando você anda se transmite através das pernas a várias partes do corpo. Assim, o tipo de calçado que você usa pode afetar muito seu bem-estar enquanto anda ou se mantém de pé. Seja qual for seu tipo de sapato preferido, você deve levar em consideração os critérios básicos apresentados em seguida. (Consulte um fisioterapeuta sobre o tipo de salto mais adequado, pois isso varia de pessoa para pessoa.)

CONTRAFORTE (Figura 3.55): é como a quilha de um barco. O contraforte deve ser estável o bastante para apoiar seus calcanhares e mantê-los firmes.

- ✧ *Desejável:* o contraforte deve envolver firme e confortavelmente o calcanhar. A matéria-prima deve ser resistente e de boa qualidade para manter-se estável mesmo após muito uso.
- ✦ *Problemático:* um contraforte frágil pode romper-se ou ficar marcado pela pressão de um dedo. Com um contraforte inadequado, o calcanhar oscila de um lado a outro e para diante e

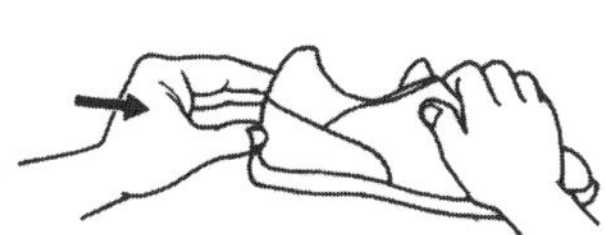
Figura 3.55

para trás dentro do sapato. Essas oscilações podem forçar o tornozelo numa posição rígida que transmite mais impacto à coluna através da perna ou achatar o arco do pé, o que aumenta a pressão sobre a região lombar.

SALTOS: são a parte traseira da plataforma do calçado.

✧ *Desejáveis:* os saltos devem ter boa forração para absorver impactos e ser de um a quatro centímetros mais altos que a parte anterior dos sapatos. Além disso, a largura dos saltos deve ser a mesma do contraforte. Isso ajuda a dispersar a pressão, aumentando a absorção de impactos.

✦ *Problemáticos:* saltos duros e grossos ampliam o choque transmitido à coluna através das pernas. Saltos rasos podem ter o mesmo efeito se a matéria-prima for inadequada. Saltos estreitos e agudos provocam oscilação dos pés, e isso aumenta a tensão muscular nas áreas mais sensíveis do corpo. Saltos mais flexíveis ou esponjosos (como os de cortiça) aumentam o desgaste muscular porque não dão apoio suficiente e normalmente vêm "combinados" com um contraforte frágil. Saltos gastos e desiguais prejudicam o alinhamento e agravam a tensão muscular. Não use saltos danificados – conserte-os primeiro.

FLEXIBILIDADE (Figura 3.56):

Figura 3.56

✧ *Desejável:* quando você tenta dobrar o sapato, ele deve "ceder" na altura do peito do pé para garantir boa flexibilidade. Quando você usa os sapatos, deve haver espaço suficiente para encolher, esticar e mexer os dedos.

✦ *Problemática:* se os sapatos forem muito duros, não cederão se você tentar dobrá-los, e isso com certeza os torna desconfortáveis. Além disso, o uso constante de calçados apertados e rígidos pode "retardar" os pés, pois estes não terão chance de reagir porque os sapatos não permitem.

Se os sapatos forem muito fracos, vários pontos da sola podem romper-se ou o calçado pode entortar-se, prejudicando a posição dos pés. Usados com muita freqüência, sapatos frágeis causam danos aos pés.

FORRAÇÃO: é a parte interna dos sapatos, que os acolchoa de ponta a ponta.

- ✧ *Desejável:* o forro deve proporcionar apoio confortável ao calcanhar e ao arco dos pés. Deve ser suficientemente acolchoado para preencher a curva do arco dos pés e estender-se do calcanhar à altura do peito dos pés.
- ✦ *Problemática:* se o forro for muito raso ou de má qualidade, será facilmente deslocado pelo uso e não dará o apoio necessário aos pés, causando tensão nas pernas e na coluna vertebral.

PONTA: é a área interna dos sapatos que fica em redor dos dedos.

- ✧ *Desejável:* a ponta dos sapatos deve ter altura e largura suficientes para permitir o movimento dos dedos, mas deve também se ajustar aos pés para que estes não "escorreguem" dentro do calçado.
- ✦ *Problemática:* sapatos que apertam e prendem os pés pertencem ao passado. Os dedos não podem ser apertados, dobrados nem comprimidos, e não deve haver atrito entre eles e a ponta do calçado.

APRENDA A CURVAR-SE E A ERGUER-SE

Quase todos os dias você se abaixa muitas vezes para pegar objetos caídos no chão ou para completar várias tarefas. Se você costuma curvar-se de modo incorreto, está acumulando pressão e desgaste consideráveis na coluna vertebral. A repetição dessa postura errada pode agravar suas dores mesmo que você não erga nada mais pesado que um par de sapatos. Por outro lado, boas posturas ao curvar-se ou erguer-se promovem os seguintes benefícios: fortalecimento crescente das pernas e do tronco; maior habilidade de abaixar-se e levantar-se com conforto; menor risco de causar ou agravar problemas; e mais capacidade de erguer objetos pesados.

Note bem: o alinhamento adequado para curvar-se ou erguer-se é o mesmo que o recomendado para sentar-se corretamente.

Maus movimentos para curvar-se e erguer-se

- ▼ Pés muito juntos: se seus pés não estiverem afastados um do outro a uma distância equivalente à largura dos ombros, você terá pouco impulso e instabilidade, e suas costas tenderão a curvar-se (Figura 3.57).

Figura 3.57

- Joelhos e quadris esticados e região lombar muito inclinada: essa é a pior e a mais comum maneira de erguer-se, principalmente se o tronco estiver curvado (Figura 3.57).
- Pescoço tenso e muito arcado: essa postura comprime as articulações cervicais e provoca dor, especialmente se for mantida por algum tempo (passando aspirador, por exemplo) ou quando você levanta objetos pesados (Figura 3.57).
- Levantar e carregar peso em desequilíbrio (Figura 3.58).
- Curvar-se e erguer-se muitas vezes em poucos minutos: você logo se cansa e passa a curvar as costas, o que aumenta a tensão e o desgaste (Figura 3.59).
- Levantar objetos pesados demais para você (Figura 3.60): isso o levará a erguer-se de repente, num solavanco, ou a adotar uma postura muito arcada. Se não puder levantar o corpo lenta e suavemente, em bom alinhamento, não tente erguer nada muito pesado!
- Erguer objetos pesados logo depois de ficar sentado durante muito tempo, principalmente se manteve as costas curvadas: essa é uma combinação péssima e perigosa (Figura 3.61)!
- Esticar demais o corpo, para alcançar ou erguer alguma coisa, com o pescoço e as costas muito arqueados (Figura 3.62).

Figura 3.58

Figura 3.59

Figura 3.60

Figura 3.61

Figura 3.62

Bons movimentos para curvar-se e erguer-se

- ▲ Afaste os pés e os joelhos até ficarem paralelos aos ombros ou coloque um pé na frente do outro, como se fosse dar um passo. Isso ajuda a curvar os quadris, mantendo as costas relativamente retas e relaxadas (Figura 3.63).
- ▲ Incline-se um pouco e abaixe o tronco sem arquear o corpo. Se fizer isso corretamente, suas costas permanecerão retas e o pescoço ficará equilibrado numa posição relaxada e neutra (Figura 3.63).

Figura 3.63

▲ Apóie-se em um ou em ambos os braços. Para agachar-se, apóie a mão ou o cotovelo na perna, num móvel ou na parede. Essa postura alivia a pressão e o desgaste da região lombar (Figura 3.63).

▲ Quando carregar objetos pesados, procure equilibrar o peso em ambos os lados ou pelo menos alterne o braço que leva a carga para que o esforço seja mais bem distribuído (Figura 3.64).

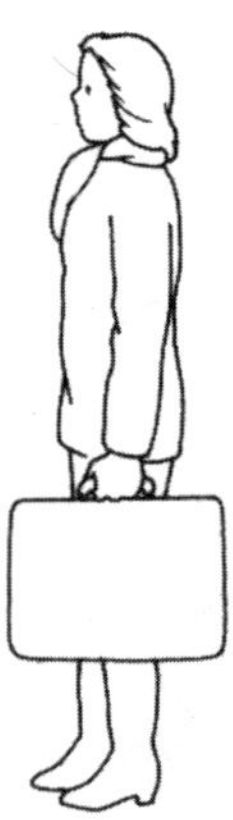

Figura 3.64

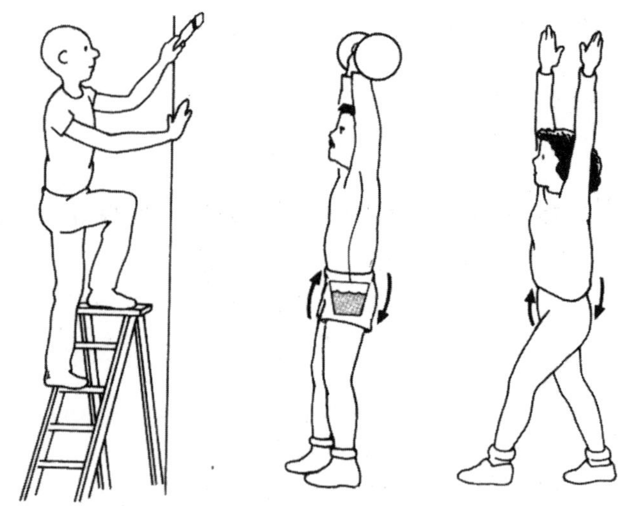

Figura 3.65

▲ Quando esticar o corpo para alcançar ou levantar alguma coisa, nivele a pélvis (veja Figura 3.35), mantenha o tronco ereto ou erga e apóie um dos pés para que a região lombar e o pescoço permaneçam em bom alinhamento (Figura 3.65).

▲ Antes ou depois de ficar muito curvado ou carregar muito peso, ande um pouco e pratique algumas posições de alívio (inclinar as costas para trás ou deitar-se de bruços), principalmente se esteve sentado por algum tempo (veja Figuras 2.3 e 2.6).

Maneiras saudáveis de curvar-se e erguer-se

As sugestões seguintes são coerentes com os bons movimentos que acabamos de apresentar e podem ser usadas na maior parte das posições:

◆ AGACHAR-SE COMO OS GOLEIROS (Figura 3.66a): separe bastante os pés e, com as mãos, os antebraços ou os cotovelos apoiados nas coxas, sustente o peso do corpo. Mantenha o tórax ereto e as costas retas ao abaixar-se ou levantar-se, flexionando apenas os quadris e os joelhos.

◆ AGACHAR-SE PARCIALMENTE PARA LEVANTAR OBJETOS PESADOS (Figura 3.66b): mantenha o tórax ereto e as costas retas enquanto ergue o corpo com a força das pernas. Seus braços devem "fechar-se", isto é, você deve levantar o objeto bem junto ao corpo para evitar que o tronco se curve. Se tiver de agachar-se completamente para levantar objetos mais pesados, apóie os cotovelos ou os antebraços na parte interna das pernas para permanecer mais estável e aliviar a pressão sobre a coluna e as pernas.

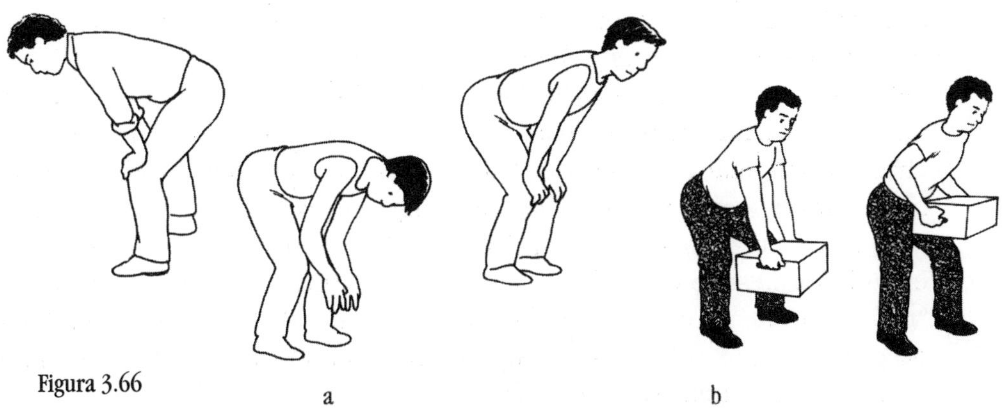

Figura 3.66 a b

- POSIÇÃO DE GUINDASTE PARA CURVAR-SE (Figura 3.67a): coloque uma das pernas para trás e abaixe-se apoiado na outra perna. Isso ajuda a manter a coluna relativamente reta e relaxada. Apóie-se também num dos braços. Essa técnica alivia os joelhos e não exige tanta força nem flexibilidade das pernas quanto o agachamento parcial. Se você sente dores unilaterais nas costas ou numa das pernas, apóie-se apenas na outra perna.
- POSIÇÃO DE GUINDASTE PARA ERGUER-SE (Figura 3.67b): essa técnica só é adequada para levantar objetos de pouco peso (como roupas, pequenos brinquedos, jornais ou revistas), que podem ser apanhados por uma das mãos. Levante o corpo esticando a perna de apoio enquanto ergue o objeto com o braço livre.

a b

Figura 3.67

TENHA CUIDADO: evite essa técnica durante a gravidez ou caso você apresente problemas nas articulações da bacia.

- ABAIXAR-SE APOIADO NUM DOS JOELHOS (Figura 3.68a): esse movimento é mais fácil do que o agachamento completo. É também muito adequado quando se sente dor. Essa posição é excelente para desempenhar tarefas que requerem a curvatura do corpo.
- LEVANTAR-SE APOIADO NUM DOS JOELHOS (Figura 3.68b): essa é uma boa técnica para erguer sacolas e malas. Se você está com um joelho no chão, basta tomar impulso nas duas pernas para levantar o corpo. Mantenha o tronco ereto e sem inclinação enquanto se ergue e use os braços para aumentar o impulso necessário para "içar" seu peso. Se o objeto a ser erguido for pesado e não tiver alças nem pegadores, use essa técnica para "rolá-lo" sobre a coxa (Figura 3.69). Segure firmemente o objeto bem junto do corpo e fique de pé com o impulso de ambas as pernas. Tenha sempre o cuidado de manter as costas retas.

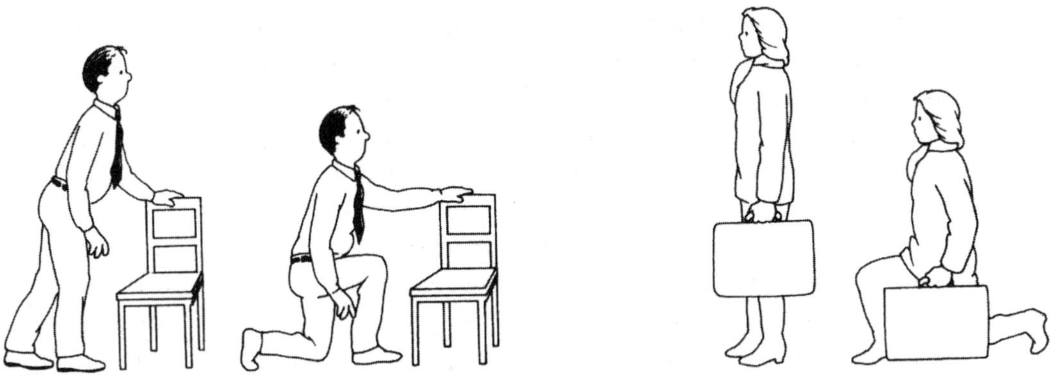

a b

Figura 3.68

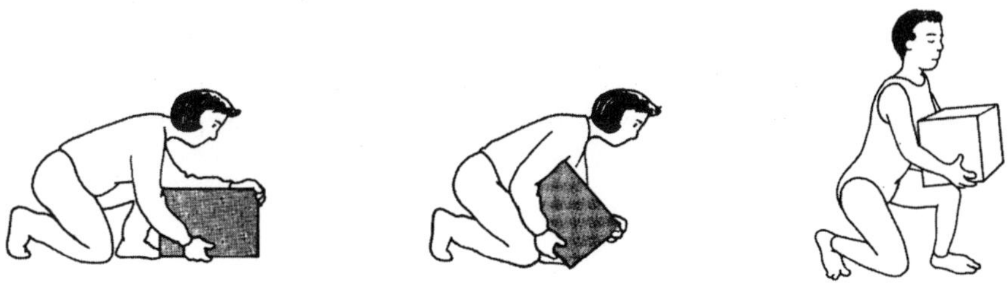

Figura 3.69

CONCEITOS-CHAVE DOS BONS E MAUS MOVIMENTOS DURANTE AS ATIVIDADES DIÁRIAS

Testes da maneira de sentar-se e ficar de pé: esses testes requerem que você exagere seus alinhamentos incorretos para observá-los e corrigi-los e não devem ser repetidos como exercícios. Use-os apenas no início, até tomar consciência de suas posturas erradas. Depois disso, pratique os exercícios de ajuste de postura e simplesmente adote os que forem confortáveis para você, passando em seguida a acentuar os bons alinhamentos.

Exagero dos bons alinhamentos: conforme você praticar os exercícios de ajuste de postura, seu corpo abandonará os maus e adotará os bons alinhamentos. Acentuar os bons alinhamentos representa quase atingir a postura ideal, que você conscientemente vai manter e praticar com exercícios curtos, de dez a trinta segundos. Essa correção contínua vai fazer seu "computador" estrutural registrar as novas posturas como as melhores. Assim, quando você relaxar, seu corpo retornará a um alinhamento mais neutro, mas sempre correto, nunca repetindo os antigos padrões. Com o tempo, a repetição dos exercícios de ajuste de postura automaticamente acentuará os bons alinhamentos e seus "hábitos" estruturais mudarão para melhor.

Alinhamento neutro: refere-se ao equilíbrio perfeito entre todas as partes do corpo no sentido transversal e longitudinal. Essa posição pode ser conseguida se você exagerar o bom alinhamento e depois relaxar gradativamente. A melhor postura resultante será seu alinhamento neutro por enquanto. Com o passar do tempo, poderá melhorar ainda mais.

CAPÍTULO 4

PRÁTICAS DIÁRIAS

Levantar-se pela manhã
Tomar banho e vestir-se
No trânsito
No escritório ou na escola
Tarefas domésticas (internas e externas)
Viagem e lazer
Na hora de dormir

Este capítulo mostra como obter mais conforto, produtividade e saúde física enquanto você executa tarefas diárias como levantar-se da cama, tomar banho, enfrentar o trânsito e trabalhar – no escritório ou em casa. Cada uma dessas práticas tem padrões incorretos (maus movimentos) e padrões que devem ser adotados (bons movimentos). Ao ler este capítulo, concentre-se nas tarefas e situações que ocorrem todos os dias, principalmente naquelas que costumeiramente lhe causam dor.

LEVANTAR-SE PELA MANHÃ

Antes de sair da cama

Se pela manhã você sente o corpo frio, tenso, "caído" ou pesado, será benéfico executar alguns movimentos simples e alguns exercícios de respiração antes mesmo de sair da cama. Isso vai lubrificar suas articulações, oxigenar seus pulmões e aquecer seus músculos para toda a movimentação necessária durante o dia. Esse processo de preparação começa naturalmente quando você se espreguiça e boceja. Isso é bom para aproveitar mais alguns momentos de conforto e respiração profunda antes de deixar a cama.

- **Evite levantar-se com o corpo curvado:** se você costuma dormir todo encolhido e se sente curvado ou "caído" quando tenta sair da cama (Figura 4.1), alongue o corpo enquanto ainda está deitado. Em vez de ficar desani-

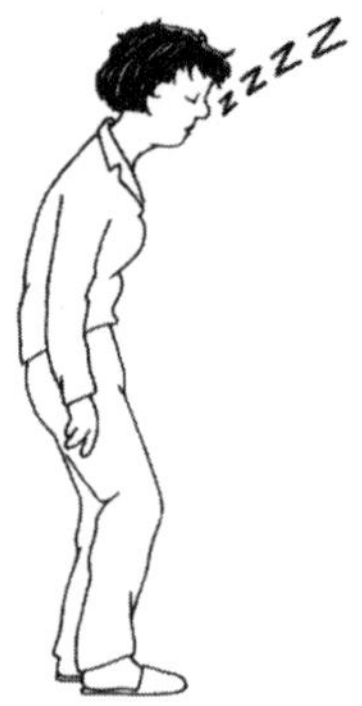

Figura 4.1

mado durante toda a manhã, execute alguns dos bons movimentos apresentados a seguir antes ou logo depois de levantar-se (Figura 4.2):

Extensão para posição de descanso deitado de costas (veja Figura 2.2)

Extensão para posição de descanso deitado de bruços (veja Figura 2.3)

Deitado de bruços sobre os cotovelos (veja Figuras 2.4 e 2.5)

Flexões (veja capítulo 5)

Rotação oposta da coluna (veja capítulo 5)

Figura 4.2

Figura 4.3

- **Evite levantar-se com os quadris e a região lombar tensos e rijos** (Figura 4.3): se sua tendência é dormir estendido de costas ou de bruços ou se suas costas e seus quadris têm pouca flexibilidade, faça alongamentos suaves durante alguns minutos para ajudá-lo a manter boas posturas sem sentir dor. Experimente alguns dos seguintes bons movimentos antes ou logo após levantar-se (Figura 4.4):

  Dos joelhos ao tórax

  Flexão e extensão dos quadris

  Exercícios isométricos para o baixo-ventre

  (Esses exercícios serão apresentados em detalhe no capítulo 5.)

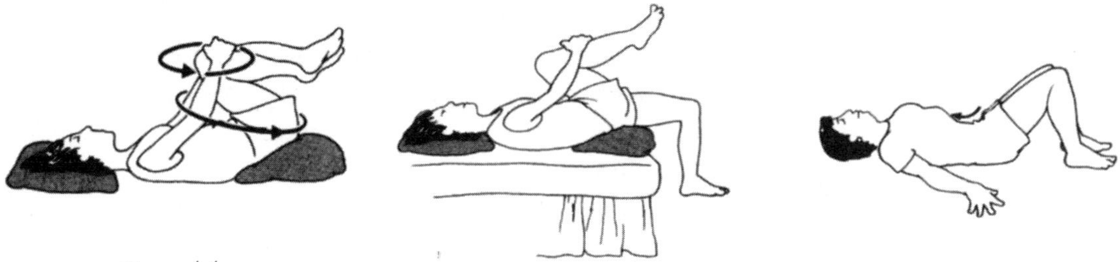

Figura 4.4

- **Se o pescoço e os ombros estão rijos e tensos** quando você se levanta, tente os exercícios seguintes (Figura 4.5):
  Alongamento e descompressão do pescoço (veja capítulo 2)
  Distensão do pescoço (veja capítulo 5)
  Rotação oposta da coluna (veja capítulo 5)

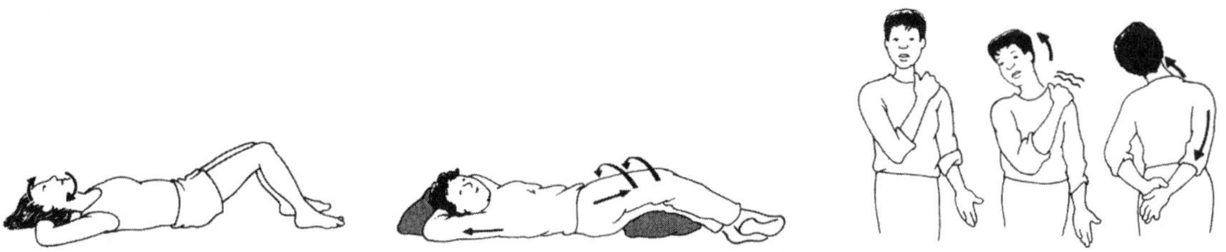

Figura 4.5

Sentar-se na cama (antes de sair dela)

Figura 4.6

- **Evite "brigar" para levantar-se** (Figura 4.6): não tente erguer diretamente a cabeça nem a coluna desafiando as forças da gravidade. Evite forçar o pescoço e o abdômen para levantar o corpo, pois isso só desgasta os tecidos e comprime as vértebras.
- **Use a gravidade e os movimentos para sentar-se na cama:** experimente rolar o corpo (Figura 4.7). Role simultaneamente a cabeça, o pescoço, o tronco, a pélvis e as pernas para evitar torções prejudiciais. Mantenha a respiração e os músculos das costas relativamente relaxados, isto é, não contraia o pescoço

nem o abdômen. Em vez disso, deixe o trabalho para a gravidade e para o próprio peso do corpo. O peso das pernas será sua "âncora". Enquanto elas se abaixam para tocar o piso, apóie-se nos braços para erguer o tronco. Nesse movimento, vire o rosto para a cama, caso contrário a gravidade o puxará para trás. Esse método pode ser lento se você sentir dores ou bem rápido se você estiver bem. De qualquer modo, esse bom movimento reduz bastante o esforço da coluna e é a maneira mais adequada de sentar-se na cama de manhã.

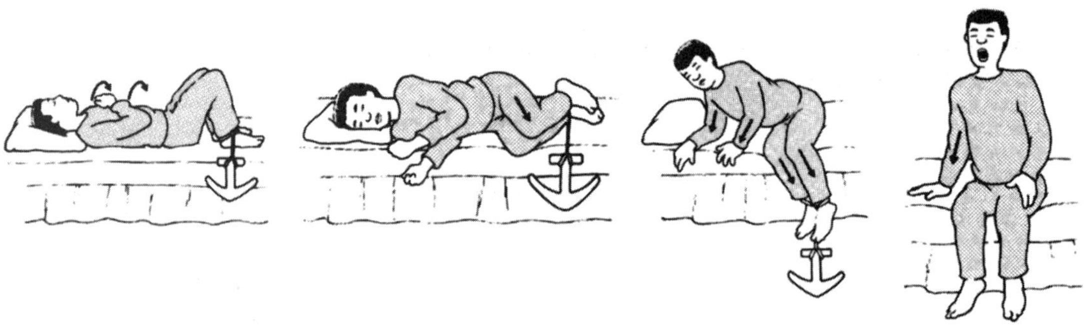

Figura 4.7

Pôr-se de pé

Esse movimento aparentemente simples significa mudar a "engrenagem" do corpo. A coluna e a pélvis com freqüência têm dificuldade, pela manhã, de mudar a "engrenagem", isto é, de trocar a posição de sentar pela de levantar. Depois de ter ficado relativamente imóvel durante toda a noite, pode haver um "choque" bem desconfortável para o corpo nessa mudança.

Maus movimentos (Figura 4.8)

- **Evite sentar-se curvado na beira da cama,** principalmente se você dorme num colchão muito macio, desses em que o corpo "afunda".
- **Ao levantar-se, evite vergar o corpo:** tente não curvar demais as costas nem inclinar a cabeça antes de alongar o corpo. (Lembre-se de que, se você andar olhando para o chão, sua tendência será arcar excessivamente as costas.)

Figura 4.8

Bons movimentos (Figura 4.9)

- ▲ **Sente-se com o tronco ereto** e curve suavemente a região lombar para cima e para a frente antes de levantar o corpo.

Figura 4.9

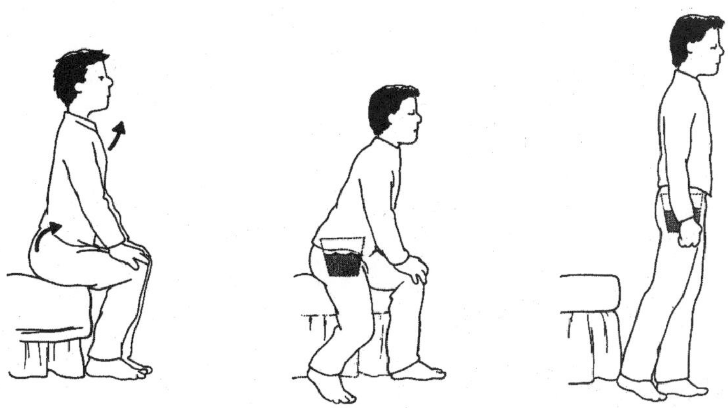

- ▲ **Dê o passo certo:** mantenha o nível da pélvis esticando simultaneamente as duas pernas enquanto troca o pé de apoio (ou dá o primeiro passo do dia).

Note bem: se você tem tido dificuldade para levantar-se porque seu colchão é muito baixo ou macio, experimente apoiar-se num banquinho ou compre outro colchão para conseguir uma “plataforma de lançamento” melhor.

TOMAR BANHO E VESTIR-SE

No vaso sanitário

Maus movimentos

- ▼ **Evite curvar-se, fazer esforço e conter a respiração** (Figura 4.10): obrigar o intestino a um grande esforço enquanto você se curva é muito prejudicial à região lombar.
- ▼ **Evite apertar os maxilares e contrair a nuca** e os músculos faciais. Esses são hábitos comuns que causam desgaste e dor na região cervical.
- ▼ **Evite prender a respiração:** esse hábito, além de inútil, provoca estresse em todo o organismo.

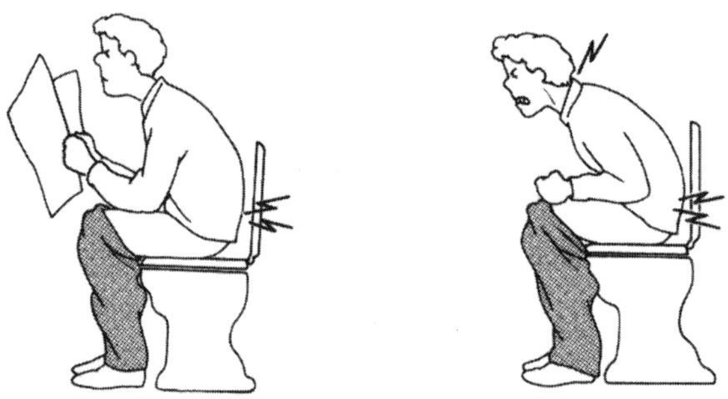

Figura 4.10

Bons movimentos (Figura 4.11)

- ▲ **Corrija a posição da pélvis e fique ereto e relaxado** (veja capítulo 3). Use os braços como apoio.
- ▲ **Faça a respiração de limpeza** ou simplesmente respire em ritmo relaxado – e libere toda a tensão dos músculos enquanto solta o ar.
- ▲ **Levante-se apoiado nas pernas e nos braços:** mantenha o tronco ereto, isto é, não se curve antes de se erguer.
- ▲ **Durante as crises de dor nas costas:** o uso de um assento mais alto pode ajudar se você sentir dor ao sentar-se no vaso sanitário ou tiver dificuldade para levantar-se dele.

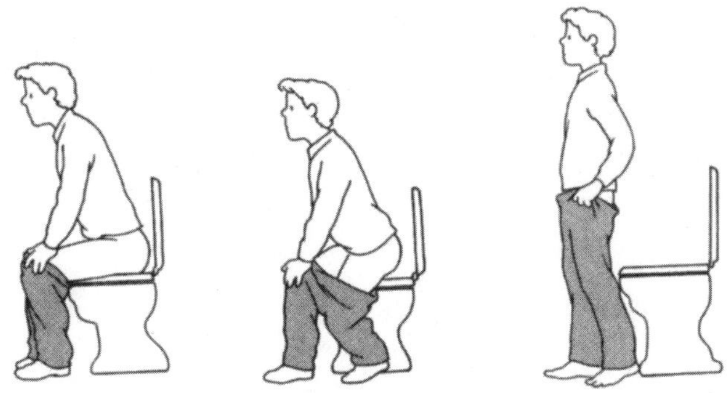

Figura 4.11

Diante do lavatório

Maus movimentos (Figura 4.12)

▼ **Evite a maneira errada de se curvar** e principalmente não "derrube" o tronco para a frente, com as pernas esticadas, sem apoio.

▼ **Evite esticar demais o pescoço e o queixo** diante do espelho enquanto faz a barba, escova os dentes ou se maquia.

▼ **Evite dobrar o pescoço** enquanto se curva sobre a pia para lavar o rosto.

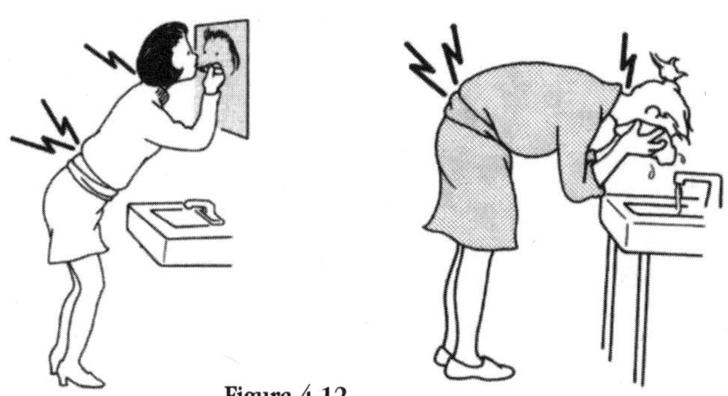

Figura 4.12

Bons movimentos

▲ **Quando fizer a barba, escovar os dentes ou se maquiar,** apóie-se num dos braços, levante um dos pés, firmando-o num suporte qualquer, e nivele a pélvis contraindo os músculos dos quadris e do baixo-ventre (veja

Figura 3.35). Dê preferência a um espelho de duas ou três faces ou mude de posição, abrindo a porta do armário onde está o espelho e colocando-se ao lado da pia. Assim não será necessário forçar o pescoço nem as costas (Figura 4.13).

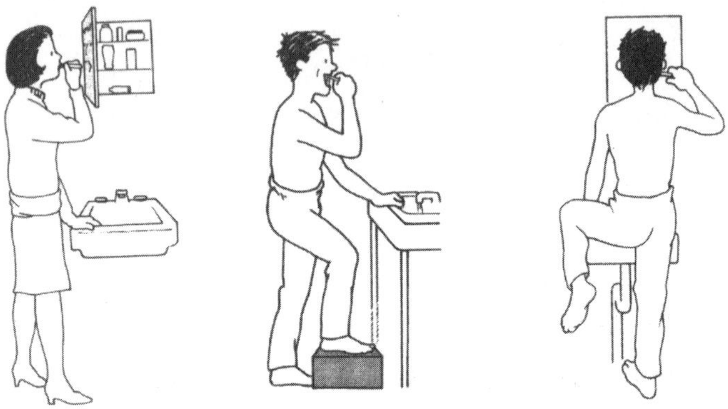

Figura 4.13

▲ **Quando se curvar sobre a pia, coloque um dos pés bem para trás:** apóie-se também num dos braços. Agache-se parcialmente ou use o método do guindaste, isto é, erga-se e abaixe-se curvando os quadris, e não as costas, que devem permanecer retas (Figura 4.14).

Figura 4.14

▲ **Quando espirrar, tossir,** limpar a garganta ou assoar o nariz, evite forçar o corpo para a frente num movimento brusco que prejudica a cabeça, o pescoço e a região lombar (Figura 4.15).

Em vez disso, tente estabilizar-se numa posição ereta apoiando um braço na pia ou na parede. Quando assoar o nariz, encoste-se na parede para evitar uma curvatura forçada das costas. Faça com que o impulso da tosse ou do espirro passe através do braço estendido, e não do pescoço e das costas (Figura 4.16).

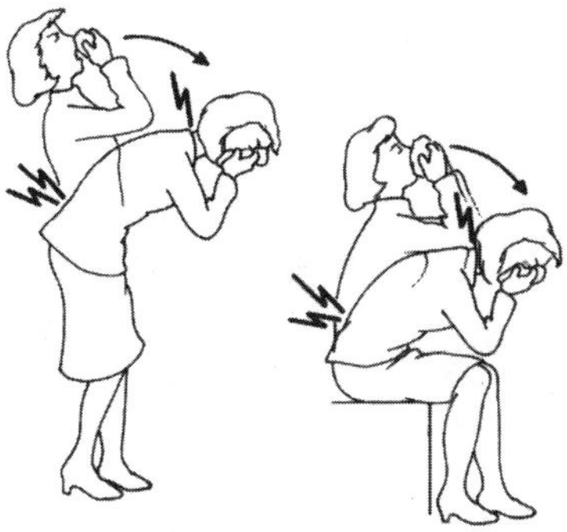

Figura 4.15

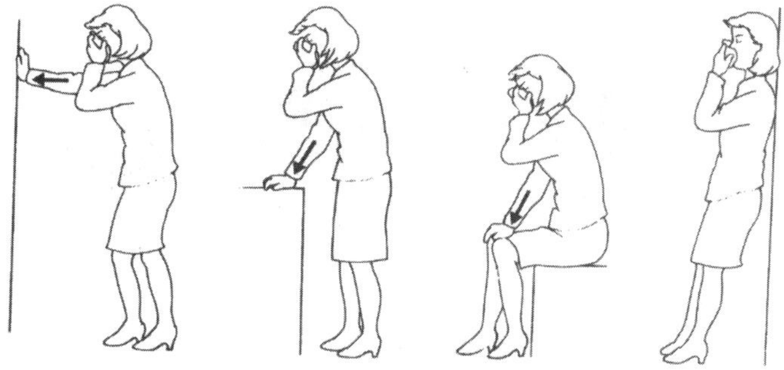

Figura 4.16

No chuveiro

Maus movimentos (Figura 4.17)

- **Evite curvar-se para a frente** quando lavar ou enxugar a parte dianteira do corpo.
- **Evite abaixar-se** para ajustar a torneira, apanhar o sabonete ou lavar e secar as pernas sem apoiar-se num dos braços.
- **Evite forçar a cabeça para trás** para fazer "estalar" o pescoço.

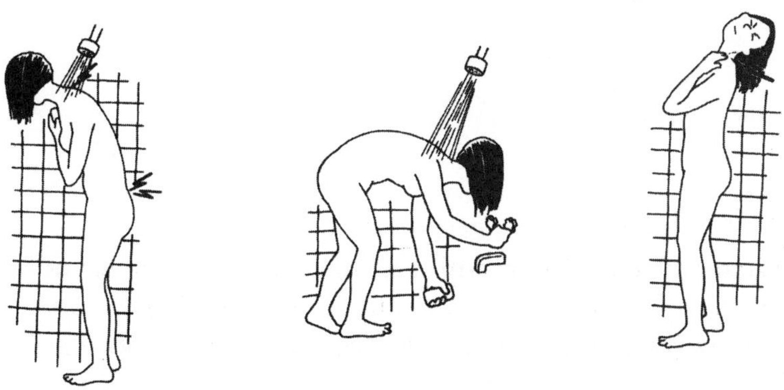

Figura 4.17

Bons movimentos (Figura 4.18)

▲ **Tente manter a cabeça, o tronco e a pélvis** relaxados e em bom alinhamento ao tomar banho e enxugar-se. Apóie-se no braço em vez de torcer e curvar o tronco e agache-se, em vez de curvar-se, para enxaguar os cabelos.

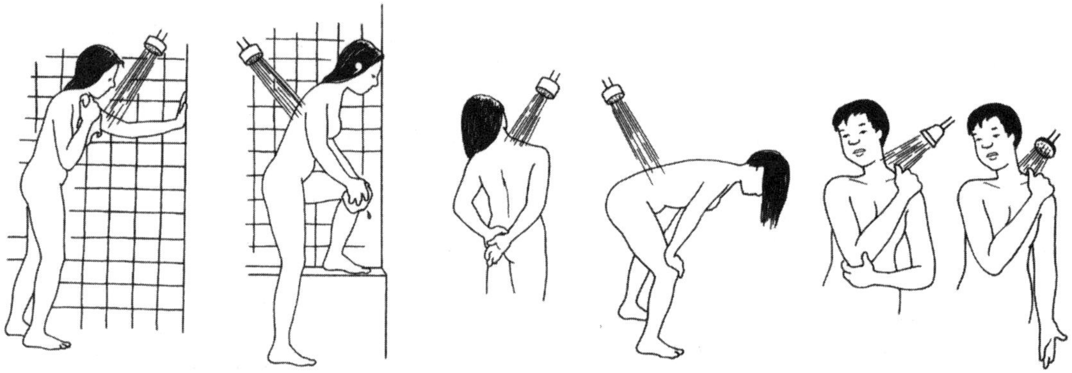

Figura 4.18

▲ **Quando lavar e enxugar as pernas e os pés**, levante e apóie um pé na borda da banheira ou em outro objeto que sirva como suporte. Apóie-se também num dos braços e abaixe-se curvando a outra perna para manter o tronco reto e o pescoço relaxado.

▲ **Experimente a ducha para massagear-se,** faça automassagem e exercícios de descompressão e alongamento, aproveitando o reconfortante calor do chuveiro para reduzir a tensão e a rigidez muscular (veja capítulos 2 e 5).

Na banheira

Maus movimentos (Figura 4.19)

▼ **Evite ficar deitado por muito tempo** forçando a coluna numa posição curvada e arcando o pescoço para trás contra a borda da banheira.

▼ **Evite dobrar o corpo** para lavar os pés com as pernas esticadas e as costas curvadas.

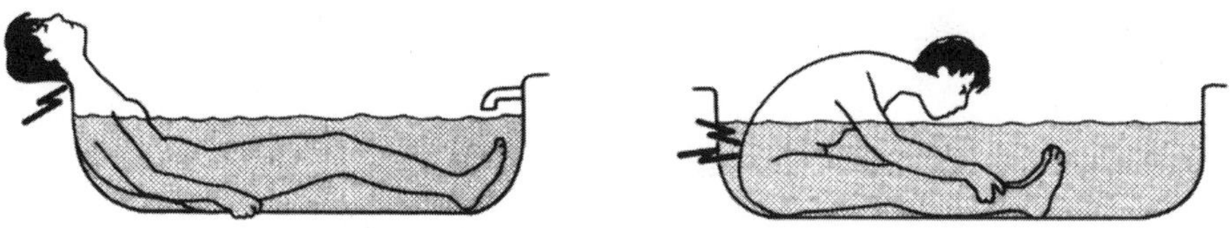

Figura 4.19

Bons movimentos (Figura 4.20)

▲ **Mantenha-se em alinhamento mais relaxado e ereto.** Existem à venda suportes próprios para usar na banheira. Você pode também utilizar toalhas enroladas para apoiar as costas, o pescoço e a cabeça. Corrija a posição da pélvis (veja capítulo 3) e depois acomode os suportes.

▲ **Para lavar as pernas e os pés,** dobre uma perna de cada vez e mantenha o tronco apoiado e relaxado.

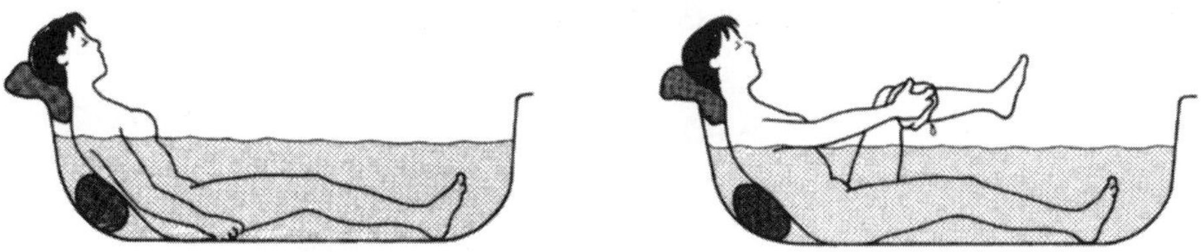

Figura 4.20

Na hora de se vestir

Maus movimentos (Figura 4.21)

▼ **Evite curvar-se sem apoio** para pegar os sapatos ou abrir as gavetas mais baixas.

▼ **Evite a falta de apoio e os alinhamentos incorretos** quando vestir suas roupas íntimas.

Bons movimentos (Figura 4.22)

▲ **Se quiser vestir-se sentado,** faça isso numa cadeira de assento firme. Se preferir sentar-se na beira da cama, use um travesseiro como apoio. Para calçar sapatos e meias, mantenha as costas retas, levante o pé ou apóie o calcanhar na borda da cadeira.

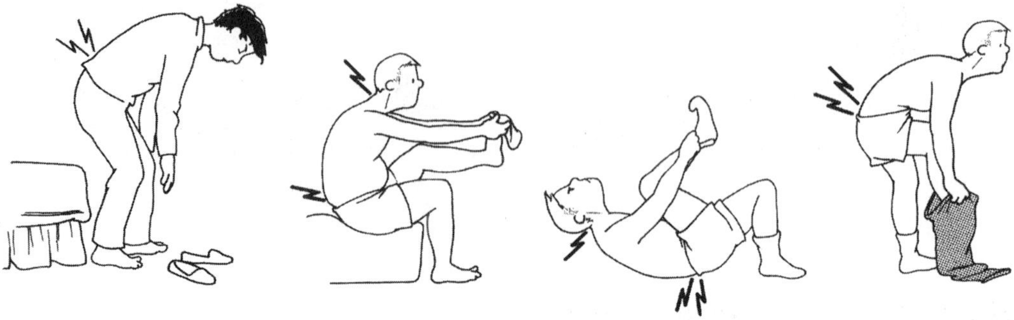

Figura 4.21

- ▲ **Se quiser mesmo curvar-se, dobre os quadris,** e não a coluna, mantenha as costas relativamente retas e use o braço para apoiar-se.
- ▲ **Para vestir-se de pé, encoste-se** num móvel ou na parede, evitando assim a curvatura do corpo e o desgaste que ela causa. Levante as pernas para vestir calças ou saias em vez de dobrar a coluna.

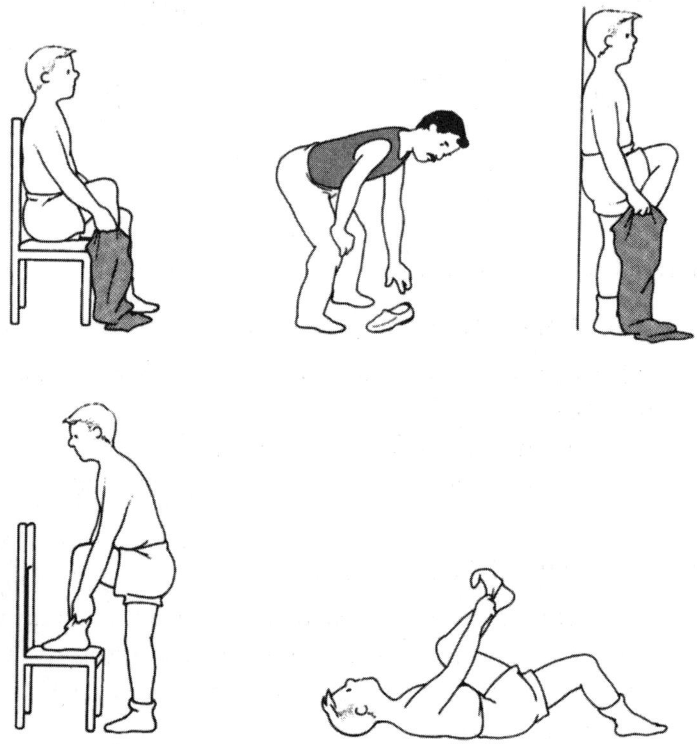

Figura 4.22

▲ **Se calçar sapatos e meias enquanto permanece de pé,** levante a perna até a beira da cama ou da cadeira e apóie-se num dos braços.

▲ **Dobrar o corpo para vestir-se durante crises de dor** pode efetivamente agravar seus problemas. Se esse for seu caso, experimente vestir as roupas de baixo deitado de costas.

NO TRÂNSITO

Para enfrentar o trânsito é preciso sentar-se, portanto é melhor rever a seção "Aprenda a sentar-se", no capítulo 3. Outras recomendações abrangem o seguinte:

◆ **Mantenha uma postura ereta e relaxada:** o movimento mais importante deve ser feito logo e repetido, se necessário, ao longo do trajeto – a reposição pélvica (veja capítulo 3), que pode ser executada se você se sentar com as costas eretas e apoiadas no encosto ou com as costas também eretas, mas afastadas do encosto.

A primeira posição (veja Figura 3.14) permite que as costas se relaxem ligeiramente reclinadas. Se estiver dirigindo, ajuste o assento de modo a alcançar os pedais sem esforço e recline um pouco o encosto. Estique algumas vezes os braços segurando o volante ou até alcançar as pernas (se não estiver dirigindo). Isso ajuda a aliviar a pressão sobre a região lombar e a pélvis. Afaste de quando em quando as costas do banco (Figura 4.23).

Figura 4.23

Adote a segunda posição (veja Figura 3.15) quando sentir necessidade de aliviar a pressão sobre as costas. Esse movimento é excelente quando o tráfego está congestionado ou a visibilidade é ruim. Para aliviar e relaxar um pouco mais a região lombar, "pendure-se" suavemente no volante, erguendo um pouco os quadris do assento – mas faça isso apenas enquanto espera o farol abrir (Figura 4.24).

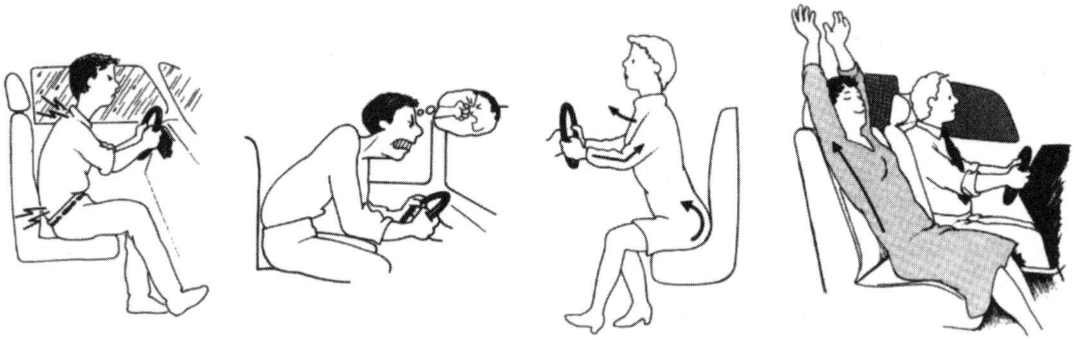

Figura 4.24

- **Se perceber que está ficando tenso** ou começar a sentir dores porque a pista é acidentada, corrija a posição da pélvis e use os braços para absorver o impacto colocando as mãos sobre as coxas ou apoiando-as no assento. Isso alivia a pressão exercida sobre a coluna vertebral. Deixe o corpo oscilar vagarosa e suavemente acompanhando o movimento dos solavancos e das curvas da pista – não tente manter-se numa postura rígida, pois isso só causará maior impacto e irritação.
- **Se estiver dirigindo seu carro** ou viajando de avião, considere a necessidade de um bom suporte ou apoio. Se suas costas se curvam quando você relaxa, será bom nivelar o assento com um suporte lombar (veja capítulo 3) ou aliviar a pressão sobre a coluna apoiando-se no braço da poltrona. Mantenha esses suportes no carro e leve-os com você nas viagens.
- **Evite manter por muito tempo a cabeça voltada para o mesmo lado.** Essa posição comprime as vértebras cervicais e provoca tensão muscular no lado do corpo para o qual você está virado. Se isso acontecer, sente-se bem ereto, olhando para a frente, e volte devagar a cabeça para o lado oposto enquanto faz uma profunda respiração de limpeza. Esse movimento vai "endireitá-lo" e trazer alívio quase imediato.

- **Sempre que o trânsito permitir, use uma das mãos para fazer automassagem** nos pontos tensos e sensíveis do pescoço e dos ombros (Figura 4.25). Veja a seção "Automassagem", no capítulo 2. Durante as paradas ao longo do trajeto, mova a cabeça para os lados e faça algumas respirações de limpeza para liberar a tensão acumulada.

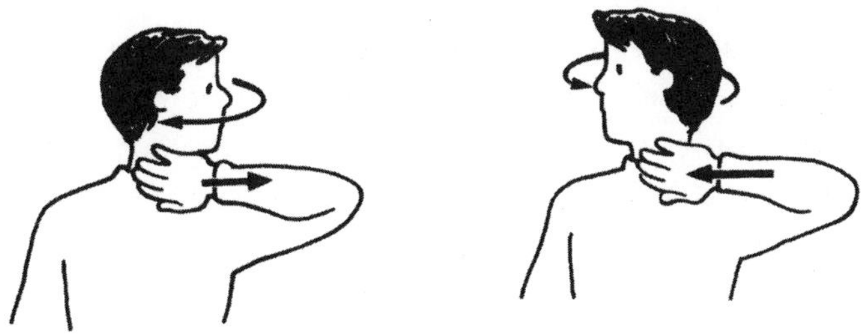

Figura 4.25

- **Evite alinhamentos incorretos** enquanto cochila ou lê no ônibus ou no trem. Mantenha-se ereto e use um apoio improvisado (valise ou pasta, por exemplo) para relaxar sem sair do bom alinhamento.
- **Levante-se, alongue o corpo e caminhe bem ereto até o escritório.** Com alguma persistência e um pequeno esforço você pode transformar esse momento rotineiro numa parte ativa de seu programa de exercícios diários. Alongue e fortaleça o corpo, renovando a oxigenação, com o hábito de saltar do transporte ou deixar o carro a alguma distância do local de trabalho e caminhar até lá. Use sapatos adequados e confortáveis. Procure relaxar e andar de forma correta (veja a seção "Aprenda a caminhar", no capítulo 3).

NO ESCRITÓRIO OU NA ESCOLA

O escritório e a sala de aula são ambientes em que é preciso permanecer muito tempo sentado e ambos envolvem, muitas vezes, altos níveis de estresse. Assim, para manter o equilíbrio do corpo, faça uso de diversas boas posturas para sentar-se, levante-se, caminhe e pratique alongamentos nos intervalos entre as tarefas ou as aulas e execute respirações de limpeza enquanto "tira férias mentais" por alguns minutos. Reveja esses métodos na seção "Aprenda a sentar-se", no capítulo 3. Esta seção apresentará outras recomendações – concentre-se naquelas que se aplicam a seu caso.

Ler, escrever, digitar, tirar cópias e outras práticas

- **Evite abaixar a cabeça por muito tempo** (Figura 4.26): seja qual for sua maneira de sentar-se, curvado ou ereto, executar tarefas rotineiras diante de uma mesa (ou outro móvel) muito baixa e manter o material de trabalho muito próximo da borda vai fazer você olhar para baixo num ângulo que o obrigará a forçar a cabeça e o pescoço.

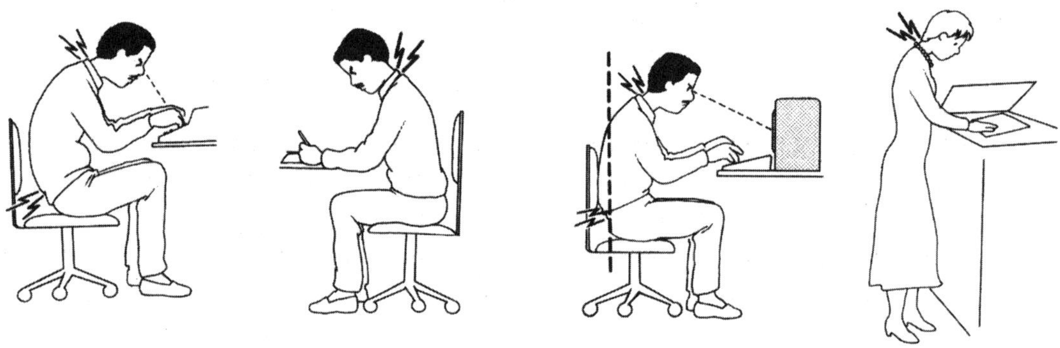

Figura 4.26

- **Corrija sua postura:** quando você se senta, o primeiro passo para retomar o bom alinhamento da cabeça é fazer a reposição da pélvis. Prefira usar uma cadeira com braços, que lhe dê apoio suficiente para reduzir a pressão sobre a coluna causada pela curvatura prolongada da cabeça.
- **Trabalhe sobre uma superfície inclinada para poupar o pescoço** (Figura 4.27): essa simples providência reduz a necessidade de curvar o pescoço e a cabeça. Favorecendo o nivelamento da cabeça, as superfícies inclinadas evitam o desgaste excessivo dos músculos e dos tecidos que envolvem as articulações. Mesmo que você use um fichário grande para improvisar uma prancheta inclinada, a mudança de ângulo, embora pequena, propiciará uma diferença positiva. Não será difícil encontrar pranchetas inclináveis nas lojas de artigos para pintura.

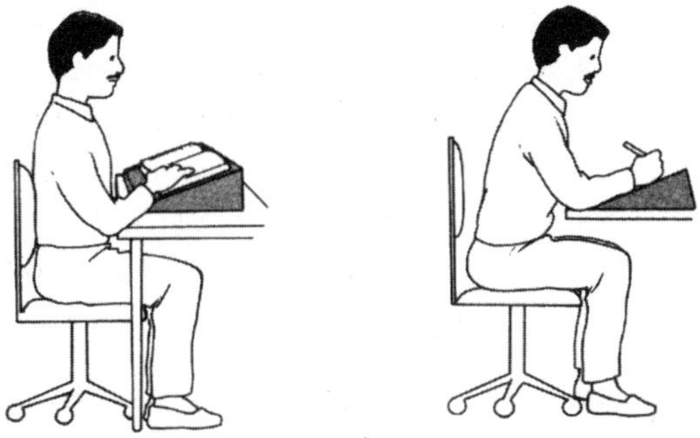

Figura 4.27

- **Se você já está sentado há muito tempo,** procure um arquivo ou outro móvel que chegue à altura do tórax e lhe proporcione apoio para ler ou escrever enquanto se mantém de pé por algum tempo.
- **Use apoio para os pés:** se, ao sentar-se em sua cadeira no escritório e apoiar as costas no encosto, você não consegue alcançar o chão com os pés, não há dúvida de que precisa de um suporte para eles – ou, melhor ainda, de uma cadeira ajustável. Se seus pés ficarem "pendurados", a musculatura da coluna vertebral estará sobrecarregada, e o resultado mais comum serão dores no pescoço ou nas costas. O apoio para os pés deve ter altura suficiente para sustentá-los sem que os joelhos fiquem acima dos quadris. Se a altura for adequada, você terá mais conforto de imediato. Mas preste atenção: se o encosto de sua cadeira não for bem firme, o uso de apoio para os pés poderá estimular uma postura curvada. Nesse caso, faça a reposição da pélvis e utilize um suporte lombar.
- **Apóie a cabeça para relaxar o pescoço** (Figura 4.28): se você sustentar a cabeça com uma das mãos, os músculos do pescoço poderão descansar, e isso alivia as vértebras. Essa postura é muito útil quando você precisa ler ou escrever durante muito tempo.

Figura 4.28

- **Evite o uso prolongado de computadores** cujo monitor tira o pescoço do alinhamento correto (Figura 4.29): se o monitor estiver muito baixo a tendência mais comum será curvar o tronco e a cabeça para a frente. Se estiver muito alto você terá de levantar a cabeça, forçando a base da nuca. Se o monitor estiver à direita ou à esquerda, obrigando você a manter a cabeça voltada para esse lado, os músculos e as juntas ficarão comprimidos e tensos. Combinando todas essas posições problemáticas com um monitor cuja distância prejudica a boa visibilidade, você tem todas as chances de sofrer o agravamento de suas dores – de cabeça, pescoço, ombros e região lombar.

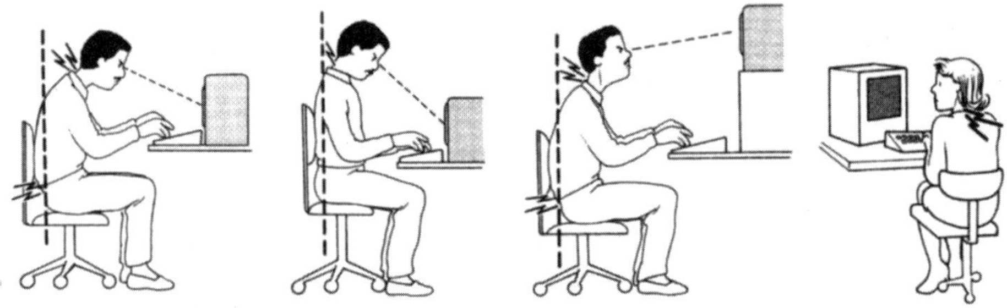

Figura 4.29

- **Mude a posição do computador** (Figura 4.30): antes de tudo, faça a reposição da pélvis e coloque-se numa posição confortável, ereta e relaxada. Em seguida ponha o monitor bem à frente para que você não precise virar, curvar nem esticar a cabeça. A posição ideal é ao nível dos olhos, o que permite uma postura reta e relaxada. Se preferir o monitor ligeiramente à esquerda ou à direita, coloque-o do lado oposto àquele em que costuma segurar o telefone. Certifique-se de que a tela esteja a uma distância que lhe permita ler sem curvar nem forçar a cabeça.
- **Evite torcer o pescoço para segurar o telefone** (Figura 4.31): essa posição terrivelmente incômoda é comum para manter livres as mãos. Fazer isso com freqüência e durante muito tempo causa ou agrava dores na cabeça, no pescoço ou nos ombros.

Figura 4.30

Figura 4.31

- **Adote uma das seguintes alternativas** (Figura 4.32):
  a) Segure o fone com a mão que você não usa para escrever e mantenha o pescoço e os ombros relaxados (não prenda o fone entre os dois).
  b) Compre um suporte de telefone, pois essa peça acomoda o fone sobre os ombros sem que a pessoa precise encolher-se para segurá-lo.
  c) Há casos em que equipamentos como viva-voz ou fones de ouvido são muito práticos e adequados. No entanto, apesar de liberar totalmente as mãos, são bastante caros.

- **Evite curvar-se sobre arquivos, mesas e escrivaninhas:** quando abrir as gavetas mais baixas dos móveis, não fique com as costas curvadas sem o apoio de um dos braços.
- **Adote boas formas de curvar-se:** sempre que precisar inclinar-se, apóie-se num dos braços para não forçar a região lombar. Se tiver de ficar curvado durante mais tempo, ajoelhe-se ou procure um apoio.

Figura 4.32

Faça alongamentos sentado à mesa de trabalho

Esses exercícios têm por objetivo corrigir o alinhamento, oxigenar o organismo e reduzir a tensão muscular. Experimente-os e adote os que forem bons para você.

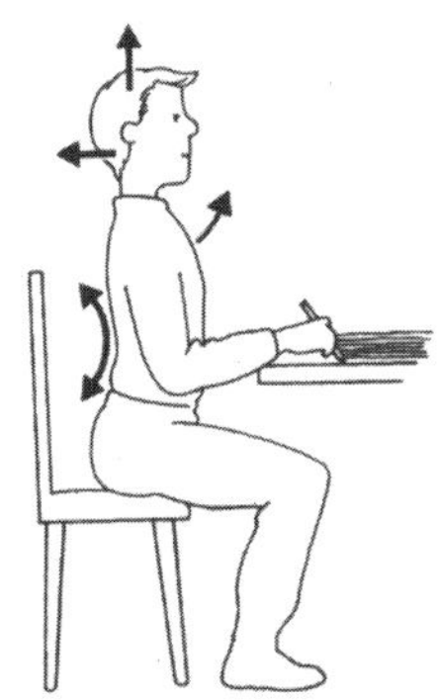

Figura 4.33

- ROTAÇÃO DA PÉLVIS E RELAXAMENTO DA CABEÇA E DO TÓRAX (Figura 4.33): faça esse exercício de hora em hora enquanto permanecer sentado. É especialmente indicado praticá-lo antes de se erguer da cadeira (veja Figura 3.24).
- ALONGUE O CORPO NA CADEIRA E ESTENDA OS BRAÇOS (Figura 4.34): faça a reposição da pélvis colocando-se na borda da cadeira, recline-se sobre o encosto, permitindo que a região lombar fique em arco, enquanto estende os braços sobre a cabeça. Recline também a cabeça de modo a olhar para o teto, mas não curve o pescoço para trás. Pratique a respiração de limpeza durante esse alongamento.

Figura 4.34

- DESCOMPRESSÃO DA COLUNA COM INCLINAÇÃO FRONTAL (Figura 4.35): é muito útil caso você tenha problemas nas costas ou no pescoço devido à contínua tensão muscular causada pelo esforço de sentar-se em postura ereta.

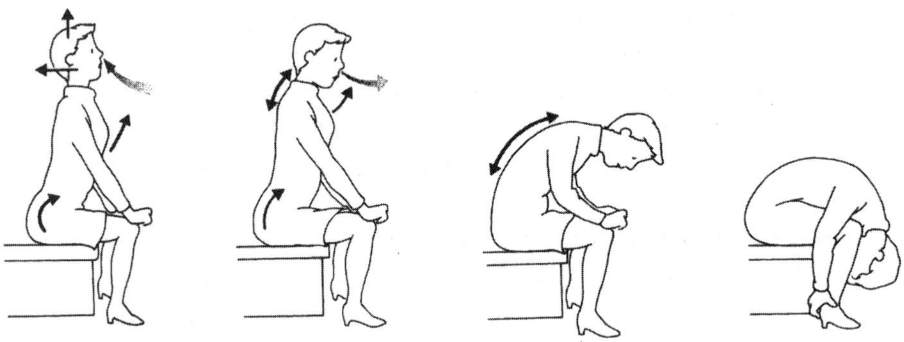

Figura 4.35

Sente-se bem ereto, em alinhamento relaxado, com os braços apoiados nas pernas para aliviar a pressão sobre a coluna. Faça a respiração de limpeza. Ao soltar o ar, curve levemente a cabeça e pense que suas vértebras são como os elos de uma corrente. Relaxe esses "elos" um a um e de cima para baixo, baixando gradativamente o tronco. Detenha essa inclinação para inspirar e continue enquanto solta o ar. Prossiga nesse movimento gradativo, curvando-se mais e mais e relaxando as costas, até encaixar a cabeça entre os joelhos. Durante o exercício, mantenha-se apoiado nos braços para liberar a tensão da coluna. Incline o corpo até o ponto que for confortável e eficaz para você. Quando terminar, use a força dos braços para erguer o tronco.

Note bem: esse exercício pode ser feito para relaxar qualquer parte da coluna, e não necessariamente o todo.

TENHA CUIDADO: se esse exercício agravar as dores que você eventualmente sente nos braços, nas pernas e nos quadris, não o repita. Relate seu problema ao médico ou ao fisioterapeuta.

- POSIÇÃO DE DESCANSO COM APOIO NA MESA (Figura 4.36): afaste a cadeira da mesa e faça a reposição da pélvis. Apóie os braços na mesa e deite a cabeça sobre os antebraços. Deixe suas costas se alongarem até atingir uma leve e confortável curvatura. Para finalizar, faça respirações calmantes.

- DESCOMPRESSÃO ROTATIVA DA COLUNA (Figura 4.37): sente-se com as costas bem eretas, apoiadas no encosto da cadeira, e estique o braço direito até alcançar o lado externo do joelho esquerdo. Volte em seguida o tronco nessa mesma direção de modo a descansar o braço esquerdo no encosto da cadeira. Vire suavemente a cabeça, os ombros e a coluna no mesmo sentido, mas mantenha os joelhos voltados para a frente até sentir um agradável alongamento. Permaneça um instante nessa posição fazendo uma respiração de limpeza. Quando soltar o ar, alongue um pouco mais a coluna. Repita a respiração duas ou três vezes, volte lentamente à posição original e refaça o exercício no lado oposto.

Figura 4.36

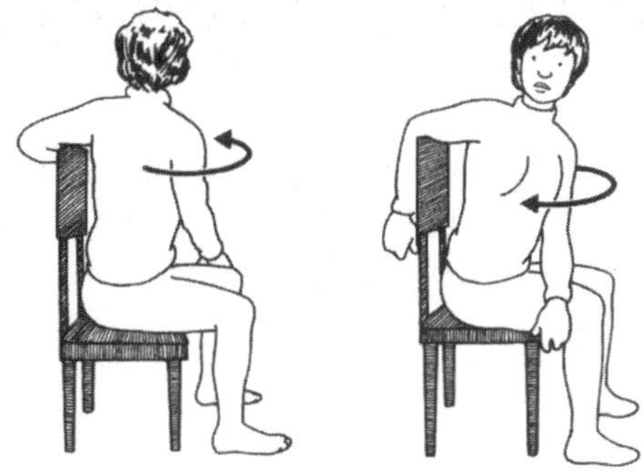

Figura 4.37

Figura 4.38

- CURVATURA DAS COSTAS PARA TRÁS (Figura 4.38): se você ficar sentado por mais de uma hora, faça esse exercício para recondicionar o corpo (veja Figura 2.6).
- DESCOMPRESSÃO E ALONGAMENTO DO PESCOÇO E AUTOMASSAGEM (Figura 4.39): durante ou logo após atividades que o obrigam a manter o pescoço retesado, como ler e digitar, será ótimo fazer um alongamento suave para aliviar e relaxar a musculatura cervical. Combine o exercício com respirações calmantes e de limpeza.

Figura 4.39

TAREFAS DOMÉSTICAS (INTERNAS E EXTERNAS)

Essas tarefas infalivelmente obrigam o corpo a curvar-se, esticar-se e fazer movimentos repetitivos. Com um pouco de atenção e a tentativa de melhorar suas posturas, você pode transformar essas atividades em valiosas e eficazes formas de exercício.

Limpeza da casa

Passar aspirador

Evite o "método neandertal" (Figura 4.40) – essa tarefa quase sempre obriga a uma posição curvada demais, o que desarranja qualquer bom alinhamento. Há, porém, algumas alternativas que o ajudarão a evitar ou pelo menos reduzir esses maus movimentos:

- O "BOTE" (Figura 4.41): adote uma postura semelhante à da esgrima, com uma perna (dobrada) um passo diante da outra (esticada). Dessa forma, você poderá recuar e avançar o corpo sem curvar as costas. Mantenha o nível da pélvis e apóie a mão livre na perna para aliviar a região lombar. Não se esqueça de alternar as mãos durante a tarefa.

Figura 4.40

Figura 4.41

- FIQUE DE JOELHOS (Figura 4.42): esse método faz baixar seu centro de gravidade e automaticamente reduz a necessidade de curvar as costas. Experimente essa posição alternativa por alguns minutos, pois é realmente confortável!

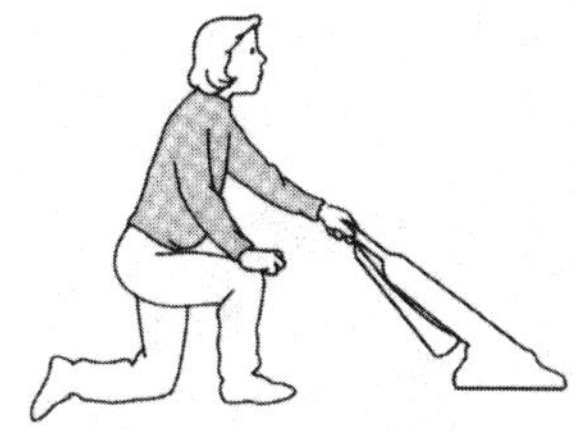

Figura 4.42

Tirar o pó e lustrar os móveis (Figura 4.43)

Procure ficar de joelhos quando limpar superfícies ou objetos baixos. Apóie-se sempre no braço livre para aliviar a pressão sobre a coluna.

Na lavanderia (Figura 4.44)

Evite carregar muito peso e arcar demais o corpo durante a tarefa de lavar roupas. Trabalhe com uma das mãos e apóie-se na outra. Se tiver de erguer e carregar um volume de roupas muito pesado, faça antes um bom alinhamento bem acentuado.

Figura 4.43

Figura 4.44

Lavar louça, passar roupa, limpar janelas (Figura 4.45)

São tarefas parecidas, pois todas requerem que você permaneça de pé e curve levemente as costas por muito tempo. Levante e apóie um dos pés numa caixa ou cadeira para não desnivelar a pélvis ou contraia os músculos das nádegas e do baixo-ventre para manter-se ereto enquanto escora bem o corpo no tampo da pia. Durante as tarefas que puder executar apenas com uma das mãos, apóie-se na outra para não sobrecarregar a coluna.

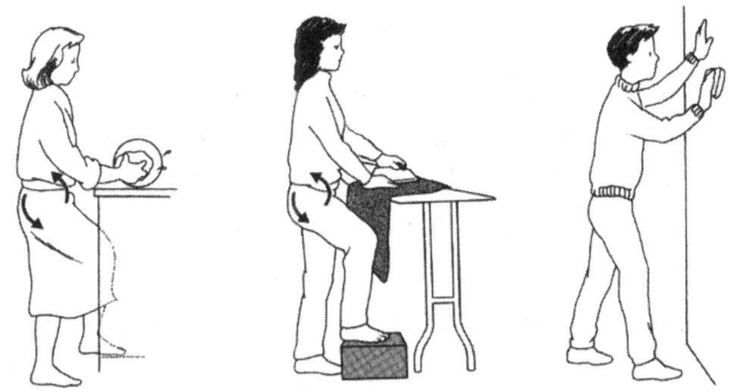

Figura 4.45

Para arrumar a cama

- **Evite curvar-se sobre a cama.** Para colocar e ajustar lençóis e colchas, apóie-se na cama e num dos braços.

- **Experimente ajoelhar-se** sobre um travesseiro enquanto arruma a cama. Isso torna a tarefa muito mais fácil!

Tarefas externas (quintal ou jardim)

Aparar a grama (Figura 4.46)

Esse pode ser um ótimo exercício de fortalecimento estrutural. Mantenha o corpo em bom alinhamento e a respiração relaxada. Evite arcar a região lombar – e para isso nivele a pélvis. Se a vibração do cortador de grama provocar desconforto ou dor, use luvas grossas ou isole os pegadores do cabo com um bom forro.

Figura 4.46

Cuidar do jardim (plantar, semear, podar, Figura 4.47)

Adote bons métodos para agachar-se, ajoelhar-se ou sentar-se sobre os calcanhares enquanto cuida dessas tarefas. Utilize alguns recursos que ajudam a manter essas posições com mais conforto, como uma almofada para acolchoar os joelhos e um suporte que o sustente na hora de levantar ou abaixar o corpo. Não se esqueça de fazer alongamentos nem de andar um pouco quando concluir o trabalho.

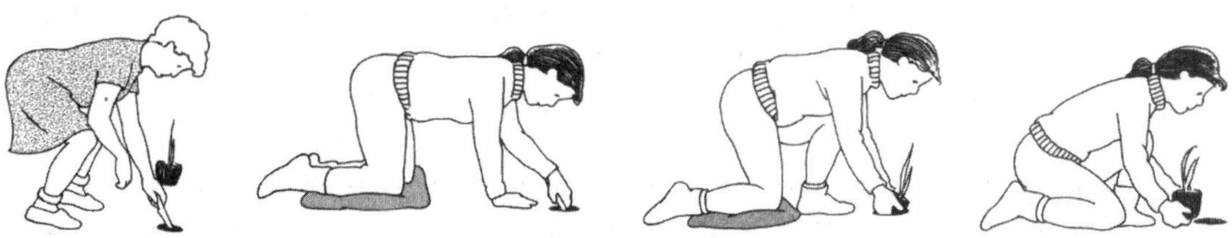

Figura 4.47

Varrer e limpar as folhas secas (Figura 4.48)

São atividades que fortalecem a musculatura. Você deve manter-se firmemente equilibrado, separando bem os pés e alinhando corretamente a cabeça, os ombros e os quadris, voltando-os sempre na mesma direção. Faça os movimentos de varredura com os braços e as pernas, e não com as costas. Mova-se coordenadamente como um todo, como se seu corpo fosse uma só unidade. Evite olhar na direção dos pés para não forçar os músculos da nuca. Terminada a tarefa, faça os exercícios de alongamento e descompressão do pescoço (veja capítulos 2 e 5) durante alguns minutos, principalmente se sentir tensão nesses músculos. Há ancinhos e vassouras especiais de cabos mais longos, o que reduz a curvatura do tronco e das costas.

Figura 4.48

Esticar o corpo para pintar, limpar janelas e podar arbustos ou árvores (Figura 4.49)

É um grande exercício para os músculos das costas, dos braços e do abdômen. Use uma escada e mantenha um dos pés mais alto que o outro para evitar a curvatura excessiva das costas e a tensão da musculatura da bacia. Mantenha também o tronco ereto, a pélvis bem nivelada e a cabeça e o pescoço em bom alinhamento. Se essas atividades forem muito estressantes para você, faça os exercícios de alongamento e descompressão das costas e do pescoço (veja capítulos 2 e 5).

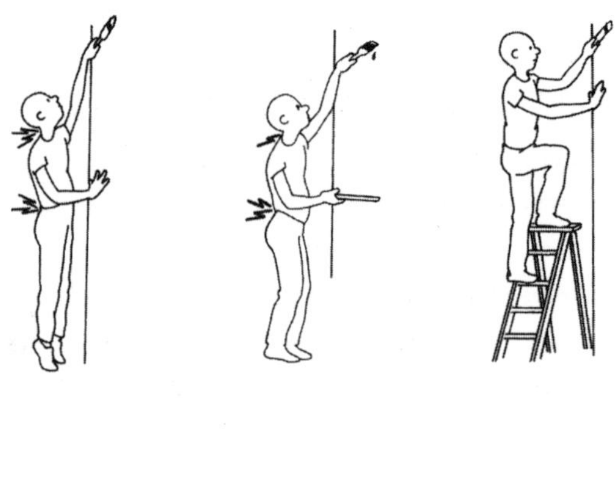

Figura 4.49

Cavar buracos (Figura 4.50)

Essa é uma atividade perigosa, pois quase sempre agrava problemas já existentes na região do pescoço e das costas. Lembre-se: essa *não* é uma boa forma de exercício. Se tiver de executar essa tarefa, evite arcar o corpo e nunca se erga diretamente, sem nenhum apoio, deixando todo o esforço por conta da coluna vertebral. Coloque uma perna adiante da outra e apóie seu peso nas pernas. Mantenha o tronco ereto e os músculos da bacia contraídos, isto é, agache-se em vez de curvar-se. Os braços devem ficar bem flexíveis e você deve erguer-se esticando as pernas, e não arcando o corpo. Quando sentir o primeiro sinal de cansaço, pare! Alongue as costas, caminhe e descanse um pouco antes de decidir se vai ou não continuar. Se o cansaço, o desconforto ou a dor não cederem em alguns minutos, passe o trabalho para outra pessoa.

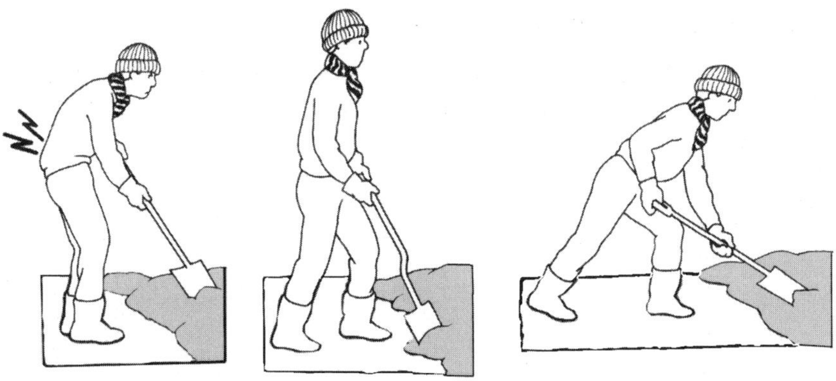

Figura 4.50

Lavar o carro (Figura 4.51)

É um bom exercício de reforço para braços e pernas desde que você adote posturas corretas. O método do guindaste (veja Figura 3.67) e o de agachar-se com o apoio das mãos são particularmente adequados. Mantenha a região lombar relativamente reta e relaxada e use o impulso das pernas para erguer e levantar o corpo.

Figura 4.51

VIAGEM E LAZER

Viagem

A hora da bagagem

- **Arrume sua mala sobre a cama ou a mesa** – e não no chão! Apóie um dos pés enquanto dobra e ajeita as roupas na mala.
- **Equilibre o peso ao arrumar a mala.**
- **Leve algumas "compressas" de alívio** – bolsa de gelo, bolsa de água quente, vibradores – qualquer recurso que possa ajudá-lo durante uma crise repentina.

Carregar a bagagem

Encare essa tarefa como um trabalho de "levantador de pesos", isto é, evite as más posturas mostradas na Figura 4.52 e adote os bons métodos indicados na Figura 4.53.

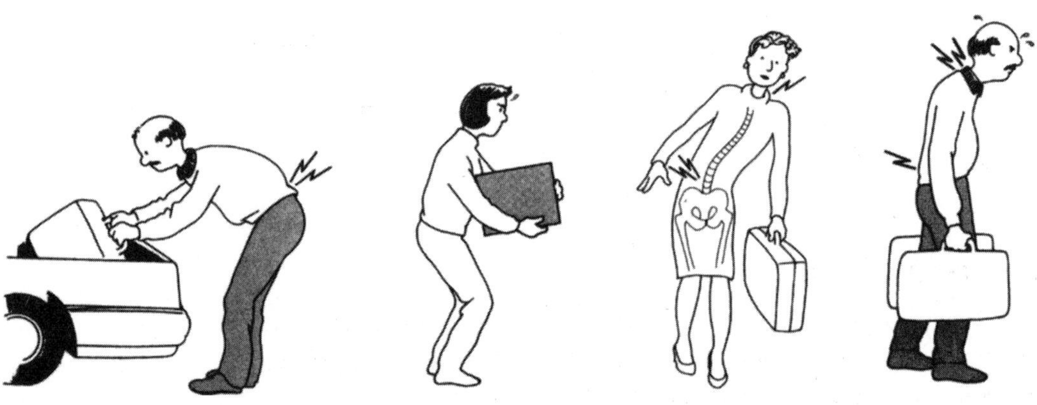

Figura 4.52

- **Use um carrinho para levar a bagagem:** há muitos tipos à venda. Verifique apenas se o cabo é longo o bastante para evitar que você se curve ao puxá-lo e se o carrinho comporta com segurança toda a sua bagagem.
- **Não tente erguer nem carregar a bagagem** com o corpo frio. Ande um pouco antes disso.

- **Se sentir muita dor ao fazer esforço físico,** peça a ajuda de alguém.
- **Evite andar com o corpo rígido** (veja capítulo 3). Essa tendência é causada pelo peso da carga e também pelo cansaço. Faça respirações de limpeza para liberar o excesso de tensão muscular.
- **Se sentir dores nas costas, no pescoço ou nos ombros** por causa do esforço, você deve relaxar numa posição de alívio e aplicar uma bolsa de gelo nas áreas afetadas tão logo seja possível.
- **Use sapatos confortáveis:** calçados duros, apertados e de saltos altos certamente não são a melhor escolha para as aventuras atléticas de carregar, subir e descer bagagens nos aeroportos ou terminais rodoviários!

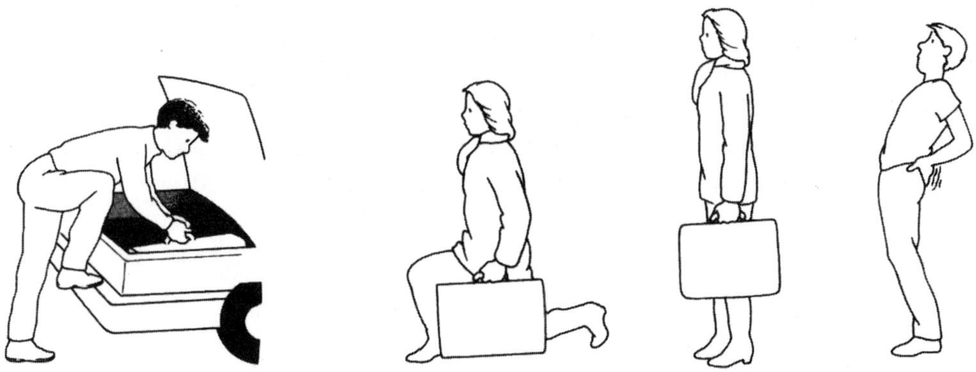

Figura 4.53

Carregar e descarregar o carro (Figura 4.53)

Essa é uma atividade de alto risco, portanto tenha cautela.

- **Apóie um dos pés no pára-choque do carro:** nessa posição, seu peso simplesmente é transferido de um pé de apoio para o outro enquanto você ergue a bagagem. Apóie-se também no braço livre para aliviar a coluna.
- **Mantenha as costas relativamente retas:** evite curvar-se. Agache-se ou ajoelhe-se parcialmente para levantar e abaixar a bagagem.
- **Equilibre o peso da carga** entre os dois lados do corpo.
- **Faça alongamento das costas** depois dessas tarefas. Se sentir dor ou cansaço, deite-se de bruços ou de costas numa confortável posição de alívio.

Ficar sentado durante a viagem

Viagens significam longas permanências em assentos e poltronas, portanto reveja a seção “Aprenda a sentar-se”, no capítulo 3.

- **Sente-se alternando as várias posições saudáveis** já recomendadas (veja capítulo 3).
- **Leve travesseiros ou almofadas** com você ou solicite-os para usá-los como apoio das costas ou do pescoço. Na falta deles, improvise com revistas ou agasalhos enrolados.
- **Alivie a pressão sobre a região lombar** reclinando-se, erguendo os braços, sentando-se na borda ou apoiando-se no braço do assento ou no volante por alguns momentos (Figura 4.54). Se possível, pare, levante-se, alongue o corpo e ande um pouco em intervalos de uma hora.
- **Durante longas viagens aéreas ou terrestres,** levante-se e ande até o banheiro mais afastado. Se houver espaço para isso, saia do assento e faça alguns alongamentos e respirações de limpeza.

Figura 4.54

Lazer

Durante muitas atividades de lazer precisamos ficar sentados: em restaurantes, teatros e cinemas, no sofá diante da televisão e assim por diante. Ponha em prática as boas posturas descritas no capítulo 3 e lembre-se das seguintes considerações:

- **A maioria dos restaurantes e teatros não tem assentos adequados:** isso pode levá-lo a uma postura incorreta (curvar-se ou esticar-se demais). A melhor solução é refazer a posição da pélvis, alternar boas posturas, improvisar um apoio com o casaco enrolado, por exemplo, ou escolher um lugar do qual possa levantar-se algumas vezes sem perturbar os outros (Figura 4.55).

Figura 4.55

- **As posições adotadas nas horas de lazer podem ser prejudiciais em vez de benéficas:** evite bancos e pufes sem encosto, que provocam a curvatura das costas. Evite também assentos duros ou macios demais, que estressam os músculos. Não deixe de fazer a reposição da pélvis e recorra a vários tipos de apoio para manter-se em confortável alinhamento (Figura 4.56).

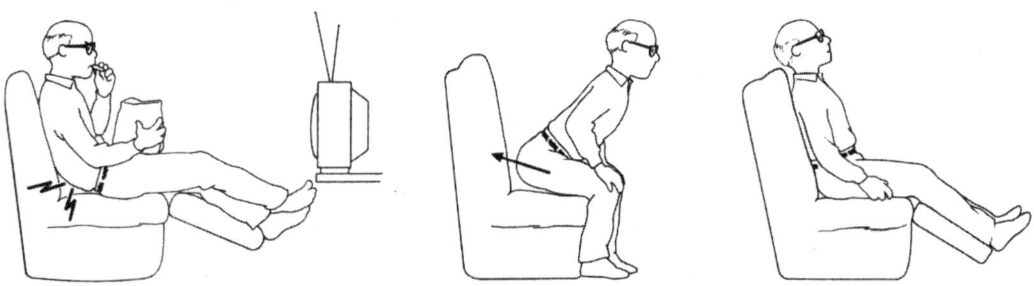

Figura 4.56

- **Se quiser ler, escrever ou costurar sentado numa cadeira reclinável:** faça a reposição da pélvis e coloque uma ou duas almofadas no colo para apoiar os braços e o livro ou qualquer outro objeto que esteja usando (Figura 4.57).
- **Alternativas:** aproveite suas horas de lazer para deitar-se no chão e fazer alguns alongamentos. Execute as posições de alívio e aplique também "compressas" quentes ou frias se for necessário. Apele para a automassagem ou deite-se no chão e faça alguns exercícios durante os comerciais de televisão (Figura 4.58).

Figura 4.57

Figura 4.58

NA HORA DE DORMIR

Antes de deitar-se

Se você ficou sentado durante a maior parte da noite ou costuma acordar com o corpo rígido pela manhã, reserve algum tempo para fazer alongamentos dos membros, das costas ou do pescoço antes de deitar-se. Execute alguns dos exercícios de descompressão e alongamento apresentados no próximo capítulo.

Para dormir bem

- Evite posições estressantes (Figura 4.59): dormir de bruços, de costas ou voltado sobre um dos lados sem o devido apoio sobrecarrega a região lombar e os músculos do pescoço.

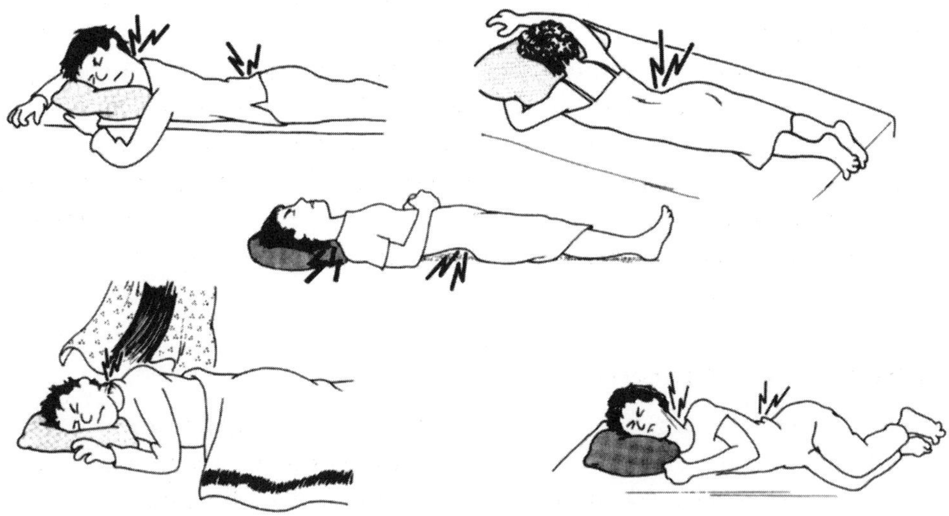

Figura 4.59

- Use travesseiros como apoio e procure a melhor posição para dormir confortavelmente e da maneira menos estressante (Figura 4.60).
- Procure o tipo de travesseiro mais adequado para você: há muitos travesseiros "cervicais" à venda. Será sempre importante examiná-los e

experimentá-los, pois em geral não se permite a troca desses artigos. Alguns têm formato cilíndrico, outros são retangulares, mas todos apresentam uma variedade de formas e densidades para apoiar o pescoço e a cabeça. Se lhe trouxerem benefícios, use-os, caso contrário procure o tamanho e o formato que sirvam para você.

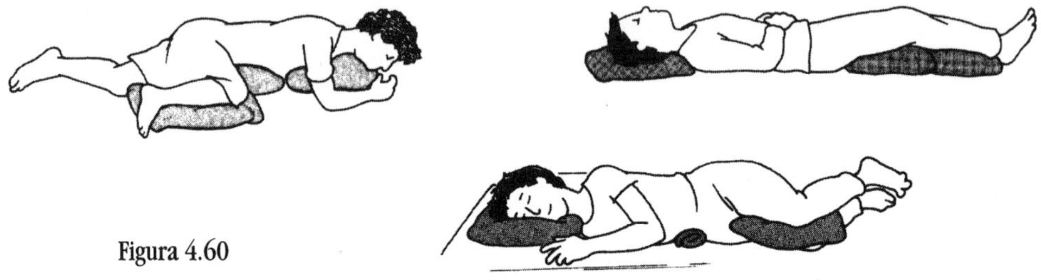

Figura 4.60

Procure evitar os extremos. Travesseiros macios ou baixos demais farão sua cabeça cair para trás quando se deitar de costas ou para a frente se você se deitar de lado. Se o travesseiro for muito duro ou alto, sua cabeça será forçada para a frente quando se deitar de costas e seu pescoço ficará "torcido" quando se deitar de lado. O ideal é que o travesseiro apóie a curva natural da nuca quando você se deitar de costas – e para isso os travesseiros cilíndricos são perfeitos. Quando você se deitar de lado, a cabeça e o pescoço devem ser apoiados em alinhamento neutro, isto é, nem forçados para cima nem "derrubados" sobre a cama.

A escolha do colchão

Como sempre, existe um tipo adequado a cada um, portanto "ouça" seu corpo e baseie-se em experiências passadas para escolher o melhor colchão para você. Não esqueça que colchões macios ou duros demais estressam o pescoço e as costas. Evite o uso de colchões de água, pois raramente têm a temperatura e a densidade adequadas. Esses colchões não possuem "molejo" suficiente para a maioria das pessoas, mas há muitos portadores de problemas de coluna que adorariam ter um deles.

CAPÍTULO 5

EXERCÍCIOS ESTRATÉGICOS PARA ALÍVIO DE DORES LOMBARES E CERVICAIS

Exercícios de descompressão e alongamento
Exercícios de reforço
Exercícios aeróbicos

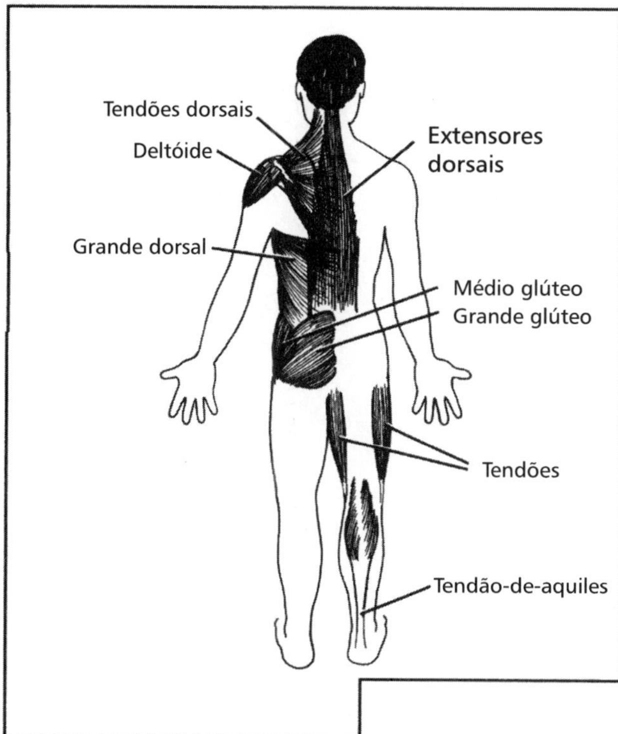

Sistema muscular

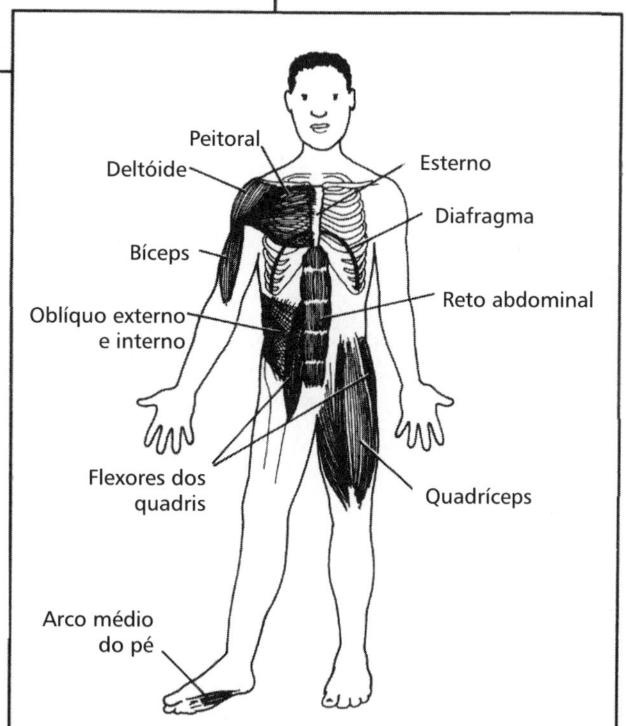

A prática contínua de um programa de exercícios proporciona a melhora das condições e do equilíbrio do sistema elétrico e estrutural. Graças a isso, você se tornará menos vulnerável ao estresse físico, emocional e mental.

Os exercícios, como quase todas as coisas, podem ter efeitos positivos ou negativos sobre o organismo – e isso depende do grau em que eles atendem a suas necessidades atuais. É essencial discernir os tipos de exercício realmente adequados ao seu caso e saber executá-los para que se tornem de fato benéficos. A qualidade da execução dos exercícios é muito mais importante que a duração e a freqüência que possam ter.

Um bom programa de exercícios deve atender a necessidades imediatas e também às de longo prazo. Para ser bem equilibrado, o programa precisa abranger uma combinação dos seguintes tipos de exercício:

1. *Exercícios de descompressão e alongamento:* relaxam o sistema elétrico e liberam e alongam áreas tensas, comprimidas e desgastadas do sistema estrutural.

2. *Exercícios de reforço:* promovem o fortalecimento, a segurança e a estabilidade do sistema estrutural e elétrico.

3. *Exercícios aeróbicos:* proporcionam mais resistência e ajudam a perder peso, além de tornar o organismo menos vulnerável a crises de dor.

A melhor maneira de conseguir controle duradouro da dor, fortalecimento estrutural e capacidade muscular crescente é combinar alguns elementos dos três grupos. De modo geral, a maioria das pessoas se beneficia do hábito diário de fazer alguns exercícios de descompressão e alongamento, exercícios de reforço entre duas e quatro vezes por semana e exercícios aeróbicos entre três e quatro vezes por semana.

Talvez a parte mais difícil de qualquer programa de exercícios – além do primeiro passo – seja dar prosseguimento a ele sem interrupções, sobretudo quando o ritmo dos compromissos e das tarefas se torna frenético. Nessas ocasiões, provavelmente será melhor concentrar-se apenas em suas atividades diárias, mas não deixar nunca de encará-las também como um meio de melhorar a forma física. Lembre-se de que o simples fato de adotar boa respiração e posturas e alinhamentos corretos ao sentar-se, caminhar, curvar e erguer o corpo pode elevar bastante seu nível de desempenho.

TENHA CUIDADO: se você passou recentemente por uma crise de dor ou sua resistência está baixa devido a uma gripe, ao ciclo menstrual ou a qualquer outra razão, execute somente os métodos de alívio mais adequados ao seu caso (veja capítulo 2). Talvez você prefira fazer apenas alguns exercícios de descompressão e alongamento e suspender temporariamente a parte aeróbica e de reforço de seu programa.

EXERCÍCIOS DE DESCOMPRESSÃO E ALONGAMENTO

O que são e por que fazê-los

Esses exercícios são similares àqueles que as pessoas geralmente chamam de exercícios de extensão. Há, no entanto, uma sutil mas significativa diferença, pois eles dão ênfase ao alongamento relaxante e confortável. O relaxamento e o alongamento de vários tecidos – musculares ou não – que ficaram estressados e contraídos reduzem a tensão e a dor, o que resulta em maior e melhor flexibilidade e capacidade de movimento. Esses exercícios são também "restauradores", isto é, requerem muito pouco dispêndio de energia e podem realmente ajudá-lo a aliviar boa parte da compressão, do desgaste e da tensão causados pelas atividades diárias. São particularmente eficazes nas ocasiões em que você é obrigado a manter a mesma posição por muito tempo ou quando tem fadiga muscular devido a esforço repetitivo ou a atividades esportivas. Com a reversão da posição forçada em que você esteve, a redução da tensão e a execução simultânea de respirações calmantes e de limpeza, é possível recuperar mais prontamente o equilíbrio e a harmonia do sistema estrutural. Esses exercícios ajudam o organismo a relaxar e acalmam o sistema nervoso, principalmente se você se sente cansado, tenso, ansioso e estressado ou está atravessando uma crise de dor.

Princípios gerais de alongamento de áreas tensas

Considere a área problemática como uma criança mimada que precisa de ajuda e de estímulo. A meta é conseguir que o ponto afetado relaxe e se alongue naturalmente na direção que você determinar. Quanto mais força fizer e quanto maior a pressa tanto maior será a resistência. Se você prender a respiração, ficar impaciente ou encarar o exercício negativamente, seus tecidos sentirão isso, e a reação deles será simplesmente "desistir". Caso você alongue a área com muita rapidez, com muita força ou por muito tempo, ela ficará congestionada e resistirá a suas intenções. Para obter melhores resultados, preste atenção e considere o seguinte:

- **Mova-se lentamente** para ficar na posição de alongamento até perceber uma confortável sensação de relaxamento na área afetada. Nesse ponto, use a respiração calmante e de limpeza para oxigenar melhor a área. Enquanto inala, imagine uma onda que se levanta em câmera lenta e envolve o ponto problemático fazendo-o boiar – você deve então reduzir um pouco o alongamento. Ao soltar o ar, visualize a onda baixar e espraiar-se com suavidade enquanto a área afetada relaxa confortavelmente (Figura 5.1).

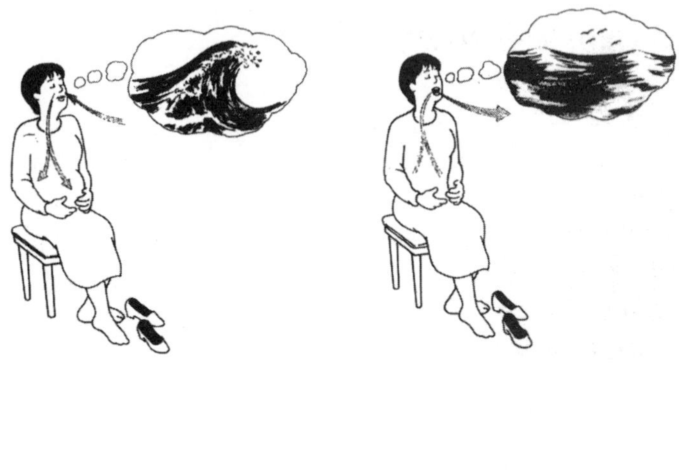

Figura 5.1

- **Escolha uma posição confortável para cada exercício** e mantenha o padrão de respiração e alongamento pelo período de vinte segundos a três minutos. Você pode interromper e retomar o alongamento quantas vezes quiser desde que seus movimentos sejam lentos e suaves e permitam que a área afetada permaneça relaxada. Em outras palavras: movimentos repentinos e vigorosos são proibidos!
- **Procure conforto e prazer durante os exercícios:** lembre-se de que você conseguirá executar melhor o exercício, e em menos tempo, se não forçar os músculos a ponto de sentir dor. Quando sentir desconforto ou dor, reduza o alongamento e concentre-se nos padrões positivos de respiração e mentalização (veja capítulo 2).

Exercícios específicos

Descompressão do pescoço

Por quê: para aliviar a contração, a tensão e a dor no pescoço ou nos ombros.

Quando: durante as ocasiões que comumente causam esses problemas devido à posição forçada do pescoço (ao levantar-se de manhã, depois de digitar, escrever, ler, assistir à TV ou dirigir por muito tempo, entre outras). Você pode fazer esse exercício discretamente mesmo quando a privacidade total não é possível. Execute os movimentos durante vinte segundos a dois minutos de cada lado. A duração depende do resultado. Concentre-se no relaxamento, e não na repetição.

Posição inicial (Figura 5.2): sente-se ou fique de pé em alinhamento ereto. Gire um braço em sentido oposto ao corpo, mantendo-o junto de você, e depois relaxe-o. Permita que o peso do braço relaxado puxe suavemente o ombro para

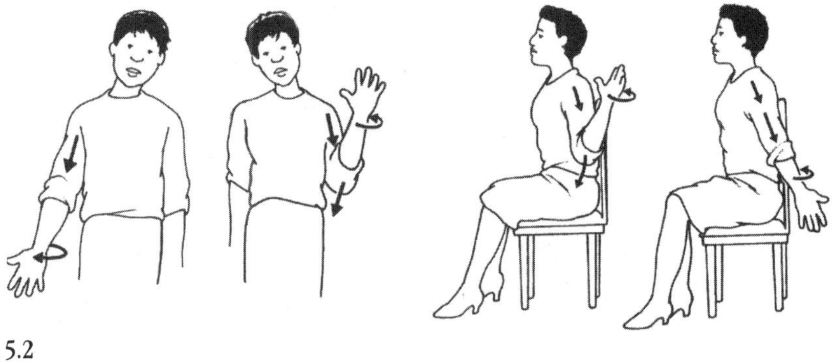

Figura 5.2

baixo e para trás. Se quiser descompressão mais intensa, levante o antebraço, mantenha o tórax ereto, abaixe o ombro e erga a mão de modo que fique mais afastada do corpo que o cotovelo.

Movimento: enquanto solta o ar, alongue um dos lados do pescoço inclinando a cabeça na direção oposta.

Vire vagarosamente o pescoço, fazendo uma pausa de dez a vinte segundos nas posições mais confortáveis para você, dentro dos seguintes padrões:

- ◆ Inclinando o pescoço para a direita, com a cabeça ligeiramente abaixada, você sentirá o alongamento do lado esquerdo do pescoço e da nuca, assim como dos ombros (Figura 5.3).
- ◆ Inclinando-se da mesma forma para a direita, com a cabeça voltada para a frente, haverá o alongamento do lado esquerdo do pescoço e também da parte superior dos ombros (Figura 5.4).
- ◆ Incline-se para a direita, com a cabeça levemente voltada para trás, para alongar o lado esquerdo e a parte dianteira do pescoço e os ombros (Figura 5.5).

TENHA CUIDADO: se você inclinar demais o pescoço, poderá sentir uma pressão desconfortável nessa área e nos ombros.

Figura 5.3

Figura 5.4

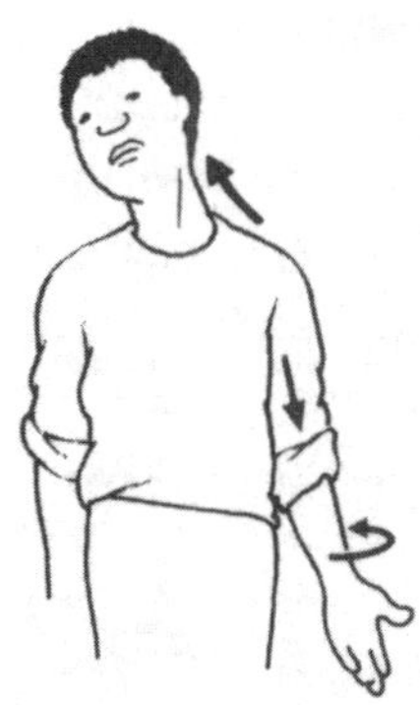

Figura 5.5

Métodos alternativos (Figura 5.6):

✧ Coloque a mão esquerda sobre a clavícula direita – isso ajudará a manter o ombro abaixado enquanto você move a cabeça para o lado oposto.

- Para facilitar essa posição, apóie o cotovelo esquerdo na mão direita. Com a mão esquerda, você pode massagear os pontos sensíveis da área.
- Faça esse exercício no chuveiro, pois a ducha de água quente ajuda a aliviar a dor e a relaxar.
- Incline o pescoço e a cabeça para a esquerda enquanto, com a mão esquerda, puxa suavemente o braço direito através das costas.

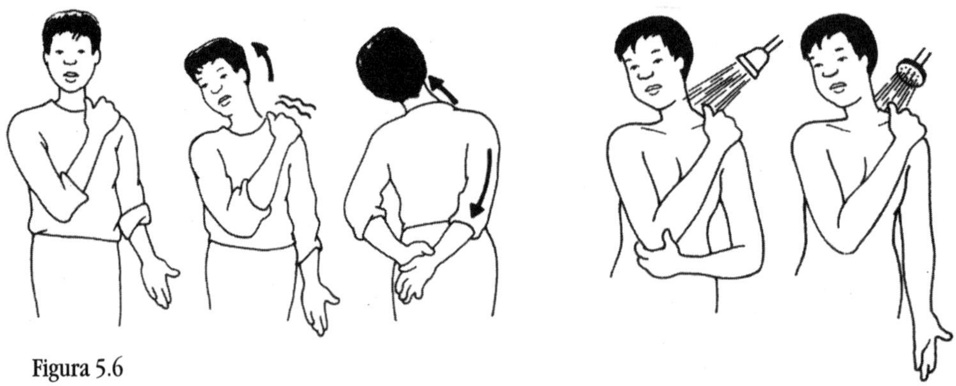

Figura 5.6

Note bem: para aliviar melhor a tensão, você deve manter um padrão relaxado de respiração. Não faça uso da força nem incline demais o pescoço a ponto de sentir desconforto ou dor. Se a sensação for desagradável, retorne suavemente à posição inicial em câmera lenta. Se houver mais tensão num dos lados, dedique mais tempo (e não força) a ele e faça a descompressão com mais freqüência.

Reforço e descompressão do pescoço

Por quê: esse exercício simples ajuda a relaxar e fortalecer o pescoço, proporcionando mais equilíbrio à cabeça em relação ao tronco. Além de favorecer uma postura melhor, atua no alívio da dor e reduz a atividade muscular e o desgaste natural das articulações.

Quando: como o exercício anterior, mas especialmente durante atividades que forçam a cabeça para baixo e para a frente.

Movimento: esse exercício pode ser feito enquanto você está sentado, de pé, caminhando ou deitado de costas (Figura 5.7). Para obter mais explicações, volte ao capítulo 2 (Figuras 2.33 a 2.42).

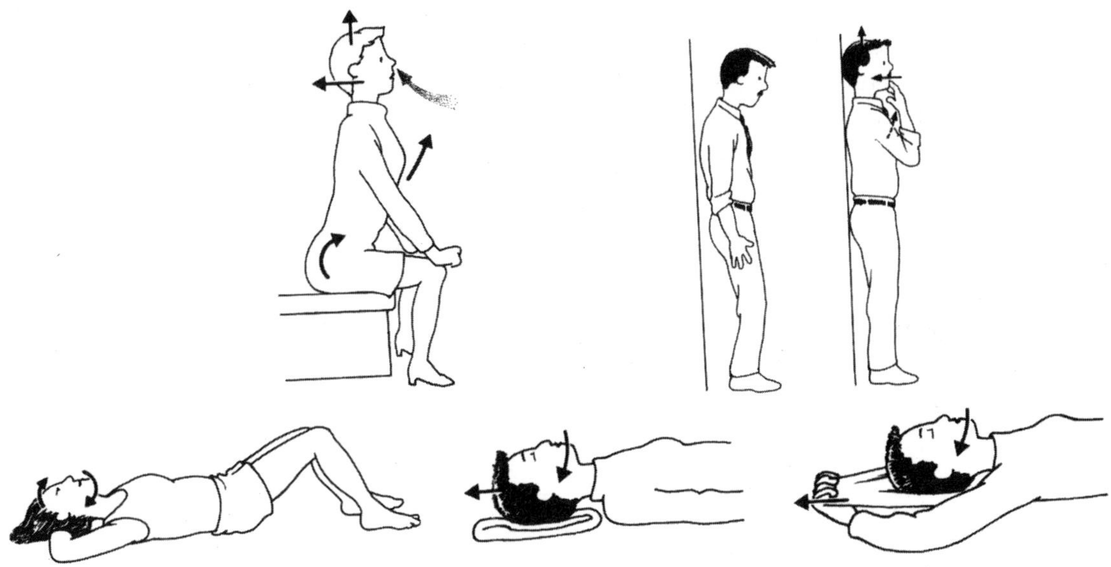

Figura 5.7

Exercício de rotação oposta da coluna

Por quê: esse é um exercício para o corpo todo, pois promove maior flexibilidade e relaxamento geral. Todo o corpo é alongado, o que torna mais fáceis os movimentos de flexão e extensão.

Quando: sempre que você se sentir contraído, tenso, zangado ou deprimido. Se fizer esse exercício pela manhã, execute movimentos muito lentos e apóie-se em travesseiros. Se preferir fazê-lo à noite, ele poderá proporcionar um sono mais tranqüilo.

Repita o exercício duas ou três vezes de cada lado durante dois a cinco minutos (tempo total).

Posição inicial (Figura 5.8): deite-se de costas sobre uma superfície firme e confortável e flexione os quadris e os joelhos. Fique descalço ou use um sapato com sola de borracha para que seus pés não deslizem. Comece com uma ou duas respirações de limpeza bem lentas e profundas. Coloque as mãos sobre o abdômen para ajudar o movimento do diafragma.

Fase da região lombar (Figura 5.9): deixe que a força da gravidade "puxe" suavemente seus joelhos para a esquerda. Relaxe os joelhos, a bacia e a região lombar de modo que a gravidade os abaixe até o piso. Se você sentir muita pressão ou desconforto, coloque as mãos no lado externo das coxas para que sirvam de apoio e faça movimentos lentos que acompanhem o ritmo de sua respiração. Quando inalar, pare de baixar as pernas; depois prossiga enquanto solta o ar. Continue nessa seqüência até o ponto máximo em que conseguir baixar as pernas.

Se sentir um bom alongamento da região lombar, permaneça nessa posição durante trinta segundos pelo menos. Mas, se sentir desconforto, elimine ou reduza a pressão usando os braços ou um travesseiro como apoio para prevenir a dor. Um exemplo: se ocorrer dor enquanto você baixa as pernas para a esquerda, coloque o apoio entre o piso e a parte externa da perna esquerda para limitar o movimento e sustentar seu peso, permitindo um relaxamento completo. Com o tempo e a continuidade do exercício, a flexibilidade das pernas e da região lombar deve aumentar sem causar tensão nem dor.

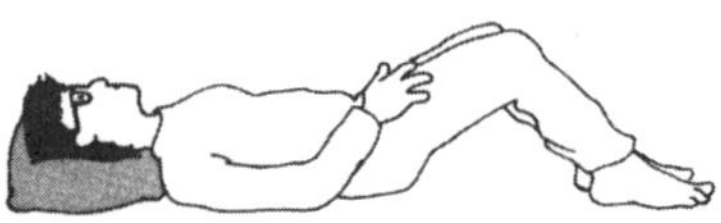

Figura 5.8

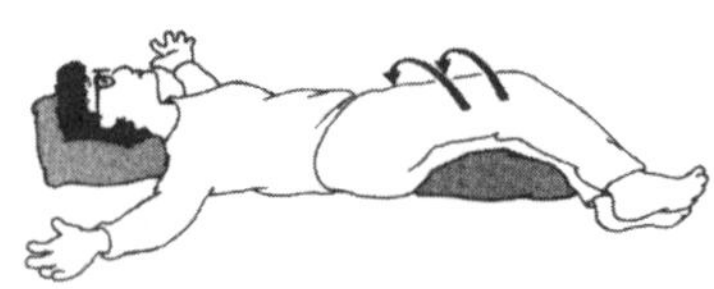

Figura 5.9

Figura 5.10

Fase do pescoço e dos braços (Figura 5.10): mantendo-se na posição anterior, estenda lentamente o braço direito (num movimento igual ao do ponteiro do relógio entre as 9 e as 11 horas) até chegar a um nível satisfatório de extensão. Vire a cabeça e olhe para o braço estendido até sentir que o pescoço se alonga e, se a posição for confortável, relaxe. Faça a respiração calmante e de limpeza por trinta segundos pelo menos. Saia lentamente dessa posição da maneira mais fácil possível, movendo uma parte do corpo de cada vez (cabeça, braço, pélvis e assim por diante).

Se você sentir desconforto ou dor durante o exercício, reduza a intensidade dos alongamentos. Será mais fácil atingir um bom relaxamento se você também usar um travesseiro como apoio para o braço.

Exercício avançado de rotação oposta da coluna e alongamento

Quando: caso o exercício anterior tenha sido bom, mas o alongamento não foi suficiente.

Movimento (Figura 5.11): comece virando o corpo todo para o lado esquerdo. Estique a perna direita até a altura do joelho e relaxe-a apoiando-a num travesseiro grande para obter mais conforto. Depois mova apenas o tronco para a direita até as costas tocarem o piso e estenda lentamente o braço direito para a frente e depois para cima. Interrompa o movimento do braço enquanto inala e retome-o ao soltar o ar. Prossiga até alcançar uma agradável sensação de alongamento. Repita o exercício duas ou três vezes de cada lado. É sempre recomendável o uso de apoios para facilitar o relaxamento. A altura dos travesseiros deve ser suficiente para sustentar braços e pernas com conforto. À medida que adquirir mais flexibilidade, a altura dos apoios poderá diminuir gradualmente para que os braços e as pernas fiquem mais próximos do chão.

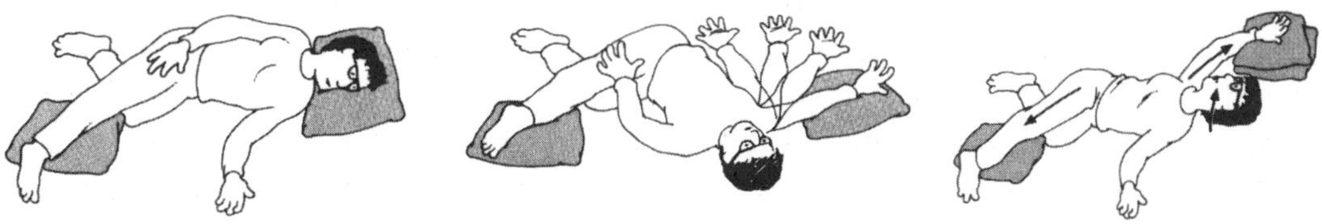

Figura 5.11

Dos joelhos ao tórax: oscilação e rotação

Por quê: esse exercício relaxa e alonga suavemente a região lombar e as nádegas.

Quando: depois de permanecer sentado, andar ou usar saltos altos durante muito tempo, após esticar muito o corpo, nadar ou deitar-se de bruços ou de costas. Esse exercício é excelente para aliviar a tensão da região lombar.

Posição inicial (Figura 5.12): é igual à da Figura 5.8.

Com um só joelho (Figura 5.13): levante lentamente um dos joelhos e prenda-o com os dedos entrelaçados. Mantenha os braços relaxados de início. Puxando suavemente a perna com os braços, faça-a mover-se em círculos (no sentido horário e depois no sentido anti-horário). Ao completar cada círculo, puxe os joelhos, com os braços, na direção do tórax, depois faça um movimento rotatório com os braços, a perna e a pélvis. Faça algumas respirações calmantes e de limpeza. Repita o exercício com a outra perna.

Com os dois joelhos (Figura 5.14): proceda como na posição inicial anterior, levantando, porém, as duas pernas. Será mais confortável cruzá-las à altura dos tornozelos. Repita os movimentos descritos no exercício anterior. Faça algumas respirações de limpeza e pressione suavemente as pernas contra o tórax enquanto solta o ar. A duração desse exercício deve ser de vinte segundos a um minuto.

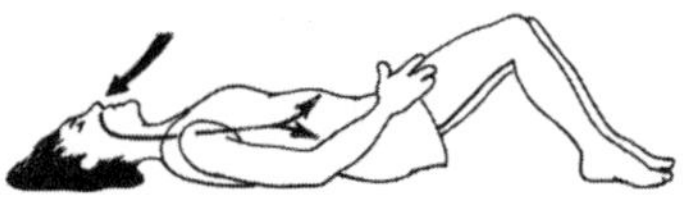

Figura 5.12

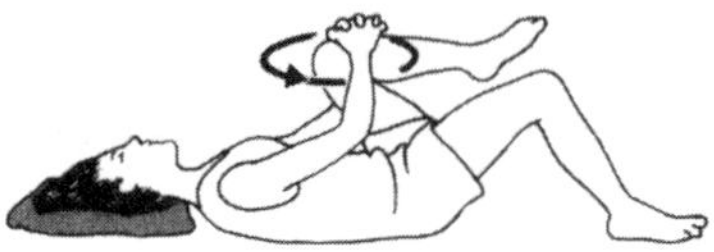

Figura 5.13

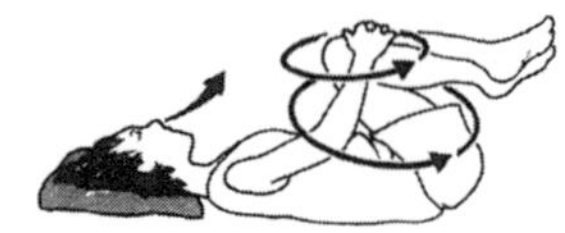

Figura 5.14

Dos joelhos ao tórax com apoio (Figura 5.15): assumindo a mesma posição inicial dos exercícios anteriores, levante as nádegas apoiando-se nos pés (evite curvar as costas). Ponha em seguida um travesseiro firme e alto sob as nádegas e o cóccix, mas não sob a região lombar. Uma vez nessa posição, você deve sentir as pernas totalmente relaxadas e equilibradas (devem ficar curvadas sem nenhum esforço). Coloque suavemente as mãos no lado externo dos joelhos e repita o movimento circular já descrito. Com a mesma suavidade, puxe os joelhos na direção do tórax enquanto solta o ar – não há necessidade de fazer força!

Figura 5.15

Flexões

Por quê: as flexões alongam e aliviam a pressão sobre a coluna.

Quando: elas são o meio mais rápido de alívio das dores causadas pelo excesso de sedentarismo ou pelo desgaste decorrente de muito esforço físico.

Posição inicial (Figura 5.16): deite-se de bruços e levante o tronco apoiando-se nos cotovelos. Alterne a sustentação do peso do tronco entre os dois cotovelos para relaxar, alongar e aliviar a coluna, mas faça isso lenta e suavemente – sem erguer o pescoço.

Movimento (Figura 5.17): respire profundamente. Ao soltar o ar, estique os braços e olhe para a frente (não curve o pescoço). Deixe que o tronco se mantenha elevado para que a parte inferior da coluna se relaxe e alongue. A região lombar deve ficar relaxada, portanto não erga a pélvis. Eleve o tronco até sentir um agradável alongamento e uma leve pressão na região lombar. Permaneça assim por alguns segundos e mantenha a respiração relaxada. Volte em seguida à posição inicial. Repita o exercício de três a cinco vezes.

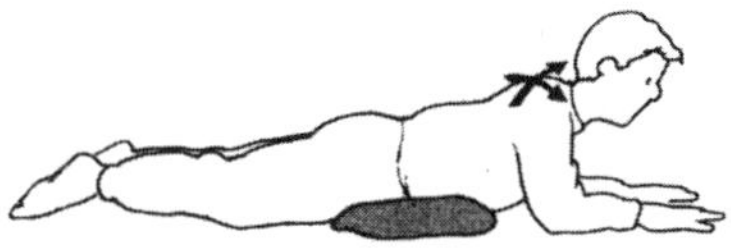

Figura 5.16

Figura 5.17

Note bem: aumente gradativamente o ângulo das flexões de acordo com seu progresso, mas não exagere a ponto de sentir dor. Pare quando perceber que chegou ao limite. Com a repetição, o ângulo das flexões aumentará naturalmente.

Flexão da coluna com apoio das mãos e dos joelhos

Por quê: esse exercício promove a flexão da coluna movendo-a de uma posição relativamente convexa a uma postura ligeiramente côncava.

Quando: é recomendado após as ocasiões em que você permanece muito tempo numa posição ou se sente tenso e rígido. É também um bom estimulante de manhã e um ótimo relaxante à noite.

Posição inicial: agache-se, apoiado nas mãos e nos joelhos, sobre uma superfície firme mas confortável.

Movimento: flexione suavemente a coluna, para baixo e para cima, sem forçar demais o grau dessas flexões. Quando erguer a coluna, "recolha" a bacia e "solte" a cabeça e o pescoço de modo a olhar na direção dos joelhos (Figura 5.18). Faça respiração de limpeza nesse ponto. Em seguida, curve a coluna enquanto ergue a bacia e também o tórax e a cabeça de modo a olhar para a frente, mas não para cima (Figura 5.19). Faça outra respiração de limpeza. Repita o exercício, sempre suavemente, mais duas ou três vezes.

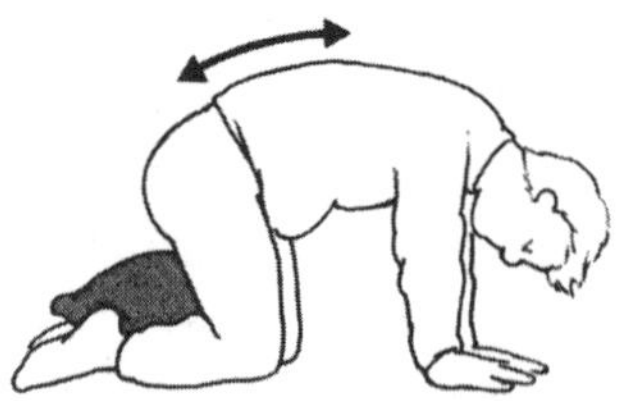

Figura 5.18

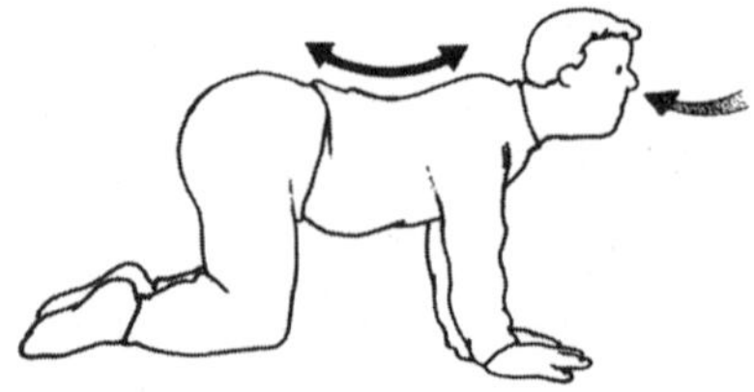

Figura 5.19

Métodos alternativos

- Partindo da posição inicial, mova a cabeça e a bacia para a direita – imitando um cachorro que olha a própria cauda. Faça respiração de limpeza nesse ponto e depois repita o movimento do lado esquerdo (Figura 5.20).
- Retomando a posição inicial, coloque um travesseiro firme e alto atrás dos joelhos. Mova-se lentamente para trás, "sentando-se" no travesseiro, e depois abaixe o tronco e estenda-o, alongando a coluna e descansando a cabeça nos braços ou num travesseiro. Faça respiração de limpeza nessa posição e descanse por um momento (Figura 5.21).

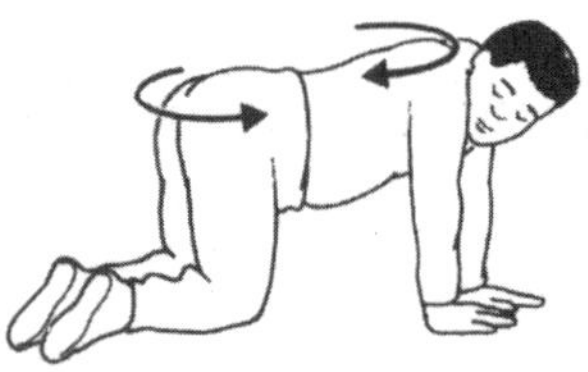

Figura 5.20

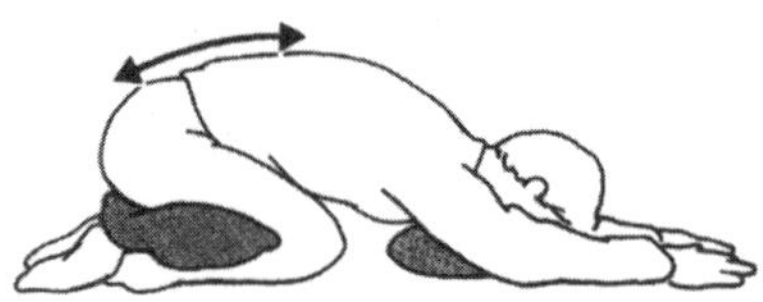

Figura 5.21

- Na posição inicial, mova o tronco e a cabeça para diante de modo que a coluna se curve suavemente como no exercício de flexão. Pare por um momento e faça respiração de limpeza antes de retornar à posição inicial (Figura 5.22). Repita o movimento, alternando a postura "sentado" nos calcanhares e a de flexão, por mais três ou quatro vezes. Esse exercício combina elementos de dois outros, ou seja, dos joelhos ao tórax e flexão, sendo portanto uma boa alternativa.

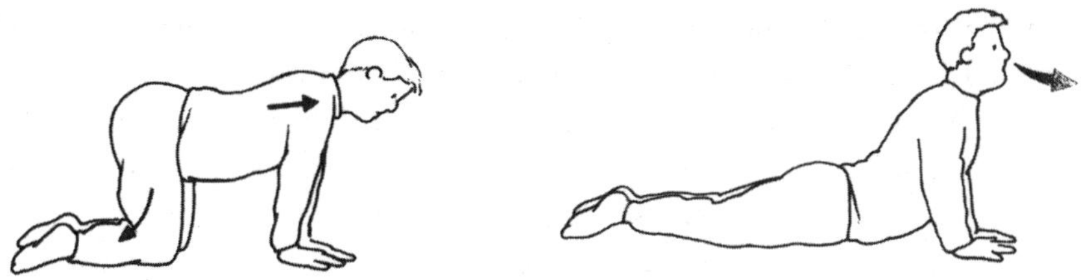

Figura 5.22

Alongamento dos tendões

Por quê: se os tendões estiverem tensos, poderão exercer muita pressão sobre a pélvis e causar uma postura excessivamente curvada (principalmente se a pessoa tiver vida sedentária). Isso resulta em considerável compressão e desgaste da região lombar.

Quando: é mais conveniente fazer o alongamento dos tendões após um aquecimento prévio (caminhar ou pedalar). Não faça esse exercício pela manhã, quando seu corpo está frio ou tenso!

TENHA CUIDADO: você não deve fazer o alongamento dos tendões se já for capaz de erguer a perna na altura mostrada na Figura 5.23 sem curvar a região lombar nem dobrar a outra perna, pois poderá haver problemas se seus tendões estiverem muito relaxados. Tampouco alongue os tendões se sentir dor ou nevralgia nas pernas durante esse exercício.

Movimento (Figura 5.24): deitado de costas, coloque uma toalha dobrada (ou um lençol) sob a região lombar para apoiá-la confortavelmente numa posição

Figura 5.23

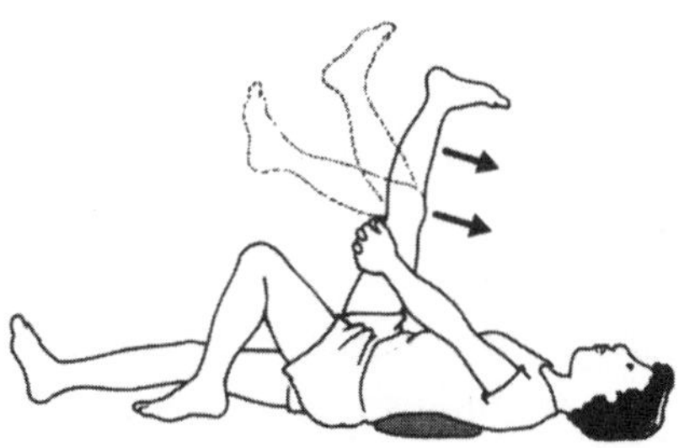

Figura 5.24

arcada. Dobre uma das pernas mantendo o pé totalmente no chão. Levante a outra perna e entrelace os dedos atrás da articulação do joelho, que ainda deve continuar dobrado. Nessa posição, estenda lentamente a perna até sentir que a coxa e o joelho se alongam. Faça uma pausa de dez a vinte segundos nessa postura mantendo a respiração relaxada. Repita o exercício cinco vezes em cada perna. (Se o alongamento não foi bastante intenso para você, estique também a perna dobrada para obter maior impulso.)

Alongamento posterior das pernas sustentado por uma correia

Por quê: se seus tendões estiverem muito tensos, esse método proporcionará um alongamento suficiente para resolver o problema.

Posição inicial (Figura 5.25): deitado de costas, dobre um dos joelhos sobre o tórax e prenda uma corda (de pular) ou uma correia (pode ser também uma faixa de tecido resistente), dando duas voltas, no peito do pé e no pulso para que você possa segurá-la sem muito esforço. Levante lentamente a perna até sentir uma extensão confortável na coxa e na panturrilha. Mantenha o joelho levemente dobrado. Erga ambos os braços sobre a cabeça e dobre o joelho até encontrar um ponto de equilíbrio que seja mantido com o mínimo esforço.

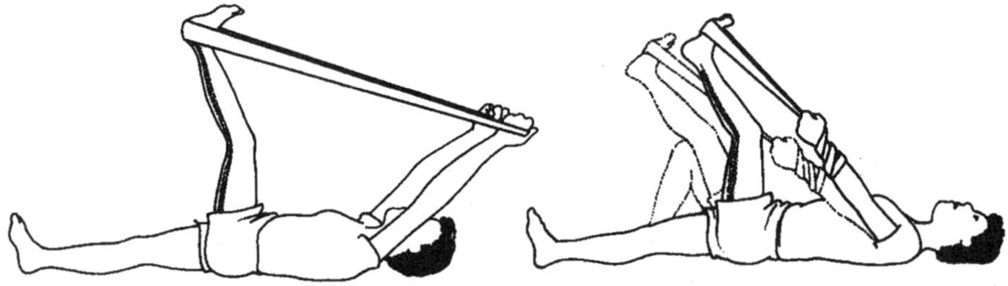

Figura 5.25

Movimento: cruze a perna e o braço erguidos sobre a linha média do corpo para obter uma boa extensão da perna, da coxa e da pélvis (Figura 5.26). Mantenha esse padrão por cerca de trinta segundos e retorne à posição anterior. Repita o exercício duas ou três vezes.

Em seguida mova a perna e o braço erguidos um pouco para a direita para alongar bem o lado interno da coxa (Figura 5.27). Mantenha esse padrão também por trinta segundos antes de retomar a posição anterior. Repita duas ou três vezes.

Figura 5.26

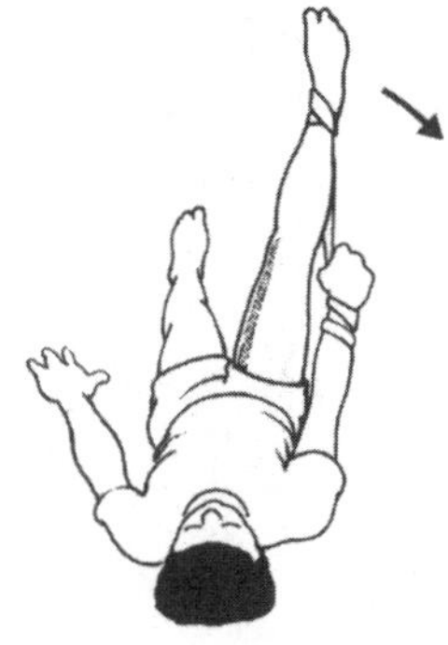

Figura 5.27

Note bem: é essencial manter um padrão relaxado de respiração durante esse exercício. Se você estiver tenso e prender a respiração, os tecidos não se alongarão.

Alongamento dos tendões (de pé)

Por quê: esse método pode ser usado como alternativa dos exercícios anteriores, pois é a maneira mais fácil de alongar os tendões sem necessidade de sentar-se no chão. Além disso, requer pouco esforço.

Movimento (Figura 5.28): coloque-se de pé no primeiro degrau de uma escada e apóie-se na parede ou no corrimão para permanecer ereto e relaxado. Mantenha a perna de apoio esticada e o pé bem reto, mas não contraia o joelho. Levante a outra perna até o segundo, o terceiro ou o quarto degrau. Apóie o calcanhar nesse degrau e mova o corpo um pouco à frente para que seu tornozelo fique num ângulo aproximado de noventa graus em relação ao degrau. Permanecendo bem ereto, com a cabeça voltada para diante, você sentirá o alongamento dos tendões. Fique nessa posição por dois minutos pelo menos antes de inverter as pernas. Se quiser um alongamento maior, apóie a perna num degrau mais alto ou incline o tronco sobre a perna – mas mantenha o tórax ereto, não curve as costas. Se você ficar com os pés voltados para a frente e flexionar os braços e o tronco para a esquerda e para a direita, sentirá um alongamento mais intenso na perna esticada (Figura 5.29). Apóie os braços na parede ou no corrimão para ficar bem equilibrado e relaxado, mantendo um alinhamento acentuado da cabeça e do tronco.

Alongamento das panturrilhas

Por quê: os músculos das panturrilhas podem ter espasmos após uma corrida, o uso de saltos altos ou botas ou a permanência prolongada na cama. Isso geral-

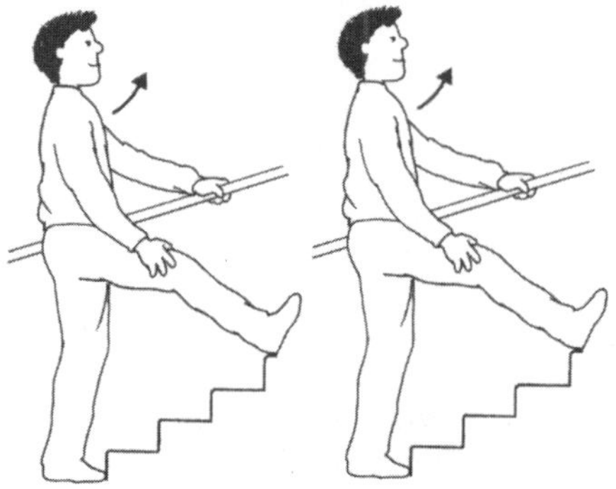

Figura 5.28

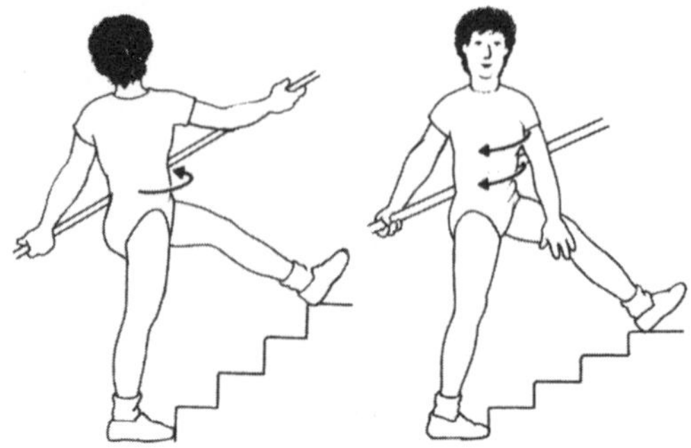

Figura 5.29

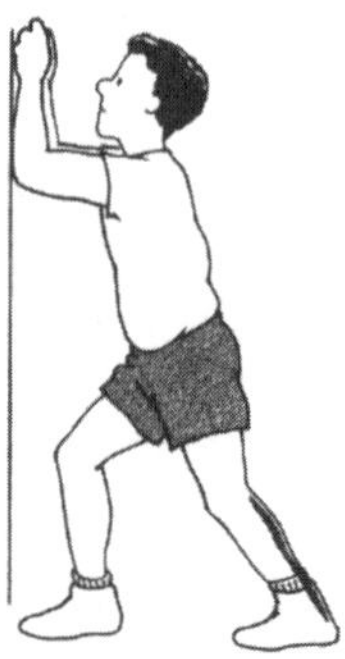

Figura 5.30

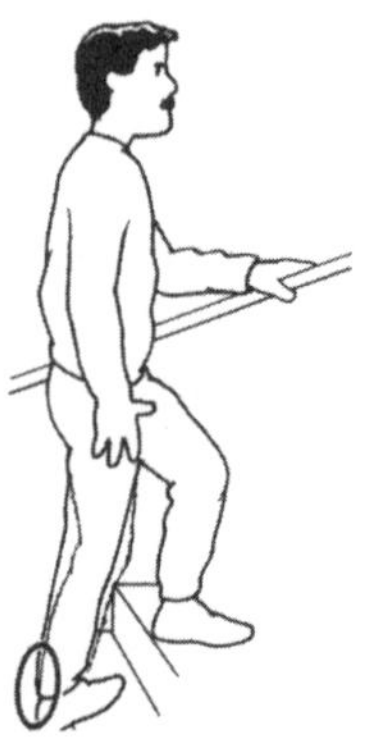

Figura 5.31

mente causa dor e danos nas panturrilhas e nos pés. Quase sempre esse quadro resulta em rigidez muscular e pouca resistência para caminhar ou fazer qualquer esforço, gerando dor na perna ou nas costas.

Quando: as panturrilhas normalmente estão contraídas pela manhã. Um meio natural de alongá-las é caminhar lenta e suavemente. Você só deve executar o exercício de alongamento das panturrilhas ao longo do dia, quando o corpo já está aquecido.

A freqüência do exercício vai depender da necessidade de cada um. Se você costuma correr, faz dança aeróbica ou usa saltos altos, a probabilidade de contrair as panturrilhas será maior, portanto é recomendável alongá-las antes e depois dessas atividades.

Posição inicial (Figura 5.30): coloque-se diante da parede ou de um armário alto e afaste para trás a perna a ser alongada (cerca de meio metro). Ponha a outra perna bem perto da parede e dobre ligeiramente o joelho. Mantenha os dois pés bem retos. Apóie os antebraços na parede e contraia os quadris, projetando-os para a frente. Isso fará a perna próxima da parede dobrar-se mais e manterá reta a outra perna, cujo calcanhar deve apoiar-se no chão. Se seus pés tendem a inclinar-se para dentro, coloque uma revista enrolada bem debaixo do arco do pé a ser alongado.

Movimento: se suas panturrilhas estiverem tensas, você sentirá um forte "puxão" na perna e no tendão-de-aquiles. Mantenha a posição por vinte ou trinta segundos enquanto relaxa e respira profundamente. Para alongar a parte inferior da panturrilha e aliviar o calcanhar, dobre ligeiramente o joelho e mantenha essa posição durante vinte ou trinta segundos. Repita o exercício duas ou três vezes de cada lado.

Método alternativo (Figura 5.31): esse é um exercício mais agressivo e só deve ser usado se o método anterior não der resultado.

- Coloque um dos pés na borda de um degrau (na altura do arco do pé) e apóie totalmente o outro no degrau seguinte. Segure-se ou encoste-se no corrimão para permanecer ereto e relaxado. Abaixe o calcanhar do pé que está no primeiro degrau até sentir que os músculos se alongaram. Dobrando levemente o joelho, você fará o alongamento estender-se até o calcanhar. Não contraia o joelho. Relaxe nessa posição por vinte ou trinta segundos e repita o movimento duas ou três vezes de cada lado.

Extensão dos flexores dos quadris deitado de costas

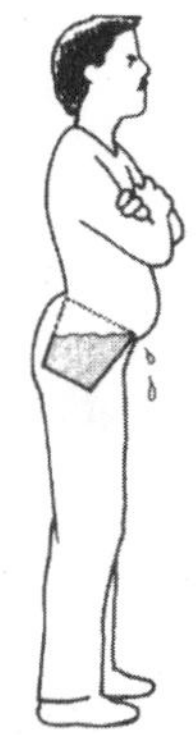

Figura 5.32

Por quê: se os músculos flexores dos quadris estiverem tensos, poderão exercer pressão sobre a pélvis e a região lombar, o que aumentará o desgaste. O baixo-ventre também sofrerá essa pressão, que causará o enfraquecimento da musculatura da área (Figura 5.32).

Posição inicial (Figura 5.33): coloque dois travesseiros grandes e firmes no pé da cama e sente-se na borda. Abaixe o tronco até deitar as costas na cama e ao mesmo tempo levante ambos os joelhos na direção do tórax para nivelar a região lombar.

Movimento: segure bem firme um dos joelhos contra o peito enquanto abaixa lentamente a outra perna (Figura 5.34). Você sentirá o alongamento do quadril, da coxa e do joelho da perna estendida. Mantenha a outra perna firmemente dobrada sobre o peito para que as costas não se curvem. Se a região lombar for puxada para cima, você não sentirá nenhum alongamento na perna estendida e suas costas poderão ficar lesadas (Figura 5.35).

Se os músculos flexores do quadril correspondente à perna estendida estiverem tensos, a perna ficará suspensa e o pé tenderá a virar-se para o lado. Se isso acontecer ou você sentir rigidez na perna, levante-a ligeiramente, mantendo o joelho reto, durante cerca de dez segundos. Faça algumas respirações profundas e, quando soltar o ar,

Figura 5.33

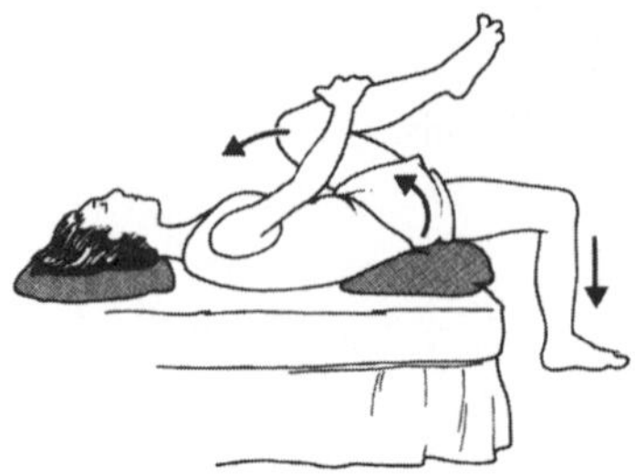

Figura 5.34

Figura 5.35

relaxe lentamente a perna para que ela se abaixe o mais possível. Não deixe a perna mover-se para o lado e permaneça na posição por vinte ou trinta segundos. Repita o exercício duas ou três vezes de cada lado.

Verifique a condição de suas pernas e dê a cada uma o tratamento adequado. Se apenas uma delas apresentar problemas, não haverá necessidade de alongar as duas. Em caso contrário, aplique o exercício a ambos os lados.

Extensão dos flexores dos quadris mantendo-se de pé

Posição inicial: fique de pé ao lado de uma cadeira ou de um móvel para poder apoiar-se com uma das mãos.

Movimento: dobre a perna direita na altura do quadril de modo a segurar firmemente o tornozelo com a mão direita – a esquerda deve estar apoiada (Figura 5.36). Em seguida estenda a coxa direita para que o quadril fique bem reto. Se a coxa estiver tensa, fará um movimento lateral e não será tão fácil esticá-la. Se isso ocorrer, reduza a extensão. Você deve sentir apenas um alongamento agradável na parte frontal do quadril e na coxa. Mantenha o nível da pélvis quando estender a coxa – não deixe que o abdômen se projete nem que as costas se curvem. Se isso acontecer, contraia os músculos das nádegas e do baixo-ventre para manter a pélvis bem nivelada. Repita conforme a recomendação do exercício anterior.

Movimento alternativo: se o movimento anterior for desconfortável ou se suas costas ficarem muito arcadas, reduza a extensão apoiando a perna numa cadeira colocada logo atrás de você, como mostra a Figura 5.37.

Alongamento com barra suspensa

Por quê: essa é uma forma fácil de amenizar alguns efeitos da tensão da vida diária. Se fizer esse exercício com alguma regularidade, você poderá manter um alongamento estrutural excelente e usufruir uma sensação de conforto e relaxa-

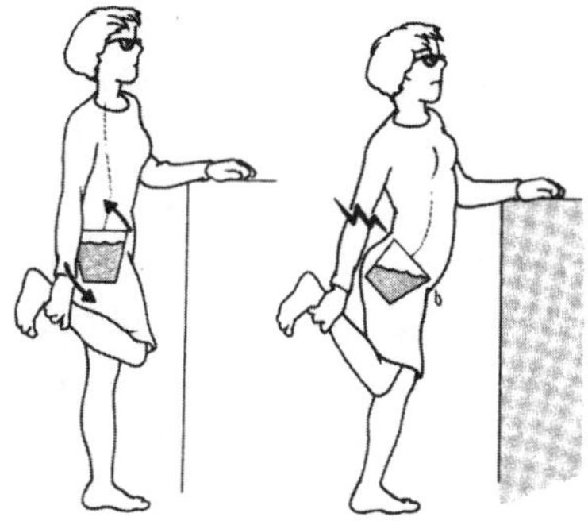

Figura 5.36

Figura 5.37

mento. É um movimento particularmente adequado para relaxar os ombros e alongar a região lombar, reduzindo a tensão dessas áreas.

Quando: o início e o final de cada dia são as ocasiões ideais para beneficiar o corpo com alguns momentos de alongamento. Se você instalar uma barra no batente da porta do quarto ou do banheiro, será mais fácil fazer o exercício pela manhã e à noite.

Instalação da barra: antes de instalar a barra, fique debaixo do batente da porta, levante os braços e mantenha os pés inteiramente apoiados no chão. A barra deve ser colocada numa altura que lhe permita segurá-la esticando bem os braços, mas sem necessidade de ficar na ponta dos pés.

Posição inicial e movimento (Figura 5.38): mantenha os pés no chão para obter bom resultado, pois se você os suspender os músculos do tronco se contrairão e o efeito da descompressão se perderá. Dê bastante impulso com os braços

Figura 5.38

para que o alongamento incida sobre a região lombar – se você apenas se "dependurar", quase todo o impulso de descompressão ficará nos braços. Deixe que as pernas se relaxem um pouco para aumentar a tração. Para proteger as mãos, use luvas ou envolva a barra com algum tipo de forro.

Se você apenas se esticar na barra, poderá sentir uma leve descompressão, mas para ampliar o efeito desse exercício balance a pélvis em várias direções e mexa também os pés e as mãos – esses movimentos alongarão todo o tronco e a pélvis. Faça algumas respirações de limpeza e sinta como essa posição pode oxigenar plenamente seu corpo.

Exercícios de extensão que devem ser evitados

Os exercícios apontados a seguir podem agravar seus problemas e causar dano ao sistema estrutural, pois se destinam a alongar muitos pontos ao mesmo tempo. Seu corpo tenderá a se "acomodar" num padrão de pouca resistência – e as áreas mais ativas serão alongadas, enquanto os pontos rígidos permanecerão rígidos. Outra característica desses exercícios é acrescentar compressão e desgaste excessivos a pontos do corpo que já sofrem com esse problema. Assim, evite estes exercícios para não impor mais desgaste a seu sistema estrutural:

Sentar-se para fazer extensão profunda do corpo (Figura 5.39)
Tocar a ponta dos pés estando estes separados demais (Figura 5.40)
Tocar a ponta dos pés sem dobrar as pernas (Figura 5.41)
Extensão convexa do tronco sobre a barreira da perna (Figura 5.42)
Posições mais difíceis de ioga (Figura 5.43)

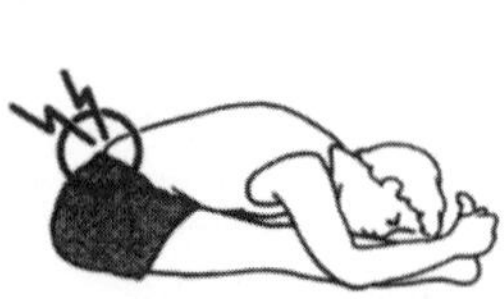
Figura 5.39

Figura 5.40

Figura 5.41

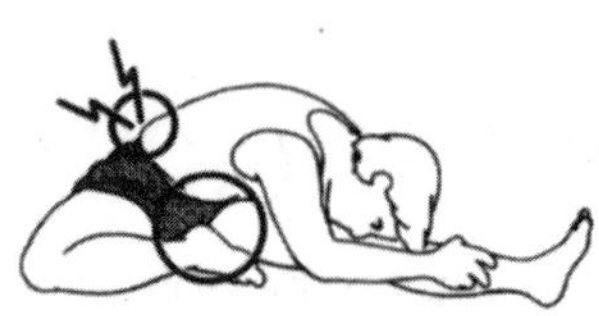
Figura 5.42

Levantamento do corpo com apoio dos ombros (Figura 5.44)
Curvatura forçada do pescoço para trás (Figura 5.45)
Posição de lótus com a região lombar arcada (Figura 5.46)
Posição ioga de cobra com curvatura exagerada do pescoço (Figura 5.47)
Extensão de tendões e dos músculos flexores dos quadris em mau alinhamento (Figura 5.48)

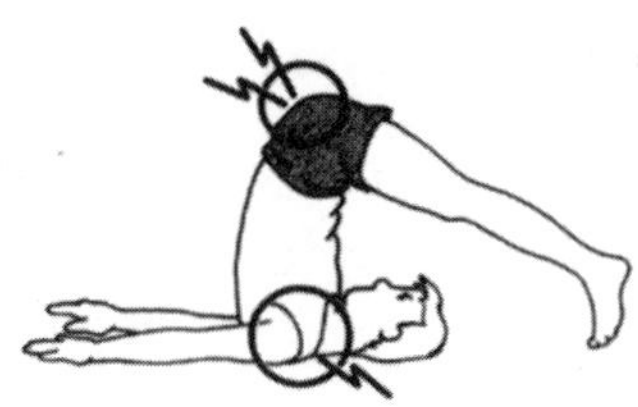

Figura 5.43

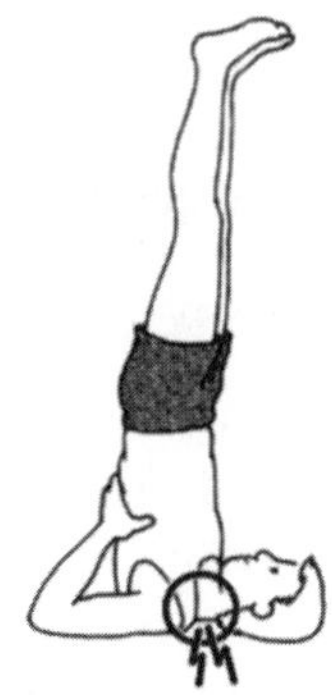

Figura 5.44

Figura 5.45

Figura 5.46

Figura 5.47

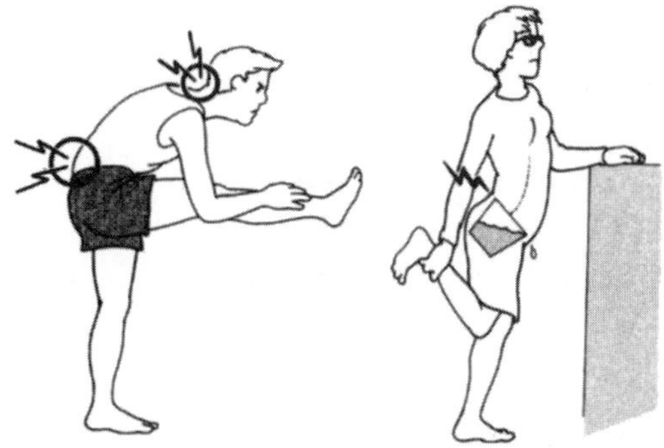

Figura 5.48

EXERCÍCIOS DE REFORÇO

Muitas pessoas que sofrem de dores cervicais ou lombares durante períodos mais prolongados acabam por perder boa parte da força muscular. À medida que o corpo perde força, perde também estabilidade – e essa perda de estabilidade torna a pessoa mais vulnerável ao estresse (físico e emocional) causado pelas atividades diárias. Isso tudo, portanto, detona mais facilmente os sintomas de dor. Os exercícios de reforço podem ajudar você a executar suas tarefas diárias de maneira mais relaxada e eficiente, reduzindo a dor.

Como nos exercícios anteriores, sua ênfase deve concentrar-se na qualidade do desempenho (alinhamento equilibrado, respiração relaxada e boa postura), e não na quantidade deles nem na freqüência com que você os faz.

Exercícios de reforço com o uso do peso do corpo

Levantamento das pernas estendidas (LPE – Figura 5.49)

Por quê: esses exercícios fortalecem a musculatura frontal dos quadris, dos joelhos e do abdômen. Além disso, podem ensinar-lhe como manter estáveis a coluna e a pélvis enquanto você movimenta as pernas, isto é, eles ajudam a adquirir a melhor forma de sentar-se e curvar-se.

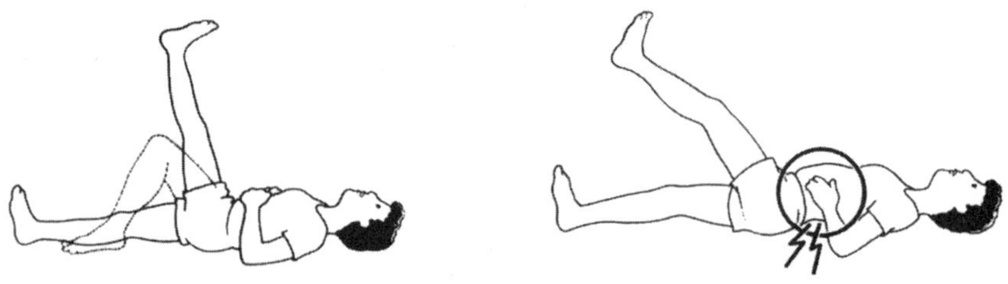

Figura 5.49

a) *LPE – perna oposta dobrada:* esse é o mais fácil dos métodos LPE. Se suas dores lombares se agravarem com o método b, adote o método a. Faça pressão lateral sobre o baixo-ventre usando os dedos e procure apoiar totalmente a região lombar no chão. Mantenha o tronco e a pélvis estáveis e não permita que se movam enquanto você levanta a perna estendida num ângulo de cinqüenta a setenta graus. Permaneça nessa posição durante cerca de cinco segundos e depois desça lentamente a perna até o chão. O abdômen deve ficar bem firme e as costas bem apoiadas no piso enquanto você levanta e abaixa a perna. Mantenha a respiração relaxada durante toda a seqüência e repita o exercício de cinco a vinte vezes de cada lado.

b) *LPE – perna oposta estendida:* esse é um método mais avançado. Comece deitando-se com as costas bem retas no chão. Como no exercício anterior, contraia os músculos abdominais para manter as costas eretas. Nessa posição, levante e abaixe a perna sem mover as costas nem a pélvis. A outra perna deve permanecer relaxada e imóvel no chão. Repita o exercício entre cinco e vinte vezes de cada lado.

Ponte

Por quê: esse exercício fortalece os músculos do abdômen, das nádegas, das costas e das coxas e pode ajudá-lo a obter uma postura ereta, a erguer-se de uma cadeira baixa e a subir escadas mais facilmente.

a) *Flexão dupla das pernas* (Figura 5.50): comece com a curvatura da pélvis. Contraia suavemente o baixo-ventre e as nádegas para apoiar toda a região lombar no chão (esse movimento é igual ao do nivelamento da pélvis, apresentado no capítulo 3, com a diferença de que para executá-lo é preciso deitar-se). Continue movendo a pélvis para erguê-la suavemente do chão, uma vértebra de cada vez, como os elos de uma corrente, até levantar também a região lombar. Mantenha as costas apoiadas no chão em alinhamento reto. Contraia os músculos das nádegas para evitar a curvatura da região lombar. Quando atingir a altura máxima, permaneça nessa posição durante cinco segundos, mantendo a respiração relaxada. Abaixe lentamente o corpo, uma vértebra de cada vez, da mais alta até o cóccix. Repita o exercício de cinco a dez vezes.

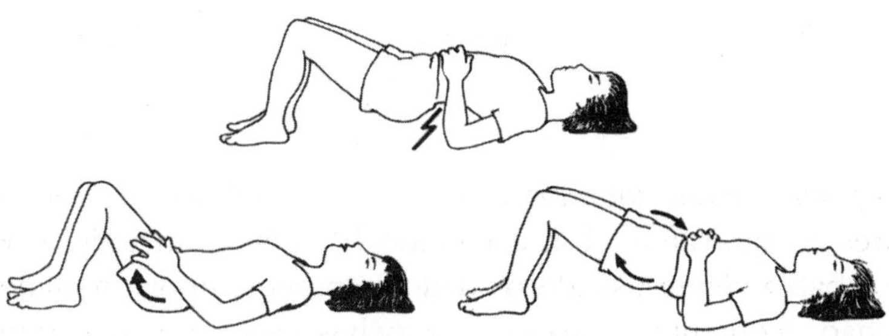

Figura 5.50

b) *Flexão de uma única perna* (Figura 5.51): comece como no exercício anterior. Uma vez na posição de ponte, faça de conta que há um copo de água sobre seu joelho esquerdo. Lenta e suavemente apóie seu peso no joelho esquerdo para erguer a perna direita e estendê-la. Tente completar esse movimento sem balançar nem curvar o corpo, o que faria cair o copo imaginário. Alterne as pernas e repita o exercício entre cinco e dez vezes. Concentre-se bem para não mover a pélvis e mantenha a respiração relaxada ao longo do exercício.

Figura 5.51

Reforço abdominal

Por quê: o fortalecimento dos músculos abdominais tem importância decisiva na prevenção e cura de problemas lombares e cervicais. Esses músculos sustentam a parte frontal e lateral da coluna e da pélvis. Atuam, em conjunto com os músculos extensores dorsais, como uma espécie de guia dos movimentos que estabilizam a coluna num alinhamento relativamente neutro. A ênfase desses exercícios, portanto, deve concentrar-se na execução de movimentos suaves e controlados e na manutenção da postura ereta e razoavelmente relaxada da coluna.

Infelizmente, no entanto, na maior parte das vezes as pessoas executam esses exercícios de uma forma que na verdade agrava seus problemas lombares e cervicais. É preciso evitar a repetição acelerada e os movimentos forçados nos casos em que a coluna está tensa e comprimida.

Maus movimentos durante os exercícios abdominais

- **Evite sentar-se com o tronco ou os joelhos dobrados:** isso pode agravar dores lombares ou nas pernas. Se você já tem esses problemas, dê preferência às várias posições dos exercícios abdominais isométricos ou aos exercícios de extensão das pernas e do baixo-ventre (veja mais adiante).
- **Evite dobrar e forçar a cabeça e o pescoço na direção do tórax:** ao fazer exercícios abdominais, quase sempre as pessoas forçam a nuca para diante com as mãos. Isso prejudica o pescoço, favorece a má postura e reduz o efeito do movimento sobre os músculos abdominais (Figura 5.52).

Figura 5.52

- **Evite sentar-se com as pernas estendidas ou prender os pés para erguer o tronco:** a tendência da maioria é arcar a região lombar ao fazer esse movimento. Nesse tipo de exercício, são os músculos flexores dos quadris que atuam, enquanto os abdominais ficam ociosos (Figura 5.53).

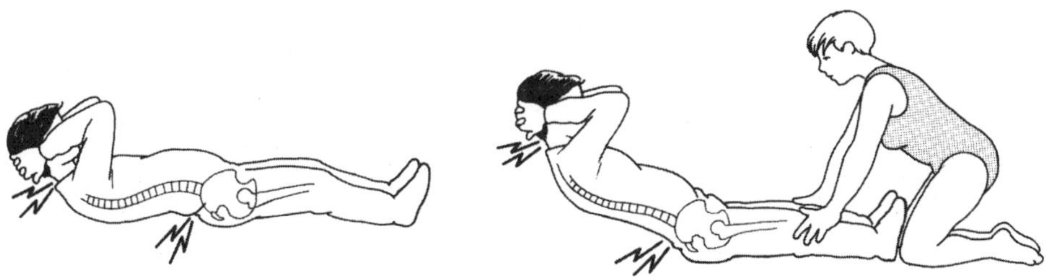

Figura 5.53

- **Evite a pressa:** ter pressa significa usar os movimentos apenas para fazer o exercício, e isso não propicia o fortalecimento necessário. A pressa, além disso, facilita a ocorrência de lesões e o agravamento das dores devido à compressão causada pelos movimentos acelerados.
- **Evite a curvatura forçada do tronco e do pescoço:** os abdominais trabalham muito na primeira parte da curvatura. Depois disso, são os músculos dos quadris que atuam, enquanto aumenta a compressão da região lombar e do pescoço (Figura 5.54).

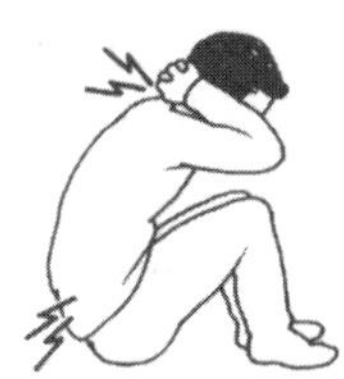

Figura 5.54

- **Evite "derrubar-se" no chão após o exercício:** a fase final é tão importante para o fortalecimento muscular quanto a fase inicial. Assim, você deve voltar lenta e suavemente à posição inicial.

Bons movimentos para reforçar os abdominais com mais eficiência e segurança

a) EXERCÍCIO ISOMÉTRICO DO BAIXO-VENTRE (Figura 5.55): contraia os músculos do baixo-ventre, dando-lhes uma forma relativamente côncava, enquanto mantém um padrão relaxado de respiração. No início, deitado de costas, permaneça assim por cinco a dez segundos de cada vez. Se você tiver dificuldade para manter a contração do abdômen, coloque as mãos na barriga e ajude fazendo pressão. Quando dominar bem essa posição, você poderá executar os exercícios isométricos enquanto caminhar ou estiver sentado durante pelo menos trinta segundos. Na verdade, você deve contrair os músculos abdominais para aliviar o peso que incide sobre a região lombar ao erguer o tronco do chão. Quanto mais os abdominais trabalharem tanto mais você poderá relaxar o pescoço.

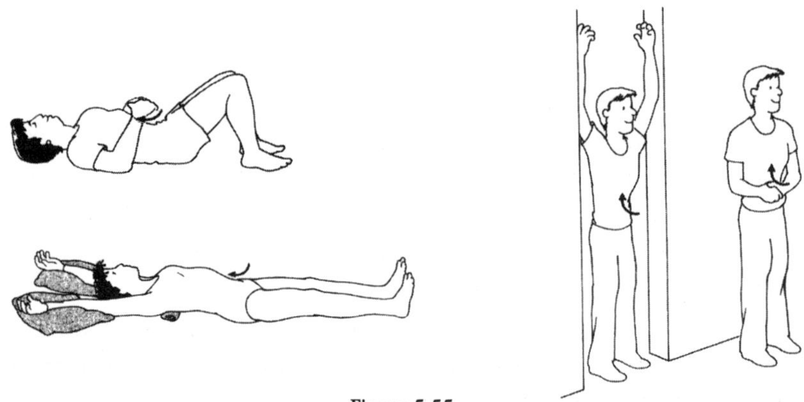

Figura 5.55

b) EXERCÍCIO ABDOMINAL ISOMÉTRICO COM EXTENSÃO DAS PERNAS: comece deitado de costas, as pernas dobradas e os pés totalmente apoiados no chão. Execute o exercício isométrico como foi descrito acima. Coloque as mãos sobre o baixo-ventre e a pélvis para aumentar a contração – o abdômen deve ficar relativamente côncavo, apoiado no piso, e não projetado para cima. Mantenha a região lombar bem firme junto ao chão e evite movê-la e contraí-la enquanto executa a seguinte seqüência de movimentos:

- *Extensão de uma perna com a perna oposta dobrada e o pé bem firme no chão* (Figura 5.56): estenda lentamente a perna, esticando-a o mais possível, sem prejudicar a estabilidade nem o bom alinhamento das costas e do abdômen. Em seguida, bem devagar, dobre outra vez a perna e torne a estendê-la, alternando esses dois movimentos algumas vezes. Quanto mais próxima do chão estiver a perna tanto mais difícil será o exercício – portanto, se sentir desconforto, não estique tanto a perna, mantendo-a mais afastada do piso. Se o exercício for fácil para você, estenda bem a perna à distância de aproximadamente três centímetros do chão, mantendo a região lombar reta e o abdômen côncavo.

Figura 5.56

- *Deslizamento das duas pernas* (Figura 5.57): a posição inicial é a mesma do exercício anterior. Em seguida, devagar e com as plantas dos pés bem apoiadas no chão, faça deslizar as pernas até que fiquem totalmente estendidas. Quanto mais você esticar as pernas tanto maior dificuldade terá para manter as costas retas e o abdômen côncavo. Repita essa seqüência de movimentos até conseguir manter as pernas bem estendidas e relaxadas junto ao chão, apoiando nele somente os calcanhares. Retorne à posição inicial movendo uma perna de cada vez, pois fazê-las deslizar simultaneamente exige muito esforço da maioria das pessoas.

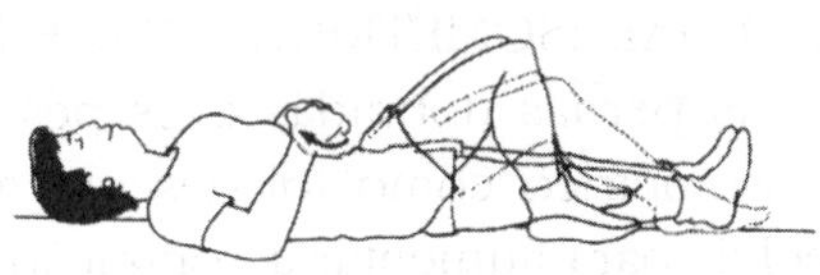

Figura 5.57

- *Extensão de uma só perna com flexão de ambas as pernas e os pés levantados* (Figura 5.58): a posição inicial permanece a mesma. Dobre os dois joelhos na direção do tórax com a ajuda dos braços, depois relaxe lentamente e solte os braços, usando a força dos músculos abdominais para sustentar as pernas dobradas e os pés levantados. Estenda devagar uma das pernas enquanto mantém a outra dobrada e as costas eretas contra o chão. Se isso for confortável para você, repita várias vezes o movimento e depois refaça o exercício com a outra perna.

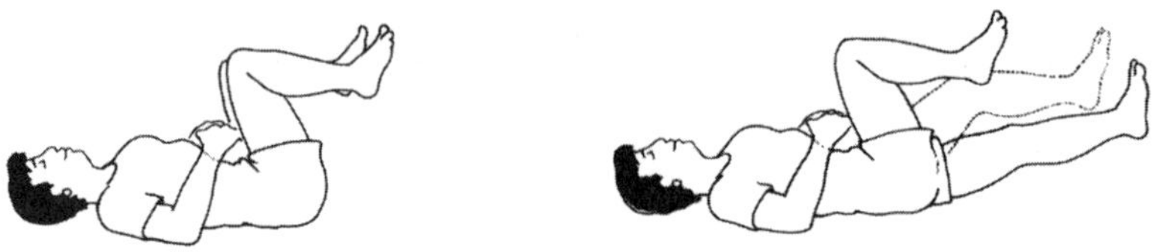

Figura 5.58

c) CURVATURAS PARCIAIS (Figura 5.59): coloque as mãos sob a nuca para sustentar o peso da cabeça (sem forçá-la para a frente). Mantenha os cotovelos voltados para trás e para fora de modo que não fiquem diante dos ombros. Levante as pernas, apoiando-as numa cadeira, e oriente esse movimento com o tórax, pois a cabeça deve estar em alinhamento com ele. Quando curvar o corpo, procure manter a parte inferior do osso esterno e o umbigo o mais perto possível – executando automaticamente uma curvatura pélvica ao erguer as pernas. Permaneça nessa posição por cerca de cinco segundos e depois volte lentamente à postura inicial. Repita o exercício de cinco a dez vezes.

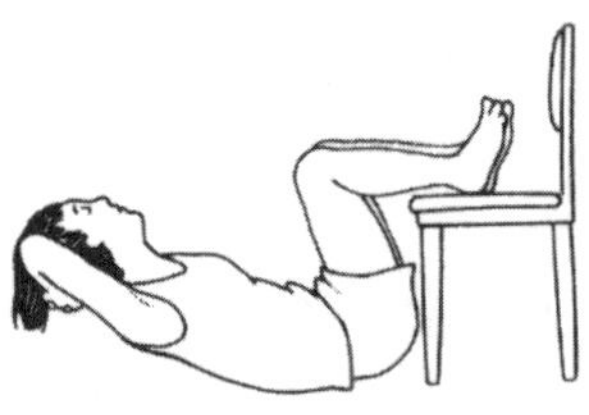

Figura 5.59

- *Curvaturas rotativas* (Figura 5.60): repita o movimento inicial do exercício anterior, mas desta vez torça o tronco ao levantar as pernas de maneira que a axila esquerda se mova na direção do joelho direito ou vice-versa. Da mesma forma, mantenha os cotovelos afastados e a cabeça apoiada nas mãos enquanto executa o movimento. Permaneça na posição por cerca de cinco segundos e repita o exercício entre cinco e dez vezes.

Você pode variar a execução desse exercício erguendo o joelho na direção da axila oposta enquanto curva o tronco. Repita o movimento entre cinco e dez vezes de cada lado.

Figura 5.60

d) CURVATURAS COM AS PERNAS LEVANTADAS (Figura 5.61): erga os dois joelhos na direção do tórax e aperte-os por um momento contra o peito com as mãos para que suas costas fiquem totalmente apoiadas no chão. Ao relaxar as pernas sob a pressão das mãos, os músculos abdominais terão de contrair-se para manter as costas retas, pois o cóccix se afastará do piso. Repita o movimento de tórax e cabeça do exercício anterior (c) e ao mesmo tempo afaste mais o cóccix do chão, fazendo o esterno e o umbigo ficarem bem próximos. Permaneça nessa posição por cerca de cinco segundos enquanto respira. Volte devagar à posição inicial. Relaxe e repita o exercício de cinco a dez vezes.

Figura 5.61

- *Curvaturas rotativas com as pernas levantadas* (Figura 5.62): o movimento inicial é o mesmo dos exercícios anteriores, mas as pernas devem permanecer erguidas acima do chão. Ao curvar-se, mova o joelho esquerdo na direção do ombro direito. Faça uma pausa nessa posição e volte lentamente à postura inicial. Refaça o exercício movendo desta vez o joelho direito na direção do ombro esquerdo, faça uma pausa e retorne ao início. Repita a seqüência entre cinco e dez vezes.

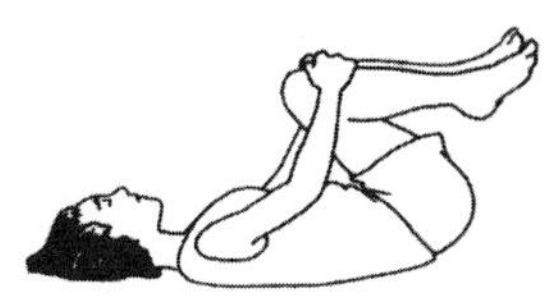

Figura 5.62

TENHA CUIDADO: se suas dores lombares ou cervicais se agravarem com esses exercícios, você ainda terá a alternativa de reforçar os abdominais em outras posturas (veja Figura 5.55). Basta contrair bem o baixo-ventre mantendo a respiração relaxada. Procure manter a contração do baixo-ventre enquanto caminha ou permanece de pé. A respiração regular e relaxada durante esse exercício vai torná-lo mais natural e permitir, por isso, que você o mantenha por mais tempo, durante vinte segundos ou até um minuto de cada vez, por exemplo. Esse método de fortalecimento pode ser feito ao longo de suas atividades diárias: no chuveiro, ao caminhar, enquanto espera o elevador e assim por diante.

Exercícios laterais de reforço dos quadris

Por quê: os músculos que esses exercícios fortalecem dão estabilidade aos quadris, à pélvis e à região lombar. Se estiver enfraquecida, essa musculatura não consegue evitar um andar bamboleante, que quase sempre resulta em desgaste e conseqüente dor.

a) Lado externo das coxas: deite-se de lado e sustente confortavelmente a cabeça no braço ou num travesseiro. Apóie o outro braço no chão para evitar que seu corpo "escorregue" para diante ou para trás. Faça um movimento rotativo com a perna que está livre de modo que a rótula fique voltada para cima e depois levante a perna (com o joelho esticado) até a altura mostrada na Figura 5.63. Permaneça nessa posição por alguns segundos e baixe lentamente a perna. Repita o exercício dez a vinte vezes.

b) Lado interno das coxas: fique na mesma posição do exercício anterior, mas mantenha a perna de cima dobrada e relaxada. Levante a outra perna, sem dobrá-la, de modo que pelo menos a região do tornozelo se destaque do chão. Faça uma pausa de alguns segundos e depois abaixe a perna. Repita o exercício entre dez e trinta vezes de cada lado (Figura 5.64).

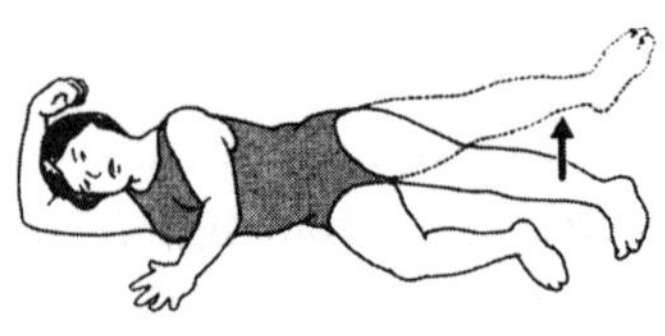

Figura 5.63

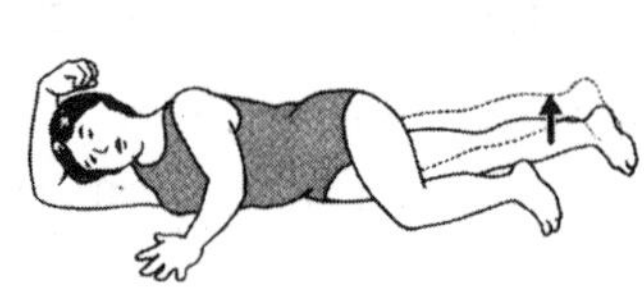

Figura 5.64

Reforço do pescoço (Figura 5.65)

Por quê: esses exercícios são indicados nos casos de fraqueza da musculatura do pescoço – se você, por exemplo, não consegue erguer nem virar a cabeça por muito tempo sem sentir cansaço ou dor.

a) *Nuca:* sente-se ou permaneça de pé, se preferir, na posição mais confortável para você. Verifique se sua cabeça está equilibrada e nivelada em relação ao tronco. Coloque uma das mãos na base da nuca. Com a mão bem firme, faça pressão para a frente enquanto força a cabeça para trás, num movimento contrário. Isso o ajudará a alinhar corretamente a cabeça. Mantenha agora uma pressão moderada das mãos durante cinco a dez segundos e controle a respiração num padrão relaxado.

b) *Partes laterais do pescoço:* ponha uma das mãos sobre a orelha e repita a seqüência isométrica descrita no exercício anterior (a) fazendo pressão lateral desta vez. Refaça a seqüência do outro lado.

c) *Parte frontal do pescoço:* esse exercício segue a mesma seqüência isométrica dos anteriores, mas agora você deve colocar a mão na testa e fazer pressão para trás enquanto mantém a cabeça em alinhamento neutro.

Figura 5.65

Reforço da parte frontal do pescoço

Por quê: esse é um reforço importante caso você tenha dificuldade de levantar a cabeça depois de mantê-la baixa durante algum tempo.

Movimento (Figura 5.66): deite-se de costas com a cabeça apoiada num travesseiro relativamente baixo. Comece a erguê-la, mas não estique o queixo, mantenha-o nivelado com a testa até sentir que levantou de um terço à metade do peso da cabeça. Fique nessa posição por cinco a dez segundos com a respiração bem regular, depois abaixe devagar a cabeça e relaxe. Repita o exercício de três a cinco vezes.

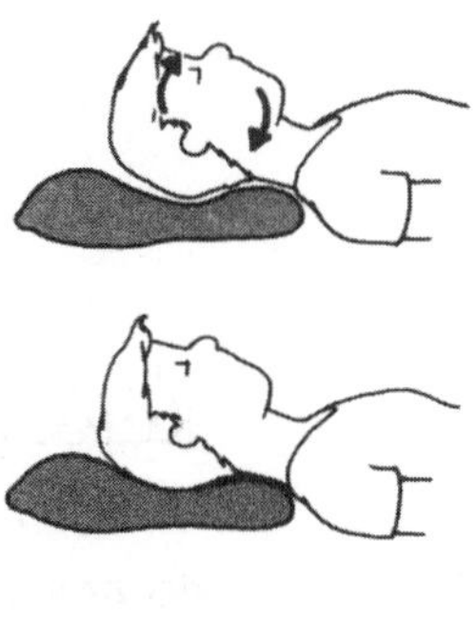

Figura 5.66

Mãos e joelhos estendidos

Por quê: esse exercício fortalece os músculos extensores da parte posterior do corpo, abrangendo coxas, nádegas, costas, ombros e pescoço. Favorece também a estabilidade da coluna, além de melhorar o equilíbrio geral. Revela-se ótimo coadjuvante dos exercícios de reforço abdominal porque os músculos extensores trabalham em "parceria" com os abdominais para manter a coluna vertebral forte e estável.

Posição inicial (Figura 5.67): abaixe-se de acordo com a ilustração mantendo os joelhos separados na mesma amplitude da pélvis e as mãos na mesma largura dos ombros. Gire os braços ligeiramente para fora e acomode os pulsos de maneira confortável para você. Mantenha a cabeça e o pescoço em linha reta com relação às costas, formando um contorno nivelado, e não curvado nem "caído". Relaxe o mais possível a região lombar, que deve estar em alinhamento neutro.

Faça de conta que há um copo cheio de água bem no meio de suas costas. Mova-se de modo a manter a água em seu nível durante todo o exercício – cuidado para não entorná-la!

a) *Levantamento da perna:* apóie seu peso na perna esquerda e lentamente estenda a direita até ficar bem reta. Não mova a pélvis nem as costas. Mantenha a perna estendida por três a dez segundos e depois retorne à posição inicial o mais suavemente que puder. Repita o exercício cinco vezes para cada perna (Figura 5.68).

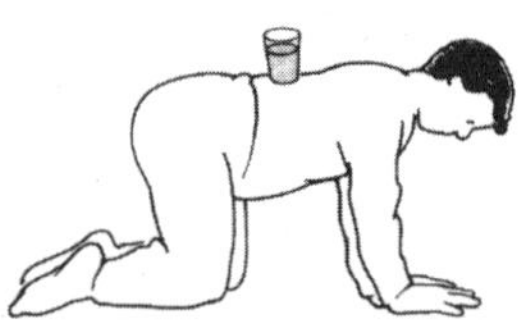

Figura 5.67

Figura 5.68

b) *Levantamento do braço:* estenda o braço direito ao nível das costas e mantenha o polegar voltado para cima. A cabeça, o pescoço e as costas devem estar relaxados em alinhamento neutro – não os incline nem os force. Repita o exercício cinco vezes para cada braço (Figura 5.69).

c) *Levantamento do braço e da perna:* estenda um dos braços e também a perna oposta. Levante-os apenas até o ponto em que você possa controlar o movimento sem perder o equilíbrio. Procure mantê-los no mesmo nível das costas e fique nessa posição por cerca de cinco segundos. Repita o exercício entre cinco e dez vezes de cada lado (Figura 5.70).

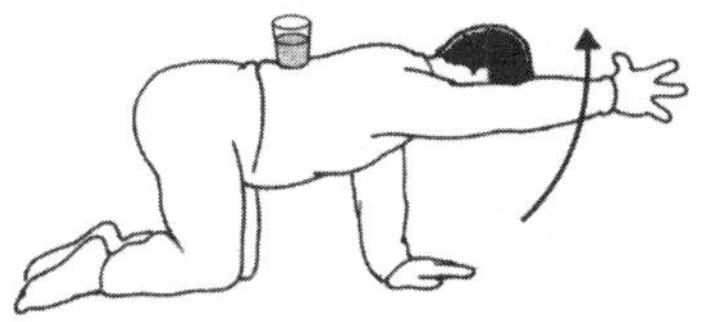

Figura 5.69

Figura 5.70

Extensão de reforço deitado de bruços

Por quê: esses exercícios são similares aos anteriores, portanto não há tanta necessidade de executar os dois. Escolha o que você preferir. Eles ajudam a fortalecer a musculatura das costas, dos quadris e dos ombros.

Posição inicial (Figura 5.71): deite-se de bruços e apóie a testa nas costas das mãos ou vire a cabeça para o lado. Se você se sentir "enforcado", ponha um travesseiro firme sob o peito, logo abaixo do queixo, para dar mais conforto à cabeça e ao pescoço. Talvez seja necessário outro travesseiro, também firme, para apoiar o abdômen e evitar que a região lombar fique arcada. Em seguida, devagar, faça uma curvatura pélvica (veja Figura 5.50) para ajustar bem a virilha no travesseiro ou no chão, deixando as costas retas. Mantenha-se nessa posição enquanto executa o seguinte:

a) *Levantamento de uma só perna:* erga a perna direita no máximo dez centímetros e fique assim durante cerca de cinco segundos. Abaixe a perna devagar e repita o movimento cinco vezes. Refaça o exercício com a outra perna (Figura 5.72).

b) *Levantamento de um só braço:* com a cabeça e o pescoço relaxados, levante um braço até cerca de dez centímetros mantendo o polegar para cima.

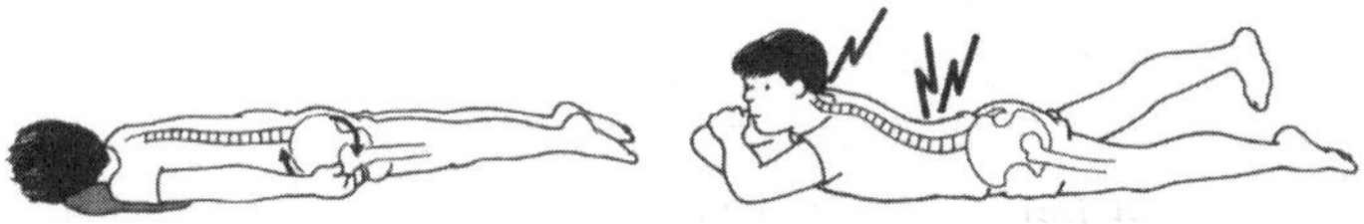

Figura 5.71

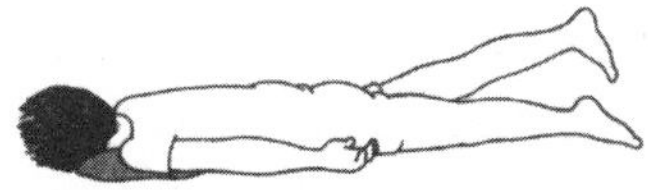

Figura 5.72

Fique assim durante cerca de cinco segundos. Abaixe o braço devagar e repita o movimento cinco vezes. Refaça o exercício com o outro braço (Figura 5.73).

c) *Levantamento do braço e da perna:* fazendo uma curvatura pélvica e mantendo a respiração relaxada, erga o braço direito e a perna esquerda (ou a perna direita) com movimentos iguais aos do exercício anterior. Fique na posição por cerca de cinco segundos e repita cinco vezes. Exercite em seguida o outro lado (Figura 5.74).

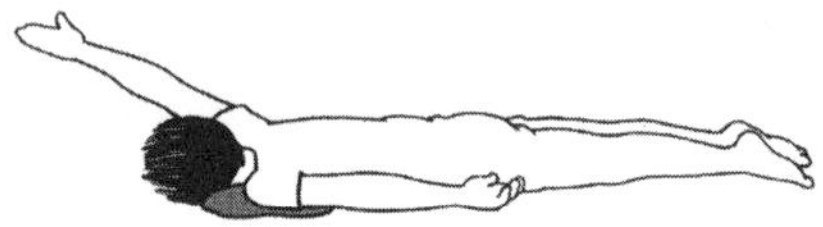

Figura 5.73

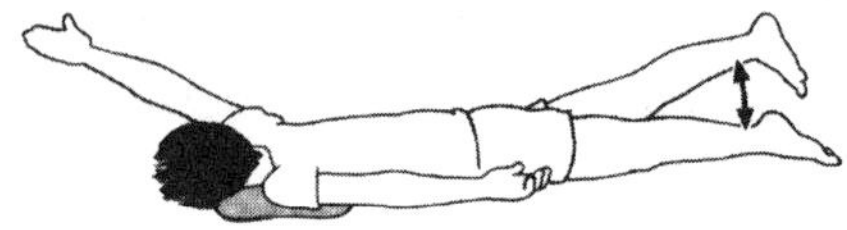

Figura 5.74

Levantamento da perna mantendo-se de pé

Por quê: esses exercícios fortalecem todos os grandes músculos das pernas. Procurando manter a cabeça, o tronco e a pélvis no melhor alinhamento possível, você conseguirá fortalecer também a musculatura que o ajuda a adotar uma boa postura. Se cultivar esse hábito, seus músculos "aprenderão" a manter-se automaticamente na postura correta. Executados de pé, esses exercícios também melhoram o equilíbrio e a coordenação motora.

Posição inicial: apóie um braço no batente de uma porta ou num móvel para manter o equilíbrio. É muito importante conservar um bom alinhamento, portanto afrouxar o braço de apoio ou perder o equilíbrio é considerado um mau movimento. Conforme você fizer progressos, a força e o equilíbrio aumentarão, o que lhe permitirá apoiar-se com a mão e até mesmo com um só dedo. Com o tempo, talvez você possa dispensar qualquer tipo de apoio para fazer esses exercícios.

Mantenha a respiração bem pausada. Se você tiver dificuldade de executar o exercício, sua tendência será prender a respiração e ficar tenso. Se isso ocorrer, tente primeiro outros exercícios mais leves descritos neste capítulo, retornando depois aos mais difíceis. De qualquer maneira, evite prender a respiração.

Mantenha a cabeça, o tronco e a pélvis no melhor alinhamento possível. Não levante tanto as pernas a ponto de sair desse alinhamento.

Não deixe de mover as pernas devagar e suavemente, pois isso requer mais força e traz menor risco de causar dor. Seus movimentos devem ser gradativos e suaves ao erguer, manter (três a dez segundos) e abaixar as pernas. Repita os exercícios entre cinco e vinte vezes de cada lado.

a) LEVANTAMENTO DA PERNA PARA A FRENTE COM FLEXÃO E EXTENSÃO DO JOELHO

Maus movimentos: se não forem corretos, esses exercícios poderão causar a curvatura do tórax e da coluna, forçando a cabeça para a frente (Figura 5.75).

Bons movimentos: tenha o cuidado de manter a cabeça e o tórax bem eretos. Limite-se a erguer a perna até a altura possível sem sair desse alinhamento (Figura 5.76).

b) LEVANTAMENTO DA PERNA PARA TRÁS COM FLEXÃO E EXTENSÃO DO JOELHO

Maus movimentos: se estiverem incorretos, esses exercícios provocarão o arqueamento do pescoço e da região lombar. O queixo e o abdômen serão projetados para a frente em mau alinhamento (Figura 5.77). Isso ocorrerá se você tentar erguer demais a perna.

Bons movimentos: comece com uma boa contração do baixo-ventre para nivelar a pélvis. Mantenha a cabeça em posição neutra e os olhos voltados para diante. Mova a perna para trás e pare quando sentir que a pélvis se desloca para a frente. Levante a perna apenas até a altura mostrada na Figura 5.78.

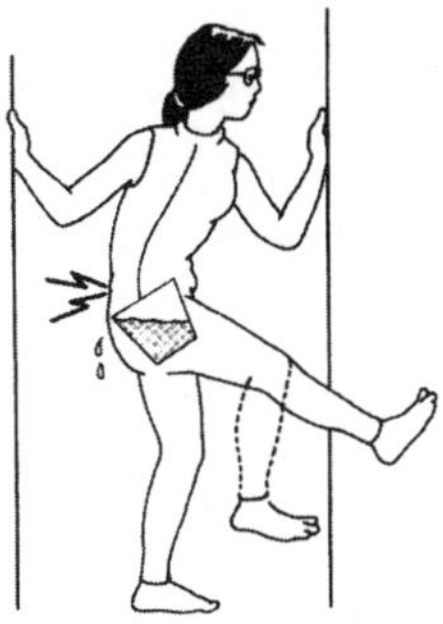

Figura 5.75

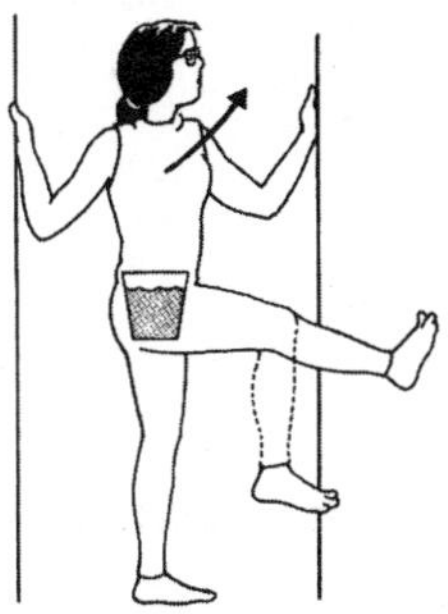

Figura 5.76

Figura 5.77

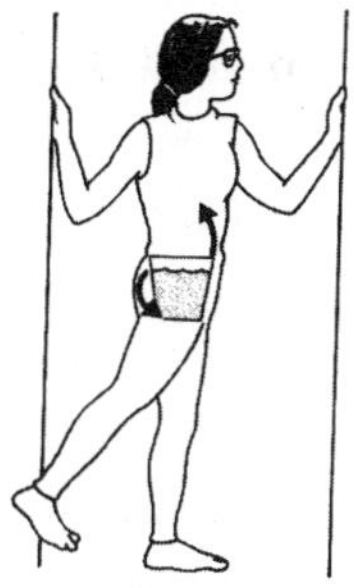

Figura 5.78

c) LEVANTAMENTO LATERAL DA PERNA (ESTENDIDA)

Maus movimentos: não curve o tronco para o lado e, da mesma forma, não incline a pélvis nem a coluna (Figura 5.79).

Bons movimentos: mantenha a cabeça, o tronco e a pélvis em alinhamento vertical e voltados para a frente. Levante a perna apenas até a altura que você puder sem sair do alinhamento correto (Figura 5.80).

d) LEVANTAMENTO DAS PANTURRILHAS

Maus movimentos: evite inclinar a pélvis, o que projetará seu abdômen para diante. Evite também movimentos exagerados e oscilantes. Não apóie seu peso sobre os calcanhares e evite ainda abrir demais os pés ou apertá-los um contra o outro (Figura 5.81).

Bons movimentos: corrija o nível da pélvis contraindo levemente os músculos do baixo-ventre e das nádegas (veja Figura 3.35). Levante e abaixe os pés suavemente, mantendo um bom alinhamento deles com as pernas (Figura 5.82).

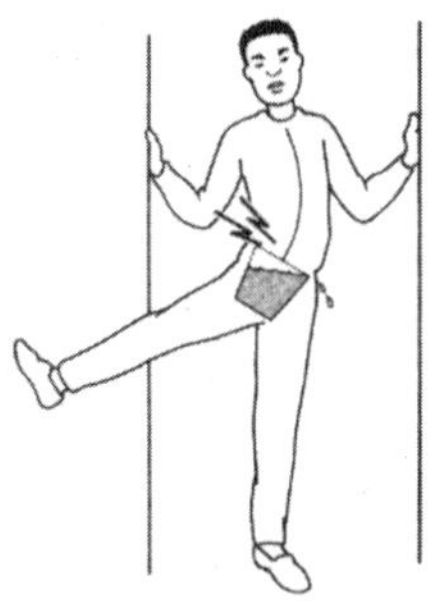

Figura 5.79

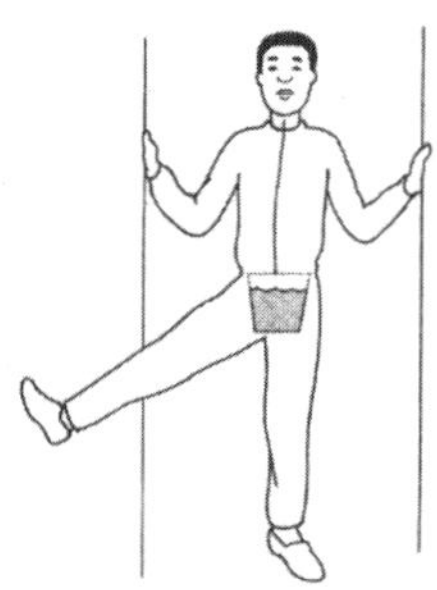

Figura 5.80

Figura 5.81

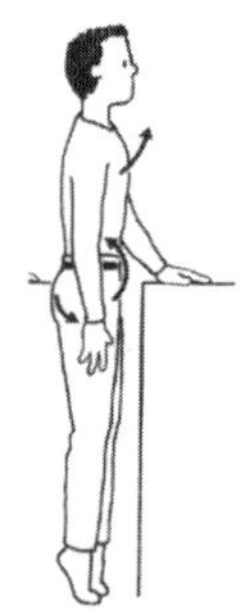

Figura 5.82

Exercício de agachamento

Por quê: esse exercício é excelente para fortalecer as pernas e aprimorar o equilíbrio, além de aumentar a capacidade de permanecer agachado.

Movimento: fique de pé em postura ereta e separe bem os pés (mais que a largura dos ombros). Agache-se parcialmente de modo que os joelhos, dobrados, fiquem paralelos às pontas dos pés. Em seguida, faça um movimento rotativo, no sentido horário, para distribuir seu peso entre as duas pernas. Mova a pélvis e o tronco o mais amplamente que você puder, sempre tendo os pés como centro, em todas as direções: para a frente, para trás, para a direita e a esquerda e de volta ao centro. Mantenha a cabeça, o tronco e a pélvis eretos e alinhados. Estenda os braços na direção oposta àquela em que seu corpo está girando para facilitar o equilíbrio. Repita o exercício duas ou três vezes no sentido horário e também no anti-horário.

Reforço e musculação com o uso de equipamentos

Os exercícios de musculação de qualquer tipo (máquinas, halteres, tiras de borracha) se destinam à aplicação de resistência aos movimentos corporais normais e podem ser considerados como uma forma de esforço mecânico. Seu corpo pode ter muitas reações a esse esforço – que irão determinar se essa forma de exercício é benéfica, uma perda de tempo ou prejudicial a você.

Fatores de êxito

O conhecimento e o controle de três fatores básicos trarão muito mais êxito a seus esforços para fazer esses exercícios. Tais fatores são a respiração, o alinhamento e o tônus muscular.

1. RESPIRAÇÃO

   Maus movimentos: evite prender a respiração ou ficar tenso por medo de perder o ritmo da respiração.

   Bons movimentos: mantenha um ritmo relaxado e fácil de respiração. Inale profundamente, sentindo-se "boiar", e solte o ar lentamente para aumentar sua força.

   Faça algumas respirações de limpeza para ficar mais relaxado e reduzir a tensão muscular e a pulsação. Inale lenta e profundamente pelo nariz ou pela boca. Espere um momento para que o "mau ar" se concentre e depois exale calmamente pela boca, liberando toda a tensão enquanto solta o "mau ar".

2. ALINHAMENTO

   Maus movimentos: não permita que a resistência do aparelho ou do peso o leve a um alinhamento incorreto. Essa tendência aumenta se você estiver cansado ou se tentar erguer um peso maior que sua capacidade muscular.

Bons movimentos: mantenha um bom alinhamento "exagerado" durante todo o exercício. Por exemplo: quando estiver sentado e levantar pesos, acentue a reposição da pélvis de modo a ficar na posição mais estável e ereta possível. Se o assento for muito baixo, use algum tipo de apoio e, para não perder o alinhamento, acompanhe seus movimentos pelo espelho – se houver um. Quando estiver de pé para fazer esses exercícios, separe os pés além da largura dos ombros e nivele bem a pélvis (contraindo o baixo-ventre e as nádegas) para que toda a parte inferior do corpo permaneça em bom alinhamento enquanto você levanta o peso com os braços (Figura 5.83).

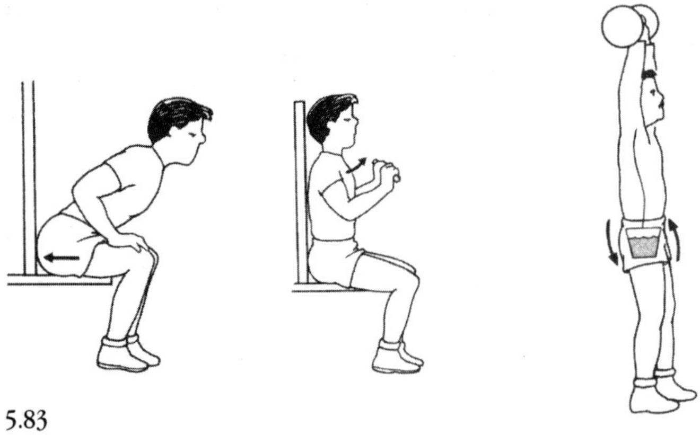

Figura 5.83

3. TÔNUS MUSCULAR

Maus movimentos (Figura 5.84): ao erguer os braços para sustentar o peso, evite contrair a parte frontal do pescoço e levantar os ombros. Evite também contrair os músculos do rosto e apertar os dentes. Não use a musculatura das costas nem das nádegas para erguer ou abaixar o peso (faça isso com a força dos braços). Finalmente, evite a todo custo fazer movimentos bruscos ou rápidos, o que pode resultar em problemas de alinhamento, tônus ou dor.

Figura 5.84

Bons movimentos (Figura 5.85): procure uma posição e faça movimentos que tornem mais fáceis e suaves esses exercícios – mantenha a face e a expressão relaxadas, não aperte os maxilares e cultive imagens e pensamentos que lhe tragam tranqüilidade e controle. Mova-se suave e calmamente e procure manter o mesmo ritmo do começo ao fim do exercício. Faça uma pausa ao completá-lo e volte à posição inicial com o mesmo controle.

Figura 5.85

Quantidade e freqüência

Faça os exercícios de duas a quatro vezes por semana, repetindo entre oito e quinze vezes cada um. Você deve atingir um nível que lhe permita executar todas essas repetições com esforço moderado – nem tão fácil nem tão cansativo. Tenha sempre o cuidado de verificar o peso que pretende levantar: se for demais para você, surgirão problemas de alinhamento e haverá desgaste desnecessário. Por outro lado, se as últimas repetições parecerem tão fáceis quanto as primeiras, isso significa que você pode levantar mais peso.

Figura 5.86

Exemplos de exercícios

Os exercícios apresentados a seguir trazem recomendações específicas que se aplicam a qualquer tipo de equipamento que você use.

QUADRÍCEPS (parte frontal da coxa)

Bons movimentos (Figura 5.86): faça uma reposição pélvica acentuada para que a região lombar fique relaxada e bem apoiada formando um leve arco. Estique os joelhos o mais que puder sem sair do alinhamento ereto. Para manter o equilíbrio e a estabilidade, apóie as mãos na borda do assento.

Maus movimentos (Figura 5.87): evite sentar-se sobre o cóccix, o que o levará a uma postura curvada. Se seus tendões estiverem tensos e você esticar totalmente os joelhos, o resultado será um arco exagerado nas costas, que causará grande compressão sobre a região lombar – e isso pode ser muito prejudicial.

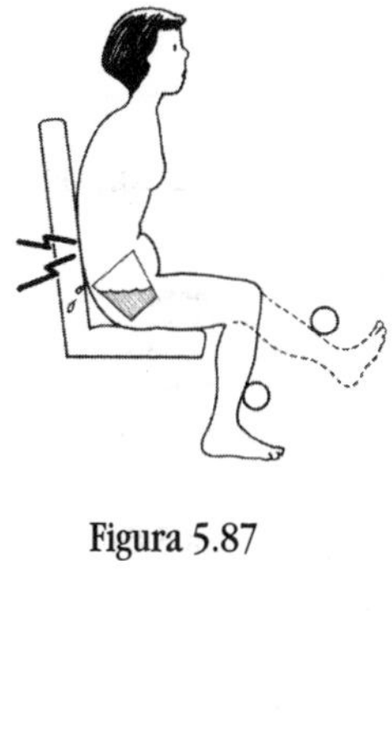

Figura 5.87

TENDÕES (parte posterior da coxa e nádegas)

Bons movimentos (Figura 5.88): ao dobrar os joelhos, ajuste bem o tronco sobre a mesa para que as costas e as nádegas fiquem niveladas. Mantenha relaxada a região dos ombros e a do pescoço. Use os braços para facilitar o movimento e dobre os joelhos o máximo possível sem sair desse alinhamento.

Maus movimentos (Figura 5.89): não deixe que suas costas se arqueiem nem que os quadris se projetem para fora. Não levante a cabeça enquanto dobra os joelhos, pois isso provocará tensão.

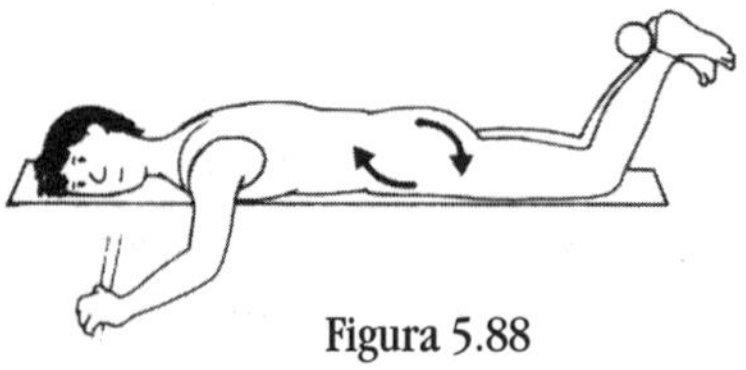

Figura 5.88

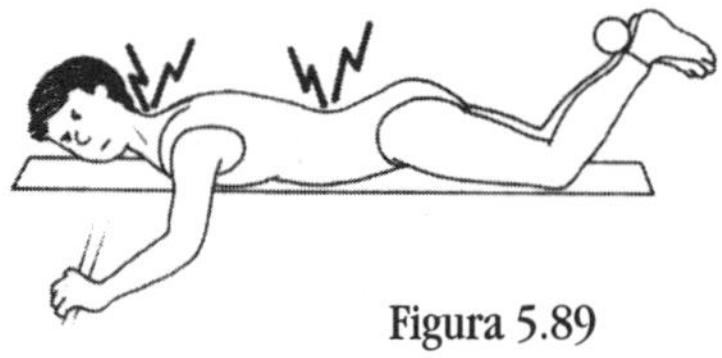

Figura 5.89

ABDOMINAIS

Bons movimentos (Figura 5.90): acentue a reposição da pélvis e mantenha uma postura ereta. Nessa posição, dobre o tronco de modo que a região lombar fique relativamente reta. Descanse os braços no apoio da máquina durante esse movimento e observe como ele se parece com o exercício de agachamento. Não exija muito de seus músculos, principalmente se sentir desconforto na região lombar, nos quadris ou nas pernas.

Maus movimentos (Figura 5.91): não arqueie a região lombar até causar compressão sobre ela. Além de má postura, essa posição é potencial-

Figura 5.90

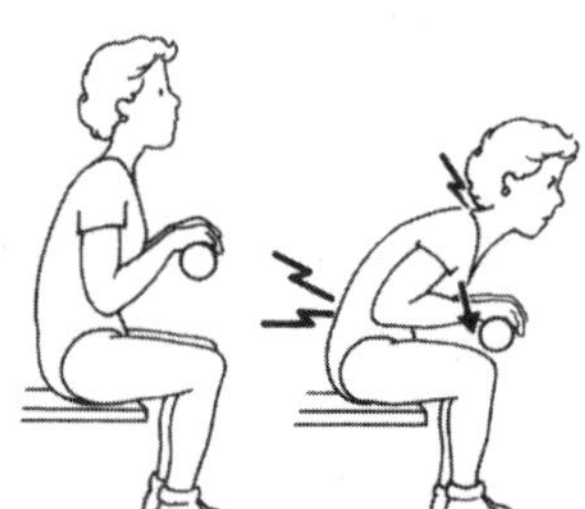

Figura 5.91

mente perigosa. Tampouco curve a cabeça adiante do tórax quando abaixar o tronco. Não use os braços como alavanca nem olhe para cima durante o movimento.

EXTENSORES DORSAIS

Bons movimentos (Figura 5.92): acentue a reposição pélvica e mantenha uma postura ereta durante todo o exercício. Contraia os músculos do baixo-ventre enquanto inclina a coluna para trás. Pare se sentir qualquer tipo de desconforto ou pressão na região lombar ou nas pernas. Seu nível de resistência se ampliará com a repetição e o tempo, portanto saiba esperar, não exija demais de seus músculos a princípio.

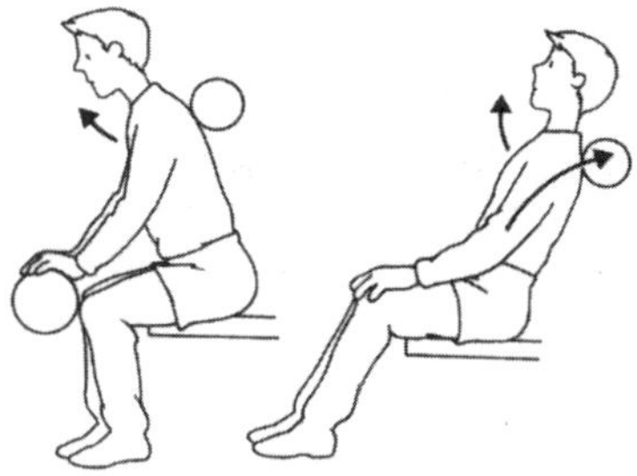

Figura 5.92

Maus movimentos (Figura 5.93): evite fazer o exercício com as costas, o tórax e a cabeça "derrubados". Não force o pescoço para trás quando inclinar o tronco.

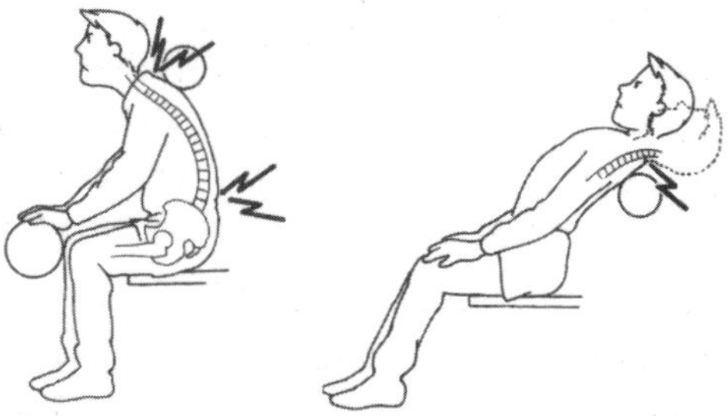

Figura 5.93

TENDÕES DORSAIS (usados nos movimentos de tração)

Bons movimentos (Figura 5.94): mantenha o tronco ereto e a cabeça e as costas alinhadas ao se "pendurar" com os braços e procure contrair e juntar as omoplatas. Use um cinto no assento (como os de segurança) para aumentar o impulso sobre os tendões.

Figura 5.94

Maus movimentos (Figura 5.95): evite usar o tronco no movimento de tração, pois isso vai "derrubar" sua cabeça sobre o tórax. Evite também arcar a cabeça para trás ou esticar demais o pescoço durante o exercício.

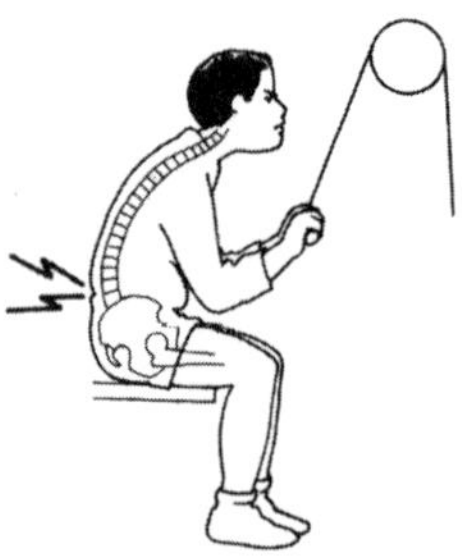

Figura 5.95

DELTÓIDES (músculos dos ombros usados para empurrar, levantar e suspender)

Bons movimentos (Figura 5.96): mantenha-se sentado em alinhamento ereto durante todo o exercício. Procure deixar a região lombar relaxada, livre de esforço – para que apenas os braços trabalhem.

Maus movimentos (Figura 5.97): evite arquear as costas, pois isso aumentará perigosamente a pressão sobre a região lombar. Da mesma forma, evite curvar a região lombar e o pescoço para apoiar o esforço dos braços, pois essa postura sobrecarrega excessivamente a coluna vertebral.

Figura 5.96

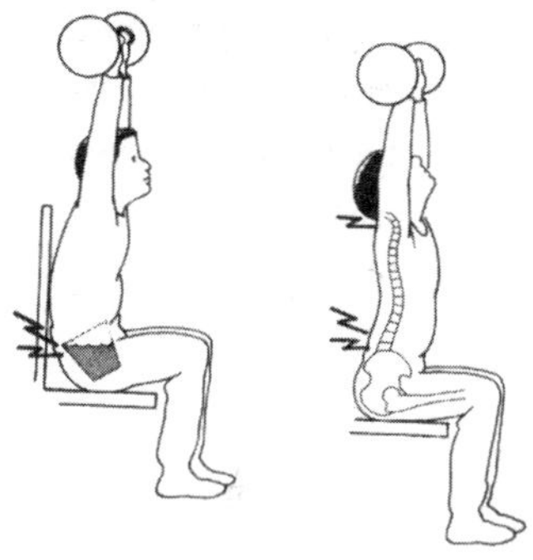

Figura 5.97

PEITORAIS (músculos da parte frontal e superior do tórax usados para puxar)
Bons movimentos (Figura 5.98): mantenha o tórax ereto e a cabeça em alinhamento enquanto movimenta os braços.

Maus movimentos (Figura 5.99): evite arcar as costas, encolher o tórax e forçar a cabeça para trás para completar o movimento.

Figura 5.98

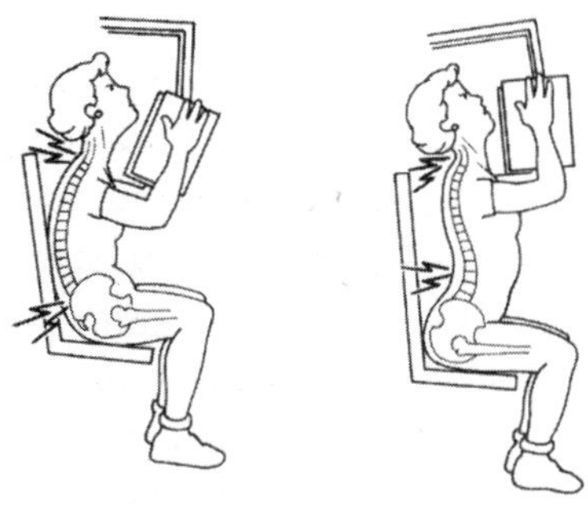

Figura 5.99

PEITORAIS E DELTÓIDES FRONTAIS (usados para erguer e sustentar pesos)
Bons movimentos (Figura 5.100): mantenha alinhamento neutro e relaxado da cabeça, do tronco e da pélvis durante todo o exercício. Coloque os pés no piso ou no banco sobre o qual estiver deitado, conforme for mais confortável para você. Mantenha o pescoço e as mandíbulas relaxados enquanto levanta o peso.

Maus movimentos (Figura 5.101): evite a tensão e o esforço das costas e do pescoço durante o exercício, o que provocará uma curvatura forçada dessas áreas. Não pressione a cabeça nem o pescoço contra o banco.

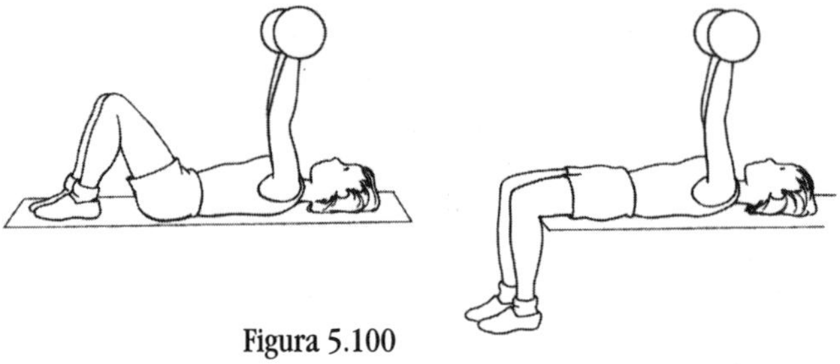

Figura 5.100

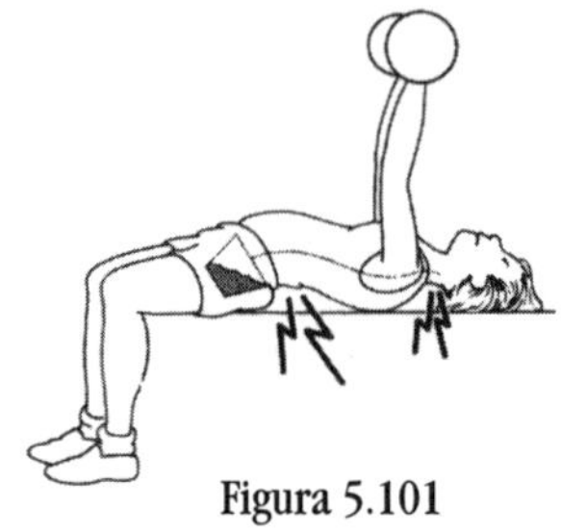

Figura 5.101

Figura 5.102

BÍCEPS (músculos importantes para erguer e puxar pesos)

Bons movimentos (Figura 5.102): mantenha o tórax em alinhamento com a cabeça, ambos eretos e bem equilibrados. Se estiver de pé, afaste os pés além da largura dos ombros e nivele bem a pélvis. Mantenha os braços paralelos e apóie os cotovelos na altura da cintura enquanto levanta e abaixa os pesos com os antebraços.

Maus movimentos (Figura 5.103): evite curvar o tórax e a cabeça, projetando-os para a frente. Não deixe que os cotovelos ultrapassem os ombros ao erguer e abaixar os pesos. Mantenha sempre o nível da pélvis.

Figura 5.103

EXERCÍCIOS AERÓBICOS

O que são

Exercício aeróbico é qualquer atividade executada com intensidade e nível tais que o oxigênio é utilizado como o principal combustível da produção da energia necessária. Para obter totalmente os benefícios de um exercício aeróbico é preciso executá-lo durante tempo suficiente (pelo menos quinze a vinte minutos), com freqüência suficiente (pelo menos duas a três vezes por semana) e com intensidade adequada (dentro de sua média ideal de pulsação cardíaca). Os exemplos mais comuns de possíveis formas de exercício aeróbico são a caminhada acelerada, a corrida, o ciclismo, a natação e a dança. Todas essas atividades podem ser feitas de forma anaeróbica (sem oxigênio) se forem executadas com demasiada rapidez e intensidade. Nesse caso, você não agüentaria nem sequer vinte minutos: perderia o fôlego e não teria os benefícios aeróbicos. Em outras palavras, se você fizer esses exercícios de modo incorreto, seu organismo simplesmente "desabará" bem depressa.

Por que fazê-los

Existem várias razões que podem levar você a buscar os benefícios da prática regular dos exercícios aeróbicos. Eles aumentam a força e a eficiência do sistema circulatório e cardíaco reduzindo, portanto, o risco de infarto, pressão alta e doenças do coração. Podem também melhorar a resistência orgânica a atividades estressantes e proporcionar uma vida mais saudável e longa. O corpo ganha mais eficiência para transformar o oxigênio em energia e o sistema imunológico se fortalece. Além de tudo isso, os exercícios aeróbicos trazem quatro benefícios específicos às pessoas que sofrem de dores lombares e cervicais:

1. Praticá-los é a maneira mais saudável e eficaz de perder peso naturalmente (eles são a única forma de exercício que metaboliza com eficiência a gordura celular). Não são raros os casos em que o peso excessivo agrava as dores, portanto os exercícios aeróbicos podem ter dupla utilidade.
2. Eles proporcionam alívio da dor mais duradouro. Essa é a única forma de exercício capaz de efetivamente estimular a produção e a liberação de endorfina – uma substância química poderosa e natural que bloqueia os circuitos de dor.
3. A prática dos aeróbicos torna as pessoas menos vulneráveis a lesões e agravamentos dos sintomas porque o sistema estrutural ganha força e flexibilidade.
4. Graças aos aeróbicos há um expressivo aumento da auto-estima, pois ajudam a combater sentimentos como raiva, depressão e ansiedade, que sempre detonam os circuitos de dor.

Todos esses benefícios potenciais dependem da maneira pela qual você vai praticar a atividade aeróbica que escolher. É essencial optar pelo tipo de exercício compatível com suas condições (físicas e emocionais) e executá-lo de modo a atingir as metas mencionadas adiante, neste mesmo capítulo. Isso conduz à questão sobre a melhor maneira de praticar qualquer aeróbico.

Freqüência

Entre duas e cinco vezes por semana – essa é a freqüência ideal. Se você não praticar aeróbicos pelo menos duas vezes por semana, seu organismo não terá como melhorar o desempenho. Além disso, a irregularidade da prática desses exercícios é fisicamente estressante e arriscada caso você se esforce exageradamente.

Os exercícios aeróbicos só devem ser feitos mais de cinco vezes por semana por atletas que tenham bom condicionamento físico. Para as pessoas comuns, isso causaria fadiga, sobrecarga e dor. Em casos extremos, essa prática intensa poderia levar a lesões mais sérias e até a doenças se o sistema estrutural e o imunológico enfraquecerem.

Duração

Para obter plenos benefícios, você deve praticar os aeróbicos durante pelo menos quinze ou vinte minutos. Se houver dificuldade inicial, você poderá começar com cinco ou dez minutos e gradualmente aumentar a duração dos exercícios, o que também lhe trará melhoras. Observe e "ouça" seu corpo – lembre-se de que o objetivo é fazer você se sentir bem, e não estressado. Cuidado para não exagerar na intensidade nem na velocidade do exercício. Verifique sua taxa cardíaca para evitar problemas. Se prolongar os exercícios por mais de vinte minutos, principalmente no início, também haverá efeitos negativos: seu corpo se ressentirá e se "queixará" tanto que você provavelmente não terá ânimo de praticá-los com muita freqüência.

Intensidade

Depois de um período de aquecimento gradual de dois a cinco minutos, seus movimentos devem tornar-se mais intensos, o que resulta no aumento do pulso, elevando-o até atingir sua taxa ideal de pulsação cardíaca (THRZ) [sigla em inglês de *target heart rate zone*]. A manutenção da taxa cardíaca na faixa ideal durante pelo menos quinze ou vinte minutos é a base de todos os programas de condicionamento aeróbico.

Use estas fórmulas simples para determinar sua THRZ:

220 – idade x .60 (para principiantes) = THRZ
220 – idade x .70 (para iniciados) = THRZ
220 – idade x .80 (para avançados) = THRZ

Mantenha sua taxa cardíaca na faixa situada entre sua THRZ e o nível superior ao seu. A tabela apresentada a seguir demonstra a THRZ de vários grupos etários:

Idade	THRZ Principiantes	THRZ Iniciados	THRZ Avançados
20	120-140	140-150	150-160
25	117-136	136-146	146-156
30	114-133	133-143	143-152
35	111-130	130-140	140-148
40	108-126	126-136	136-144
45	105-123	123-133	133-140
50	102-119	119-130	130-136
55	99-116	116-126	126-132
60	96-112	112-122	122-128
65	93-109	109-119	119-124
70	90-105	105-115	115-120

Checagem da pulsação

Por quê

Para determinar se está fazendo o exercício dentro de sua THRZ, você deve checar suas pulsações (por minuto) durante o aeróbico, ao terminá-lo e cinco minutos depois de concluí-lo. Essa medida é especialmente importante no início de cada exercício, pois indicará se você está se esforçando demais (além de sua THRZ) ou se está exigindo pouco de si mesmo (abaixo de sua THRZ).

Durante e logo após o exercício, a pulsação deve estar dentro de sua faixa de THRZ. Cinco minutos depois, sua taxa cardíaca deve reduzir-se a menos de 100 batidas por minuto. Se não for assim, você talvez esteja se esforçando muito! A regra geral é: quanto mais depressa sua pulsação voltar ao normal tanto melhor será sua forma física.

Como

Procure sua carótida pressionando levemente o dedo indicador e o médio sobre a garganta um pouco acima e à direita do pomo-de-adão para sentir o ritmo de sua batida cardíaca. Outra forma de acompanhar a pulsação é, usando esses mesmos dedos, pressionar de leve o lado interno do pulso, logo abaixo do polegar. Em seguida, conte o número de batidas durante dez segundos e multiplique esse número por 6 para determinar a taxa cardíaca por minuto.

Se estiver fazendo um esforço excessivo, a pulsação ultrapassará sua THRZ, não terá fôlego para dizer seu nome, muito menos seu endereço, você se sentirá tonto, ofegante e provavelmente parecerá "acabado", além de transpirar muito mais que o normal.

Se, por outro lado, não se esforçar o suficiente, a pulsação ficará aquém de sua THRZ, você não perderá o fôlego e será capaz até mesmo de cantar, além de não sentir cansaço e talvez nem transpirar.

Período de aquecimento e de desaceleração

É importante reservar de dois a cinco minutos antes do início e após o término do exercício aeróbico para o aquecimento e a desaceleração. No início, você precisa aquecer lentamente e alongar seus tecidos musculares para assegurar movimentos mais eficientes e seguros quando o ritmo do exercício se acelerar. É como aquecer o motor do carro antes de dar a partida. Há recomendações específicas para cada tipo de atividade aeróbica, mas é em geral aconselhável aquecer-se da maneira mais simples, isto é, executar o próprio exercício em ritmo lento e aumentar gradualmente a intensidade dos movimentos – e em conseqüência a pulsação – até atingir sua THRZ após cerca de cinco minutos.

O período de desaceleração é igualmente um importante fator de segurança. É melhor desacelerar lentamente a "máquina" após uma "corrida" dura e longa.

Essa volta à calma abrange exercícios de alongamento, mas você pode gradativamente diminuir o ritmo da atividade, durante cerca de cinco minutos, de modo que, ao parar, sua pulsação esteja aquém de 100 batidas por minuto.

Note bem: durante ambos os períodos, é recomendável acompanhar e ajustar a forma como você respira. As respirações calmantes e de limpeza ajudarão a "alimentar" os músculos e a livrá-los do dióxido de carbono. Se você perder o fôlego, seu esforço será inútil, portanto desacelere e faça algumas respirações de limpeza para retomar o controle da "máquina".

Caminhada aeróbica

Aquecimento

Considere esse momento como se fosse a primeira e a segunda "marcha" de sua "máquina". Esse ritmo de caminhada é mais indicado depois de longos períodos em que se esteve sentado ou deitado. Serve para aquecer os músculos e lubrificar as articulações. Caminhar é sempre um excelente exercício, ainda que apenas como aquecimento.

Como fazer

Procure caminhar suave e naturalmente. Acelere e desacelere gradualmente, não abuse da "máquina", exceto se já estiver bem aquecido, e evite começar e parar de forma abrupta. Quando iniciar a caminhada, acentue o alinhamento ereto e equilibrado e ajuste a postura conforme for necessário. Se você esteve sentado por muito tempo, o que aumenta a tendência de curvar o tronco e a cabeça, concentre-se em alongar os músculos e liberar toda a pressão e mentalize cenas agradáveis. Adote o hábito de esticar e abrir os braços e de fazer algumas respirações de limpeza assim que iniciar a caminhada.

Passo acelerado e reforço

Considere essa fase como a terceira marcha de sua "máquina". Essa forma de caminhar pode ser adotada sempre que você quiser aumentar sua capacidade de aceleração e manter um passo rápido por alguns minutos ou durante um período mais longo. Esse exercício aumenta a força e a flexibilidade de todo o sistema estrutural. Se você se aproximar de sua THRZ durante pelo menos quinze minutos, essa forma de andar poderá tornar-se o melhor caminho para um ótimo desempenho aeróbico. Você pode fazer esse exercício durante suas idas e vindas diárias ou como parte de um programa específico.

Após dois minutos de aquecimento, aumente a velocidade até atingir um ritmo acelerado (de 120 a 170 passos por minuto).

Tome cuidado e preste atenção

Nesse ritmo de caminhada, você pode ter a tendência de recair em algum mau alinhamento ou contrair os músculos. Para evitar isso, siga as recomendações contidas na seção "Aprenda a caminhar", no capítulo 3. Concentrando-se no ritmo e na boa forma, você queimará mais calorias e fortalecerá seu tônus muscular (Figura 5.104). Faça o seguinte:

Figura 5.104

a) Mantenha a cabeça nivelada e a postura ereta: faça algumas vezes o realinhamento da cabeça e do tórax (veja Figura 3.24) para conservar automaticamente uma boa posição.

b) Mantenha o nível da pélvis: se você conservar essa postura enquanto acelera o passo, os músculos do abdômen e das nádegas serão naturalmente fortalecidos. A contração moderada desses músculos durante alguns momentos (de vinte segundos a um minuto) poderá tornar-se o único exercício abdominal que você precisará fazer! Mantenha a respiração relaxada.

c) Ande para a frente: ao dar o passo, mantenha o pé voltado para a frente ou ligeiramente para o lado. Estique-se bem para alongar o passo, pois isso desenvolve os músculos da parte frontal das pernas.

d) **Mova os pés corretamente:** você deve "aterrissar" primeiro a parte externa do calcanhar, depois apoiar no chão a parte externa do pé e por fim dar impulso com o peito do pé e os dedos. Faça isso suavemente, sem causar impacto nos pés nem nas pernas. Com as panturrilhas e os músculos das coxas e das nádegas você pode aumentar o impulso, poupando os pés e as pernas de um desgaste maior. Além disso, você ganhará mais velocidade, maior tônus muscular e queimará mais calorias.

e) **Balance os braços:** aumente o ritmo natural com que você balança os braços para obter mais propulsão. Durante caminhadas moderadas, deixe os braços estendidos ao longo do corpo, balançando como pêndulos, com os cotovelos ligeiramente dobrados. Quando aumentar a velocidade, você automaticamente dobrará bem os braços em busca de maior propulsão. Com esses movimentos dos braços, você pode queimar de 5% a 10% mais calorias. Evite levantar os ombros e não balance os braços na frente do corpo – eles devem mover-se para diante e para trás.

Informações variadas sobre caminhadas

- *Calçados adequados:* há grande número de calçados próprios para caminhadas e corridas à venda hoje em dia. Procure uma loja especializada nesses artigos. Experimente bem o calçado antes de comprá-lo e baseie sua decisão no conforto, na estabilidade do contraforte e no grau de absorção de impactos (veja capítulo 3).
- *Tipos de solo:* superfícies macias, como trilhas de corrida, terra e asfalto, são as melhores. Solos mais duros, como concreto e tijolo, podem agravar problemas já existentes devido ao excesso de compressão, mas há maneiras de amenizar isso com o uso de palmilhas e calçados que tenham boa capacidade de absorção de impactos. Caminhar em areia macia e terrenos irregulares também costuma agravar problemas por causa da instabilidade e do efeito "oscilante" sobre a forma de andar. Se possível, evite essas superfícies.
- *Pesos para as mãos ou para as pernas:* se você tem dores no pescoço ou nos braços, evite o levantamento de pesos, pois esse exercício pode causar alinhamento incorreto ou muita tensão muscular. Mas se mesmo assim usar pesos para as mãos mantenha o tórax ereto, os ombros abaixados e o pescoço em alinhamento neutro. O uso de pesos para as pernas aumentará seus batimentos cardíacos caso você tenha dificuldade de atingir sua THRZ. Por outro lado, esse exercício pode provocar um modo um

tanto frouxo ou hesitante de andar. Se você alcança facilmente sua THRZ sem recorrer a essas atividades, talvez seja melhor evitá-las.

Corrida aeróbica

Caso você já pratique exercícios aeróbicos há algum tempo, talvez a caminhada não seja suficiente para atingir sua THRZ. Um programa gradativo de corrida pode ser uma boa opção. Correr nem sempre causa o agravamento de dores lombares e cervicais, mas há um aumento de compressão bem definido das pernas e da coluna quando se passa da caminhada para a corrida. Sendo assim, fique preparado para trocar de atividade aeróbica se a corrida agravar seus sintomas.

Como fazer

Todas as informações contidas na seção "Aprenda a andar", do capítulo 3, e na seção "Caminhada aeróbica", deste capítulo, devem ser aplicadas nessa atividade: relaxamento do tônus muscular, bom alinhamento, calçados adequados e terreno favorável. Dê atenção especial à adoção da boa forma. Todas as tendências negativas que você eventualmente apresente na caminhada serão acentuadas pela corrida, portanto previna-se com os bons métodos indicados neste capítulo.

Bons movimentos durante a corrida

(Figura 5.105)

Figura 5.105

- **Corra com o corpo ereto e em bom alinhamento:** mantenha a expressão tranqüila e relaxada – faça parecer que é simples! A cabeça deve estar em equilíbrio com o tórax e o pescoço razoavelmente bem relaxado. A base de seus movimentos deve ser o tórax.
- **Mantenha o tórax ereto, relaxado e aberto:** erga o tronco ao inspirar e permaneça assim quando soltar o ar. Imagine que seu tórax está agradavelmente suspenso por um fio.
- **Os ombros e os cotovelos devem ficar estendidos e relaxados:** mantenha a flexão e a extensão dos cotovelos para dar apoio a seus movimentos, faça-os trabalhar para você. Deixe o

tronco em alinhamento neutro enquanto seus braços se movem e trabalham. Estenda um dos braços e flexione o outro.

▲ **A pélvis deve estar bem nivelada:** talvez seja preciso contrair os músculos do baixo-ventre e das nádegas para nivelar a pélvis – isso depende de sua postura costumeira.

▲ **Concentre-se no bom alinhamento das pernas:** evite o impacto dos pés contra o chão, "aterrisse-os" suavemente. Siga as recomendações da seção "Caminhada aeróbica".

▲ **Mantenha a cabeça, o tronco e a pélvis eretos e voltados na mesma direção:** imagine que eles são três caixas empilhadas que você carrega, portanto não permita que se desequilibrem, pois poderão cair. Observe que o movimento cadenciado dos braços e das pernas ajuda a manter seu corpo bem nivelado e ereto.

Maus movimentos durante a corrida

▼ **Evite a postura tensa e curvada:** uma expressão tensa demonstra desconforto, dor e desagrado – a cabeça se inclina, os ombros se erguem e se curvam, os cotovelos ficam além da linha da cintura, o tórax se dobra devido à tensão do abdômen e a região lombar e o cóccix estão em mau alinhamento (Figura 5.106).

▼ **Evite contrair as costas:** com essa postura, a coluna é comprimida e forma um arco que provoca a projeção forçada do queixo, do pescoço, do abdômen e dos quadris (Figura 5.107).

▼ **Evite a corrida oscilante:** a falta de estabilidade e a tensão muscular são a causa desse problema – a cabeça, o tórax, a pélvis, os joelhos e os tornozelos oscilam, se torcem e balançam, causando movimentos incertos e vacilantes (Figura 5.108).

Figura 5.106

Figura 5.107

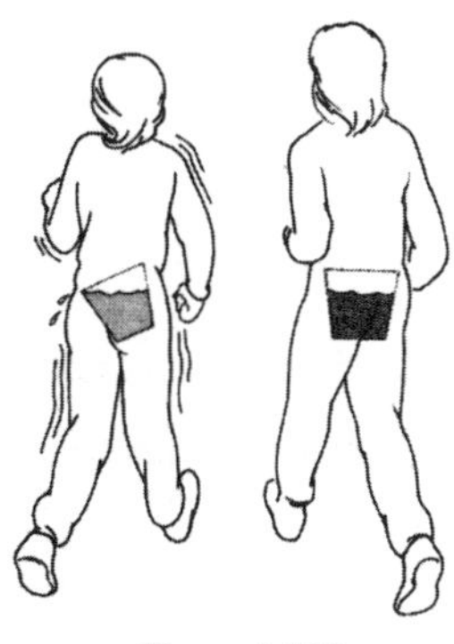
Figura 5.108

Desaceleração

É a mesma da caminhada aeróbica, embora a necessidade de fazer alongamento das panturrilhas seja maior.

Exercícios aeróbicos aquáticos

A água oferece uma enorme vantagem: enquanto sustenta o corpo e reduz a compressão das articulações, também proporciona mais resistência, pois quanto mais depressa você se move tanto mais seus músculos precisam trabalhar. É perfeita para relaxar, alongar o corpo e desenvolver a resistência orgânica.

Bons movimentos durante a natação (Figura 5.109)

▲ **Mova-se com calma e eficiência na água:** seja qual for sua atividade aquática, os movimentos devem ser pausados e suaves.

▲ **Mantenha a cabeça e o pescoço em alinhamento neutro:** se você nadar no estilo *crawl,* por exemplo, deixe a cabeça na água, voltada para o fundo da piscina, em alinhamento com o tórax.

▲ **Quando virar a cabeça para respirar** mantenha o queixo abaixado e faça o tronco voltar-se um pouco também, em sincronia com a cabeça, para não forçar excessivamente o pescoço.

▲ **Mantenha a região lombar e a pélvis em posição neutra:** para isso, basta contrair moderadamente os músculos do baixo-ventre.

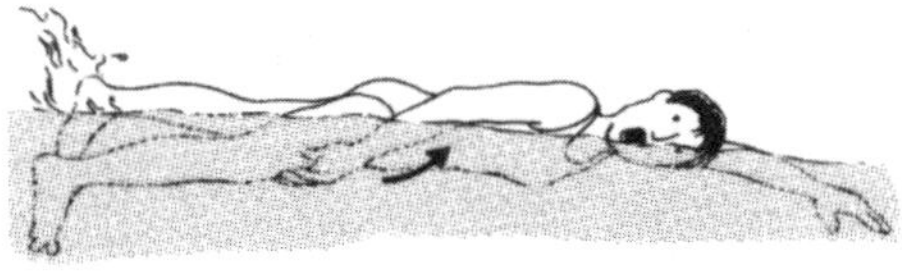

Figura 5.109

Maus movimentos durante a natação (Figura 5.110)

▼ **Evite levantar a cabeça e o rosto:** se fizer isso para mantê-los acima da superfície da água, você vai causar tensão no pescoço, arqueando-o de modo forçado. Esse hábito sacrifica o pescoço toda vez que você o vira para respirar. Há quem faça isso para não molhar os cabelos nem os olhos...

- **Evite arquear excessivamente a região lombar:** essa postura projeta o abdômen para diante e os quadris para trás. Isso ocorre devido ao fato de o corpo boiar na água – e é muito provável que aconteça se você tiver essa tendência também fora da água.
- **Evite movimentos desajeitados, abruptos, tensos e sem sincronia dos braços e das pernas:** esses movimentos tendem a forçar a cabeça, o tronco e a pélvis em várias direções, o que os desgasta e sacrifica. Não faça "marolas" na água.

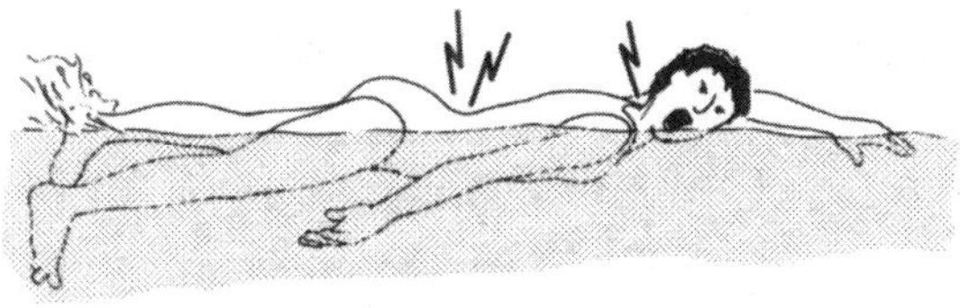

Figura 5.110

Aquecimento e desaceleração

Já na piscina, reserve alguns minutos para relaxar e alongar o pescoço e os ombros. Aquecendo-se – e depois desacelerando – gradativamente, você atingirá sua THRZ e reduzirá o risco de desgaste e desconforto. Se a natação lhe causar dores dorsais e lombares, procure fazer os exercícios de descompressão e alongamento do pescoço e das costas mostrados neste capítulo (Figuras 5.2 a 5.6 e 5.12 a 5.15).

Exercícios aeróbicos na piscina

Essa atividade oferece toda a diversão, toda a variedade e todos os benefícios da dança aeróbica sem a compressão e o possível estresse causados pelos movimentos rápidos feitos fora da água.

Se você fizer movimentos rápidos, a água vai oferecer grande resistência, e isso elevará seus batimentos cardíacos. Procure permanecer em sua THRZ.

Acentue os bons alinhamentos durante essas atividades. Apresentamos a seguir uma série de exercícios que você pode combinar na ordem que preferir, repetindo a seqüência tanto quanto for necessário para atingir os níveis aeróbicos (de quinze a vinte minutos em sua faixa de THRZ). Se você fizer exercícios mais curtos terá pelo menos a vantagem de uma boa atividade de reforço. Se desejar maior resistência da água nos braços, mantenha os dedos juntos e esticados enquanto se move.

MOVIMENTO GIRATÓRIO DA PERNA: fique boiando na piscina com os braços apoiados na borda. Mantenha o tronco e a pélvis retos e paralelos à borda da piscina. Estenda uma das pernas para o lado e afaste-a o mais que puder sem dobrar o tronco. Depois recolha a perna, passando-a diante da outra perna. Refaça o movimento inicial, mas desta vez afaste a perna para trás, passando-a na volta atrás da outra perna. Não torça nem incline a cabeça, o tórax e a pélvis. Repita a seqüência de vinte a trinta vezes para cada perna.

LEVANTAMENTO DA PERNA MANTENDO-SE DE PÉ: (para a frente, para trás e para os lados, veja Figuras 5.75 a 5.78). Repita de vinte a trinta vezes para cada perna num ritmo que o mantenha em sua faixa de THRZ.

CORRIDA SEM SAIR DO LUGAR: adote uma boa forma de correr (veja Figura 5.105), mas dê o passo apoiando no piso primeiramente a parte mediana da planta dos pés. Para obter mais resistência da água, aumente a velocidade e acentue o balanço dos braços (com os cotovelos dobrados). A superfície da água deve estar logo abaixo dos ombros.

FLEXÃO E EXTENSÃO DOS BRAÇOS: agache-se com os pés afastados numa largura maior que a dos ombros – estes devem ficar pouco abaixo da superfície da água. Estenda os braços para a frente, em linha reta com os ombros, e depois abra-os e leve-os para trás até formar um T com seu corpo. Em seguida, dobre-os em torno do tórax. Mantenha as palmas das mãos voltadas para cima. Repita esse movimento de vinte a trinta vezes e conserve a cabeça, o tronco e a pélvis em alinhamento ereto e relaxado.

JOÃO-TEIMOSO: com a água na altura dos ombros, fique na ponta dos pés (mantenha-os juntos), tome impulso com eles e ao mesmo tempo separe as pernas de modo a afundar o corpo na água enquanto move os braços para voltar à superfície. Salte e simultaneamente junte outra vez as pernas enquanto abaixa os braços ao longo do corpo. Repita a seqüência de dez a trinta vezes.

ENTRELAÇAMENTO RESISTENTE: agache-se em posição estável (em piscina rasa) com os pés bem separados. Entrelace os dedos e estenda os braços diante do corpo com as palmas das mãos voltadas para você. Em seguida movimente vigorosamente os braços para a direita e para a esquerda, como se quisesse separar os dedos, que continuam entrelaçados. Faça movimentos bem sincronizados com a cabeça, os ombros, o tronco e a pélvis (na mesma direção e ao mesmo tempo). Deixe seu corpo mover-se como uma só unidade, girando sobre a base das pernas e dos pés. Repita a seqüência de dez a trinta vezes.

Ciclismo aeróbico

Além dos benefícios já conhecidos, o ciclismo aeróbico é especificamente bom para desenvolver e fortalecer os músculos das pernas. Essa atividade não causará danos à região lombar nem ao pescoço se você pedalar em bom alinhamento, usar uma bicicleta de boa qualidade e escolher um terreno adequado.

Aquecimento

Exercícios específicos de aquecimento não são necessários, mas se você esteve sentado durante muito tempo ou tem dores cervicais é aconselhável executar os alongamentos adequados à região do pescoço e das costas. Se você se sente bem, basta caminhar ou pedalar em ritmo gradativo para aquecer-se antes de acelerar sua bicicleta.

Bons movimentos (Figura 5.111)

▲ **Permaneça relaxado e ereto**: faça a reposição da pélvis, apóie-se nos braços e mantenha o tórax reto. O uso de guidons mais altos o ajudará a manter naturalmente o alinhamento correto.

▲ **A importância do assento adequado:** para avaliar a altura do assento, fique na ponta dos pés ao lado da bicicleta: a parte dianteira do assento deve coincidir com a parte inferior de seus quadris. Ao pedalar, mantenha a perna que está abaixo em linha reta com o quadril e o joelho. Se o assento for muito alto, você será obrigado a inclinar a pélvis para os lados ao esticar as pernas, e isso vai vergar e prejudicar a coluna vertebral. Se, por outro lado, o assento for muito baixo, a tendência será curvar as costas, provocando compressão na coluna, nos quadris e nos joelhos.

▲ **Mude de posição se for necessário:** isso manterá seu conforto. Relaxe o pescoço, volte-se e olhe para os lados e abaixe um pouco a cabeça para aliviar a compressão e a tensão que se concentram na base do crânio e no

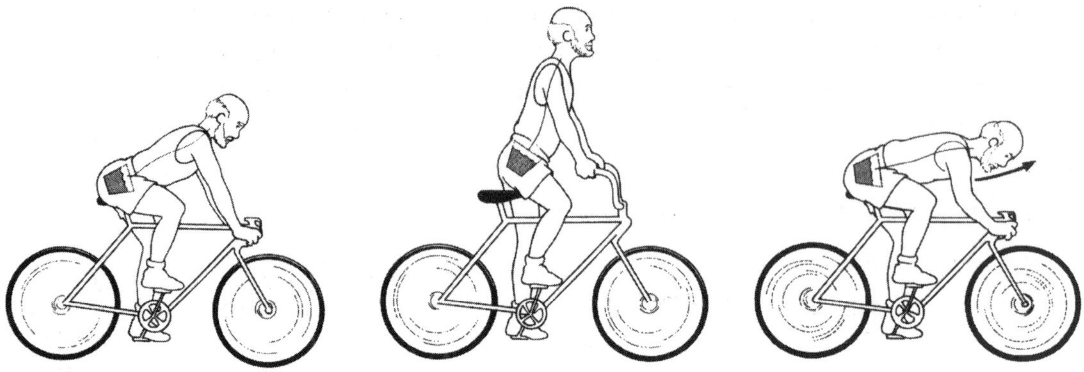

Figura 5.111

pescoço. Isso é particularmente importante se sua bicicleta tiver guidom de corrida.

▲ **Alivie a região lombar:** se você sentir desconforto e tensão nessa área, curve-se um pouco para a frente e mova ligeiramente os quadris para aliviá-la. Repita esse movimento de três a cinco vezes.

▲ **Reduza a compressão e o impacto ao mínimo:** isso talvez signifique trocar o pequeno e firme assento de corrida por outro modelo maior com molas ou forro acolchoado para melhor absorção de impactos. Existem vários tipos de cobertura para assentos que também ajudam a reduzir a compressão e os impactos, e as coberturas de borracha são as melhores para esse fim. Luvas grossas e guidom com forro acolchoado evitam desgaste maior dos braços, do pescoço ou da cabeça. Se você pretende reduzir ao máximo esses problemas, procure pneus próprios para ciclismo nas lojas especializadas.

Adotar boas formas de reduzir a compressão e os impactos é bem simples. Se a trilha for difícil ou se você estiver cansado, distribua mais seu peso entre os pés e as mãos, liberando um pouco os quadris e as costas. Em outras palavras, deixe que o impulso se dissipe através dos braços e das pernas antes de alcançar a coluna. Tente "ficar de pé" com uma perna estendida e a outra dobrada ou com ambas as pernas estendidas e incline-se um pouco para diante, apoiando-se mais fortemente nos braços. É óbvio que você não deve tentar esses movimentos se não tiver equilíbrio suficiente.

▲ **Alcance e mantenha sua THRZ:** é praticamente impossível monitorar seu pulso a não ser que você pare. Assim, é importante – e conveniente – prestar muita atenção ao ritmo de sua respiração para manter a THRZ.

Maus movimentos (Figura 5.112)

Figura 5.112

▼ **Evite "pendurar" a cabeça e forçar o pescoço:** isso pode ser evitado com o alinhamento correto do tórax. Se o tronco se curvar, imediatamente a cabeça "cai", portanto, para ver o caminho, você precisa erguer demais o pescoço, causando tensão e congestionando as vértebras. O uso de guidons baixos gera esse tipo de problema. Eles são ótimos para corridas. Se essa não é sua finalidade, prefira guidons mais altos.

▼ **Pedalar curvado aumenta a compressão:** curvar as costas e encolher a pélvis agrava os problemas de compressão, principalmente se a trilha for acidentada. Os guidons baixos também favorecem essa condição. Verifique a altura do assento se você notar essa tendência – talvez esteja baixo demais.

▼ **Evite manter a mesma posição por muito tempo:** mexa-se! Seja qual for seu alinhamento, manter uma posição durante muito tempo causará desgaste, fadiga e desconforto muito antes do que você desejaria.

Desaceleração

Faça um aquecimento ao contrário. Se você estiver bem, basta desacelerar gradativamente o ritmo das pedaladas até parar. Caso sinta desconforto ou cansaço, execute alguns exercícios de descompressão e alongamento (cinco minutos após o período de desaceleração) para conseguir rápido alívio (veja Figuras 5.2 a 5.10).

Dança aeróbica

Essa forma popular de exercício aeróbico favorece o fortalecimento e a flexibilidade de todo o sistema estrutural. Se você gosta de dançar ao som de música e se aprecia dar bastante movimento ao corpo, experimente! Caso essas atividades agravem dores já existentes, não convém tentar.

A forma mais importante de assegurar bons resultados e conforto para a coluna vertebral é manter bom alinhamento entre a cabeça, o tronco e a pélvis. A forma incorreta resulta de movimentos exagerados e rápidos demais, como levantar muito os braços e as pernas, curvar-se da maneira errada e descuidar-se do alinhamento.

Aquecimento

Toda aula idônea de dança aeróbica deve ter uma fase de aquecimento. De qualquer modo, você pode aquecer-se caminhando ou executando movimentos de dança em ritmo lento. Os vários exercícios de relaxamento e alongamento apresentados neste livro podem ajudá-lo a fazer um bom aquecimento.

Dança aeróbica de baixo impacto

Nessa forma de dança aeróbica, pelo menos um dos pés permanece no chão durante todo o tempo. Em conseqüência disso, como você não vai executar nenhum salto, seu corpo não estará sujeito a grandes choques. É aconselhável começar a praticar dança aeróbica por essa forma de baixo impacto, pois se houver agravamento de seus problemas você já saberá que não deve tentar a dança de alto impacto.

O passo aeróbico é considerado de baixo impacto e consiste em subir e descer degraus de alturas variadas enquanto se dá movimento aos braços para os lados e para cima. Esse exercício pode ser excelente se for executado lentamente e da forma correta. Infelizmente, na maior parte das vezes, se dá mais ênfase à velocidade, o que resulta em má postura, como a curvatura excessiva da região lombar, das costas e do pescoço.

Dança aeróbica de alto impacto

Essa forma de dança aeróbica permite que você se torne mais "aéreo". Devido à maior amplitude de movimentos, algumas pessoas a consideram bem mais divertida e revigorante. Se, no entanto, seus problemas se agravarem, retorne à dança de baixo impacto.

Bons movimentos durante a dança aeróbica

▲ **Acentue e mantenha o melhor alinhamento:** equilibre a cabeça, o tronco e a pélvis, conservando-os eretos e relaxados enquanto você se movimenta. Se possível, use um espelho para corrigir o alinhamento.

▲ **Mantenha o tórax ereto:** enquanto executa os vários movimentos das pernas, não as levante tanto e tão rapidamente a ponto de curvar as costas. Procure mover as pernas com suavidade e harmonia, mantendo a cabeça e o tronco eretos e relaxados (Figura 5.113).

▲ **Mantenha o nível da cabeça e da pélvis:** não descuide do alinhamento enquanto movimenta os braços (veja capítulo 3). Evite a tendência de esticar ou curvar a cabeça para a frente. Evite também "empinar" o abdômen e os quadris ao erguer os braços (Figura 5.114).

▲ **Mantenha as pernas em bom alinhamento:** os joelhos devem alinhar-se com a parte mediana dos pés. Seja qual for o movimento executado, os joelhos e os pés devem estar voltados na mesma direção. Não deixe os joelhos ultrapassarem a linha mediana dos pés.

Figura 5.113

▲ **Pouse os pés no chão com suavidade e leveza:** seja qual for o ritmo ou o movimento de seus pés, você pode reduzir o impacto deles com o chão "aterrissando-os" mais levemente. Procure conhecer alguns modelos recentes de sapatos feitos especialmente para a dança aeróbica – eles têm contrafortes de boa qualidade e alta absorção de impactos.

▲ **Escolha bem o piso:** ele deve ser estável e bem nivelado e ter certa "maciez", como assoalhos de madeira e revestimentos emborrachados ou acolchoados. Pisos de concreto ou carpetes felpudos não são adequados para a dança aeróbica.

Maus movimentos durante a dança aeróbica

▼ **Evite curvar-se para a frente, estando de pé, com as pernas esticadas** (veja Figuras 5.40 e 5.41): esses movimentos são potencialmente prejudiciais e não têm nenhuma aplicação benéfica. É preferível substituí-los por exercícios de agachamento parcial, com os pés bem separados e um dos joelhos no chão, que aumentam a força e a flexibilidade das pernas e dão mais estabilidade à coluna.

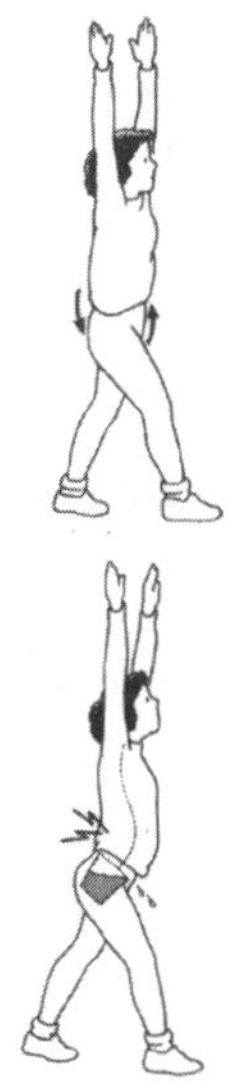

Figura 5.114

▼ **Evite o excesso:** não é raro que as pessoas dancem até ultrapassar sua THRZ. Isso não é exercício aeróbico, muito pelo contrário, pois causa estresse físico negativo que não fará bem ao corpo. Portanto, não tente acompanhar o ritmo de outras pessoas abusando de seus limites físicos. Respeite seu organismo e procure permanecer em sua faixa de THRZ.

- **Cuidado com o excesso de zelo:** fique alerta, pois seu instrutor ou seus colegas (caso freqüente um curso de dança aeróbica) – e até mesmo você – podem incorrer nesse erro. Os colegas geralmente estimulam a motivação, mas não permita que o empenho excessivo (deles ou seu) prejudique o bom andamento de seu programa aeróbico. Dê atenção às reações de seu corpo e observe seus movimentos no espelho, depois faça o que for preciso para melhorar a postura e o tônus (muscular e emocional). Execute apenas os exercícios que mantêm você em sua faixa de THRZ.
- **Cuidado com a "maratona" aeróbica:** se seu organismo não estiver preparado, não participe de longas sessões de dança aeróbica. Não esqueça a importância dos períodos de aquecimento e desaceleração e não espere que seu corpo seja capaz de fazer mais do que quinze minutos de exercícios (dentro de sua THRZ).

Desaceleração

Basta reduzir gradualmente o ritmo dos movimentos até que seus batimentos cardíacos cheguem a menos de 100 pulsações por minuto. O alongamento nem sempre é necessário após a dança aeróbica, uma vez que os músculos e as articulações ficam "ativos" durante os exercícios. No entanto, o alongamento das panturrilhas é conveniente (veja Figuras 5.30 e 5.31).

Aparelhos de exercício aeróbico

Esses equipamentos conquistaram grande popularidade nos últimos anos e são mencionados aqui principalmente por essa razão. Na maioria dos casos, entretanto, a escolha da atividade aeróbica não deveria recair sobre eles. A posição e os movimentos podem ser muito estressantes para a região cervical e lombar, especialmente se considerarmos a repetição excessiva desses movimentos. Você talvez deva evitar o uso dessas máquinas se seus problemas são agravados por exercícios que o obriguem a sentar-se e curvar e erguer o tronco muitas vezes.

Por outro lado, se você não tem esses problemas e pode usar esse equipamento com boa postura, a prática do remo (uma das mais comuns), por exemplo, é uma forma eficaz de fortalecer a musculatura das pernas, dos braços e do tronco. É necessário apenas um pouco mais de atenção e esforço para manter boas posturas durante os exercícios.

Aquecimento

Como essa atividade requer que se fique sentado, é mais saudável utilizar a caminhada como aquecimento. Durante os primeiros minutos do exercício, convém remar em ritmo lento para atingir sua melhor forma. Acelere gradualmente até alcançar sua THRZ.

Bons movimentos (Figura 5.115)

▲ **Ao sentar-se, acentue a reposição da pélvis:** você deve manter os quadris e o cóccix bem para trás, a região lombar e o tórax eretos e a cabeça em bom alinhamento.

▲ **Mantenha esse alinhamento:** ao movimentar braços e pernas para remar, procure permanecer em boa postura. Se você mantiver o tórax ereto, a região lombar, a cabeça e o pescoço permanecerão automaticamente em alinhamento.

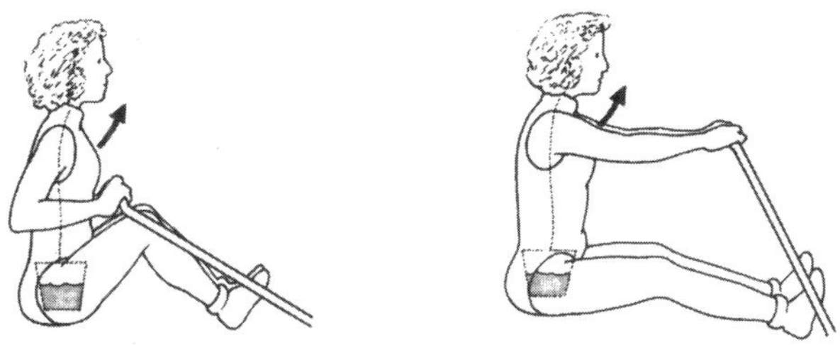

Figura 5.115

Maus movimentos (Figura 5.116)

▼ **Evite sentar-se com as costas curvadas:** é uma postura freqüente durante essa atividade. Para evitá-la, observe que o tórax e a cabeça se inclinam para a frente, vergando a região lombar.

▼ **Evite inclinar-se para trás ao puxar o remo:** isso reduz o fortalecimento dos braços e das pernas e causa o desgaste maior da coluna.

Desaceleração

Andar é a melhor forma de desaceleração depois desses exercícios porque a caminhada ajuda a aliviar a compressão e a alongar o sistema estrutural. É também

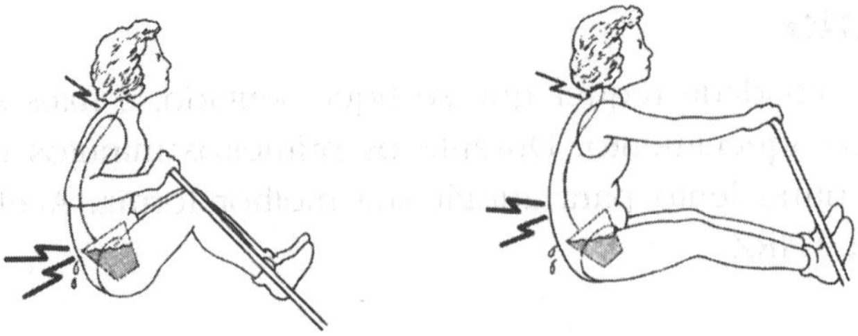

Figura 5.116

recomendável executar exercícios de descompressão e alongamento do pescoço, da coluna vertebral, flexões e alongamento com barra suspensa (veja mais detalhes de todos eles neste mesmo capítulo).

Conclusão

O principal objetivo deste livro é apresentar a você métodos de autotratamento relativos a posturas, mecânica corporal, respiração, mentalização, exercícios e outras estratégias para aliviar a dor. Se ao chegar ao final do livro você ainda tiver dúvidas, sentir a necessidade de mais orientação ou precisar de outros tipos de tratamento, o melhor a fazer será consultar um fisioterapeuta experiente no trato dos problemas cervicais e lombares. Ainda que você não esteja à procura de um curso completo de fisioterapia, uma consulta o ajudará a desenvolver um bom programa de auto-ajuda.

Há muitas maneiras de encontrar um bom fisioterapeuta. Você pode começar pedindo informações aos amigos, aos parentes e colegas de trabalho ou a seu médico. Eles certamente darão referências dos profissionais que conheceram e cuja atuação foi positiva. Outra fonte de informação pode ser a escola de Fisioterapia de uma universidade local. Os hospitais geralmente têm um departamento de fisioterapia. Além disso, provavelmente existem bons fisioterapeutas que tenham consultório em sua região.

Há também o recurso dos convênios de saúde. Se você tem um, quer particular, quer empresarial, verifique a possibilidade de haver cobertura desse tipo de tratamento. A maioria deles conta com bons fisioterapeutas entre os profissionais conveniados.

Você tem todo o direito de procurar e escolher o fisioterapeuta que preferir. Siga seus parâmetros, e não os das outras pessoas. Na verdade, se você não estiver satisfeito com seu atual fisioterapeuta, será seu direito, e de seu interesse, pesquisar e encontrar outro.

Após uma avaliação cuidadosa, seu fisioterapeuta deverá fornecer-lhe orientação sobre o seguinte: recomendações específicas de posturas e movimentos; posições, movimentos e outros recursos para aliviar a dor (eletroterapia, tração, coletes, calor e frio, entre outros); exercícios para desenvolver a flexibilidade, a força e a resistência; e finalmente técnicas de massagem que equilibrem o sistema estrutural e elétrico.

Em última análise, cabe a você tomar o controle de seu corpo e de suas dores. Este livro oferece a matéria-prima necessária para o desenvolvimento de boas posturas que evitarão ocorrências desagradáveis em sua vida cotidiana. Siga as recomendações que ajudam a aliviar suas dores – e dê a seu corpo tempo para "aprender" esses métodos e curar-se.

Glossário

- **Aeróbicos** (exercícios) – são atividades em que o oxigênio é usado como o principal "combustível" da energia necessária à execução de qualquer ação. Essas atividades são particularmente úteis para o metabolismo da gordura celular e o estímulo da produção e liberação de beta-endorfinas (substâncias químicas que aliviam a dor). Os exercícios aeróbicos devem ser feitos pelo menos três vezes por semana com duração mínima de quinze ou vinte minutos, tempo suficiente para atingir a taxa ideal de pulsação cardíaca (THRZ). Alguns exemplos clássicos desses exercícios são: caminhada, corrida e ciclismo – desde que a duração e a intensidade adequadas sejam observadas.

- **Alinhamento neutro** – refere-se ao equilíbrio ideal entre os "blocos" corporais. Para obter essa posição neutra é preciso "exagerar" o bom alinhamento e depois relaxar gradualmente. Ao melhorar o alinhamento você consegue uma posição neutra relativamente boa, que se aperfeiçoará com o tempo.

- **Amplitude** (de movimentos) – refere-se ao volume dos movimentos realizados durante um exercício. Você deve evitar excessos que se tornem desconfortáveis ou dolorosos. Por outro lado, procure movimentar-se o máximo possível dentro de seus limites de conforto e resistência, mantendo sempre um bom alinhamento.

- **Anaeróbicos** (exercícios) – são atividades executadas com intensidade ou ritmo que não permitem que o oxigênio forneça a energia necessária com suficiente rapidez. Alguns exemplos clássicos são halterofilismo e corridas curtas, como a de 100 metros rasos. As atividades anaeróbicas podem fortalecer o organismo, mas também podem agravar dores já existentes se forem praticadas com muita intensidade.

- **Arqueamento do pescoço** – seu pescoço pode ser considerado "superarqueado" se estiver tão forçado para trás que o queixo se projeta para fora e para cima, a garganta se estica ao máximo e a cabeça é empurrada para trás. Essa postura é altamente estressante para o pescoço.

- **Arqueamento da região lombar** – pode-se considerar que há um arqueamento excessivo da região lombar se o baixo-ventre e os quadris forem projetados para fora.

- **Arredondamento da região lombar** – a curvatura excessiva dessa região do corpo provoca um verdadeiro "desabamento" do tórax. Essa postura aumenta significativamente a compressão sobre a região lombar e o pescoço.

- **Base de sustentação** – ao permanecer de pé, sua base de sustentação vai abranger a área compreendida entre seus pés e logo abaixo deles. Se você tiver a tendência de manter os pés muito juntos, sua base de sustentação será menor. Isso pode gerar maior gasto de energia, tensão muscular ou desgaste. Se sua tendência for manter os pés bem separados (lado a lado ou um atrás do outro), a base de sustentação se ampliará. Essa postura poupa energia e reduz a tensão muscular e o desgaste. Quando precisar ficar de pé ou curvado, você deve ampliar sua base de sustentação separando os pés.

- **"Blocos" corporais** – essa expressão refere-se à idéia de comparar o corpo humano a uma série de blocos superpostos. Cada grande segmento do corpo representa um bloco. Por exemplo: cada pé é um bloco, cada perna é um bloco, a pélvis é outro bloco, o tronco é um bloco maior porque abrange o tórax e as costas e assim por diante. Ter uma boa visualização desses blocos melhora o alinhamento, principalmente quando você está de pé ou caminha.

- **Cardiovascular** – o termo se refere ao sistema que abrange o coração, as artérias e as veias (sistema circulatório). As atividades aeróbicas são muito saudáveis para esse sistema.

➤ **Cervical** (região) – refere-se à área compreendida entre a base do crânio e os ombros (posteriormente) e o pescoço, a garganta e a clavícula (anteriormente).

➤ **Circuitos de conforto** – são circuitos elétricos que transmitem mensagens de bem-estar ao corpo. Esses circuitos podem ser ativados por pensamentos positivos, padrões corretos de respiração, boa postura e bons movimentos, uso de recursos para combater a dor e ciclos equilibrados de atividade e repouso.

➤ **Circuitos de dor** – são circuitos elétricos que transmitem mensagens de dor ao corpo. Eles podem ser ativados por pensamentos negativos e padrões incorretos de respiração, por posturas e movimentos errados e por excesso ou falta de atividade.

➤ **Compressão** – significa a pressão exercida pela gravidade sobre o sistema estrutural do corpo. As forças da gravidade são potencializadas por posturas incorretas e tensão muscular, e estas podem ser agravadas por frio, dor, raiva, medo ou depressão. Com o tempo, altos níveis de compressão podem causar ou intensificar problemas musculares, tornando o sistema estrutural mais vulnerável a lesões e dores.

➤ **Contração** – a atividade muscular gera um tipo de tensão conhecido como contração. Com o corpo em repouso ou em posições estacionárias, deve haver apenas contrações brandas, que ocorrem para manter o organismo estável e equilibrado.

➤ **Curva torácica** – é um arredondamento ligeiro e longo da coluna que ocorre abaixo da região cervical e acima da região lombar (veja Figura 1.13). Diferenças pronunciadas de tamanho e forma dessa curvatura podem causar dores cervicais ou lombares.

➤ **Descompressão** – significa a redução da pressão exercida sobre o sistema estrutural. A compressão é reduzida por boas posturas e relaxamento muscular. Quando as dores se agravam devido ao excesso de atividades e ao cansaço, a adoção de posições de alívio (veja capítulo 3) favorece a descompressão da coluna e reduz a dor.

- **Degenerativos** (problemas) – referem-se a mudanças estruturais negativas ocasionadas por trauma, pela idade ou por doença. No que diz respeito à coluna, isso pode significar estreitamento do espaço existente entre as vértebras.

- **Desequilíbrio estrutural** – refere-se às posturas incorretas e assimétricas que provocam desequilíbrio de alinhamento, de força, de flexibilidade e de resistência. O desequilíbrio do sistema estrutural exige tensão muscular crescente e apresenta constantes problemas.

- **Dor localizada** – é a dor que se concentra num ponto distante do local de origem. Por exemplo: a dor que se sente nas pernas ou nos pés na verdade tem origem em problemas dorsais e a dor que se manifesta nos ombros, nos braços ou nas mãos pode derivar de um problema cervical.

- **Elétrico** (sistema) – é uma forma simples de explicar o sistema nervoso. Ele abrange o cérebro, a medula espinhal e todos os nervos do corpo, inclusive os circuitos de conforto e de dor. A respiração e a capacidade de pensar e de sentir são algumas das funções do sistema elétrico.

- **Endorfinas** – são substâncias químicas produzidas naturalmente pelo organismo cuja função é bloquear os circuitos de dor. A produção e a liberação de endorfinas podem ser favorecidas por mentalização positiva e por atividades aeróbicas, assim como o uso prolongado de analgésicos potentes pode inibi-las.

- **Equilíbrio estrutural** – refere-se às posturas corretas e simétricas que têm equilíbrio de alinhamento, de força, de flexibilidade e de resistência. O sistema estrutural bem equilibrado se mantém com o mínimo dispêndio de energia muscular.

- **Ergonômicos** (produtos) – o termo designa produtos destinados a evitar ou reduzir problemas de postura, tais como cadeiras ajustáveis, cujo *design* se baseia na estrutura do corpo humano. Infelizmente o termo "ergonômico" tornou-se banal devido ao uso excessivo e inadequado que teve em campanhas de marketing.

- **"Exagero" de bons alinhamentos** – quando você executa exercícios de ajuste de postura, seu corpo passa de um mau alinhamento para outro, correto. Esse "exagero" representa quase uma correção radical de postura efetuada conscientemente durante períodos curtos de dez a trinta segundos. Essa prática ajudará a mudar o "computador" interno do organismo que "programa" a postura. Dessa forma, mesmo depois que você relaxar, seu corpo retomará um alinhamento mais adequado, isto é, ele não recairá, durante algum tempo, no antigo mau alinhamento. Com o tempo e com a regularidade dessa prática, sua postura será realmente corrigida.

- **Extensores** (músculos) – são músculos dorsais existentes ao longo da coluna vertebral – do cóccix até a base do pescoço. Quando está em boas condições, essa musculatura nos sustenta em postura ereta. Sua localização é oposta à dos músculos abdominais, no entanto ambos os grupos trabalham em conjunto para manter a força e a mobilidade da coluna vertebral. Se os extensores estiverem enfraquecidos ou tensos, não poderão evitar a tendência que temos de curvar as costas, principalmente quando sentados. Se estiverem contraídos na região lombar ou na cervical, poderão ocorrer lordoses e arqueamentos.

- **Forças desgastantes** – são as tensões e compressões resultantes de esforço excessivo do corpo ou de regiões do corpo que levam ao estresse.

- **Isométricos** (movimentos) – referem-se às contrações musculares ocorridas mesmo durante períodos de inatividade, pois a tensão se desenvolve nos músculos ainda que não sejam flexionados nem alongados.

- **Lordose** (cervical e lombar) – é o arqueamento natural da coluna que ocorre nessas duas regiões (veja Figura 1.13). É necessária a existência dessa curvatura moderada para favorecer a postura ereta e dissipar os impactos. Pode, no entanto, haver dor caso a lordose se torne excessiva, insuficiente ou invertida.

- **Lombar** (região) – é a área dorsal inferior composta de cinco vértebras lombares, cartilagens e outros tecidos. Situa-se abaixo da curva torácica e acima da pélvis.

- **Lombares** (suportes) – são "almofadas" musculares em forma de crescente que ajudam a sustentar a pélvis e a coluna lombar em posição ereta quando nos sentamos apoiados no encosto da cadeira.

- **Oxigenação** – refere-se ao uso consciente de padrões corretos de respiração e de mentalização positiva para favorecer o relaxamento muscular e o alívio da tensão nervosa.

- **Sistema estrutural** – é uma forma simples de explicar o sistema muscular e ósseo. Ele abrange o esqueleto, os músculos, os tendões, os ligamentos e as cartilagens. O sistema estrutural controla a postura e os movimentos do corpo durante as atividades, o repouso e os exercícios.

- **Tecidos** – termo genérico que designa os componentes do sistema estrutural que não são de natureza óssea, isto é, músculos, tendões, ligamentos, membranas e cartilagens. Esses tecidos são particularmente sensíveis à dor nos casos de lesão muscular e óssea.

- **Tensão muscular** – resulta da atividade muscular excessiva, que provoca dor devido à compressão ou a inflamações. Pode ser agravada por posturas incorretas, fadiga ou pensamentos e sentimentos negativos.

- **Testes da forma de sentar-se e de manter-se de pé** – esses testes consistem na acentuação e na observação dos maus alinhamentos com a finalidade de corrigi-los. Não se deve executá-los como exercícios. Use-os apenas no início de seu programa de boa forma, enquanto ainda não adquiriu a necessária habilidade de manter boas posturas. Depois dessa fase, você será capaz de perceber e adotar o alinhamento mais adequado para seu caso.

- **Tônus muscular** – refere-se à atividade muscular normal do sistema estrutural e elétrico equilibrado e se manifesta mesmo durante períodos de repouso.

- **Vértebras** – são os componentes da coluna vertebral (sete cervicais, doze torácicas e cinco lombares) que, em conjunto com os vários tecidos correspondentes, dão estabilidade e movimento ao corpo e alojam a medula espinhal.